Clóvis José Rosendo Bomfim

Retratos da História
de Santo Amaro das Brotas

**2ª EDIÇÃO
REVISADA**

Aracaju, 2020

Copyright©2006 – 2020, por Clóvis José Rosendo Bomfim

Revisão:
Fernanda Baraúna
Caroline Lima
Laudiceia Fernandes

Coordenação técnica:
Júlio Omena

Edição de fotos:
Fábio Lírio Vera
Robson Menezes S. Lima

Capa:
Clóvis José Rosendo Bomfim

B695r Bomfim, Clóvis José Rosendo.
       Retratos da História de Santo Amaro das Brotas.
       Clóvis José Rosendo Bomfim.
       2.ed. - Aracaju: ArtNer Comunicação, 2020.

       282p.: Il.
       ISBN: 978-65-990491-0-1

    1.   História - Sergipe - Santo Amaro das Brotas   2. História-Cultura-Sergipe
    3.   Memórias Sergipanas
 I - Título

                                           CDU: 94 (813.7) - 3
Ficha catalográfica elaborada pela Bibliotecária:
Jane Guimarães Vasconcelos Santos CRB-5/975

Dedicatória

Não houve uma só pessoa com quem já foi discutida a elaboração deste ensaio que não mereça referência. Seja em conversa em torno do que seria tratado, ou da importância que talvez algum dia possa ter. Nesse salutar intercâmbio onde as ideias discorriam expressando quão fértil a imaginação, todas foram avaliadas. Desses colaboradores diretos e diletos, sou-lhes muito grato e, para não cometer injustiça, mencionarei apenas os que contribuíram efetivamente como a docente Ellen Leslie e Adérico Filho, únicos, admiráveis aliados de campanha, cujo perfil ostenta a virtude da paciência e fidelidade, meu eterno reconhecimento. Sabíamos de quão árdua era a tarefa.

A escritora Clarice Lispector, autora de várias obras, refletindo sobre a produção literária, escreveu: *"Meu enleio vem de que um tapete é feito de tantos fios que não posso me resignar a seguir um fio só; meu enredamento vem de que uma história é feita de muitas histórias e nem todas posso contar"*. Este pensamento serve ao nosso propósito.

Ah, a família! Bem-aventurados os que dela ainda desfrutam da companhia. A minha em especial é gigântica por natureza, forma por si uma singularidade de sobrenomes que germina e ramifica, tornando cada vez mais forte a nossa existência. Apresento-lhes: *"José Demésio Rosendo dos Santos Berilo Feitosa Ricardo de Jesus Rodrigues de Oliveira Azevedo Bomfim..."*.

Aos meus pais, José Demésio Bomfim e Maria Núbia Rosendo Bomfim, fonte inesgotável de amor e esperança, cujo dom da indulgência transparece em cada gesto, como base fundamental do equilíbrio familiar. Aos meus irmãos, *Volnei, Adailson, Margareth, Demésio, Nancy, Rosemberg, Nadieje e Ezequiel*, sinônimo de amizade sincera e companheirismo.

A Laudiceia de Jesus Rodrigues Bomfim, por sua inabalável convicção; mestre Alberto Alcosa, por valorizar o princípio das coisas; Vanilton Alves, pelo estímulo enriquecedor.

Em memória dos meus avós paternos e maternos: Manuel Demésio Bomfim e Maria Margarida Bomfim; Pedro Rosendo dos Santos e Antônia Carlos dos Santos.

SUMÁRIO

A obra e o autor...7

Apresentação..8

Prefácio...11

Variações toponímicas...13

O gentílico..13

Conflitos com os índios e a conquista de Sergipe..........................14

Doações por sesmarias: (a sexta parte).....................................18

Antes e depois da criação da vila, dos séculos XVII a XX...................20

Antônio Martins de Azevedo Cidade
adquire por compra o Sítio Ayres da Rocha..................................37

Cartas e provisões situam Santo Amaro no período setecentista.............45

A prisão histórica de Bento José de Oliveira e outros detentos............61

Transferência e extinção da vila...76

Movimento antilusitano...84

Rejeição coletiva no pleito de 1865
e os primeiros jornais de Santo Amaro das Brotas..........................86

Moções da câmara...91

Fraude movimenta a política em Santo Amaro...............................100

Engenhos de açúcar em Santo Amaro das Brotas, 1860.......................102

Breve colóquio sobre Ayres da Rocha Peixoto..............................103

A revolução de Santo Amaro e suas consequências..........................105

Fraude eleitoral reascende a contenda
entre Rapinas e Camundongos..113

O ataque a Rosário e o calvário do soldado Evaristo......................117

A traição de Bento de Melo e a invasão a Santo Amaro.....................121

Caras pretas e caras brancas anunciam
nova fase política em Santo Amaro..129

Evolução administrativa e os proventos partidários.......................133

Morro do Cruzeiro e o surto epidêmico
da Cólera-morbo no século XIX..135

Cólera: flagelo do século XIX..139

Juruama causa reviravoltas em Santo Amaro................................143

José Pereira Filgueiras (capitão-mor)....................................147

Sebastião Gaspar de Almeida Bôtto..151

José da Trindade Prado (Barão de Propriá)................................158

Antônio José da Silva Travassos: Rebelde conciliador......................163
João Gomes de Melo (Barão de Maruim)...169
Coronel Jacintho Dias Ribeiro: defensor perpétuo............................174
Dr. João Ferreira de Britto Travassos: Tributário da medicina...........179
Sizínio Ribeiro Pontes..181
Joaquim Marcelino de Brito...182
Antônio Nogueira da Silva: um poeta santamarista do século XIX....183
Dr. Esperidião Ferreira Monteiro...186
Ascendino de Araújo e o movimento revolucionário de 1906............189
Nelson Ferreira Lima: o desbravador do século XX..........................192
Padre Aurélio Vasconcelos de Almeida:
o emancipador de Nova Odessa...195
Américo Quirino de Melo...198
Padre Dantas no Governo de Sergipe..202
Oyama Brandão Teles...205
GALERIA DOS PREFEITOS...207
Sede do Poder Executivo..210
Poder Legislativo Municipal...211
Antiga sede do Poder Judiciário...212
O folclore de Santo Amaro...214
Artesanato...219
Igreja Matriz de Santo Amaro das Brotas...................................... .221
Igreja consagrada a São Benedito...233
Capela rural de Nossa Senhora da Conceição.....................................234
De masmorra a Escola Reunidas Dr. Esperidião Monteiro..................237
De Intendência Municipal a Cine Ayres da Rocha..............................239
Vila Diva Ribeiro..241
HOMENAGEM
Carlos Araújo Guimarães, "Sr. Dominguinhos"................................244
HOMENAGEM
Josefina Cardoso Braz, "Zifa"..246
HOMENAGEM
Maria Amábile Caovilla, a "Tia Bela"...248
ANEXOS..250
Notas bibliográficas...268

A obra e o autor

Fernanda Baraúna
(Jornalista e revisora)

Se alguém buscar no *"meu"* dicionário os significados das palavras perseverança, persistência, otimismo e amizade verá algo em comum em todos eles: Clóvis José Rosendo Bomfim.

Clóvis se tornou um amigo precioso, que admiro e estimo muito. A paixão que ele demonstra por Santo Amaro das Brotas faz qualquer pessoa embasbacar.

As situações que ele passou para colher informações, dados, fazer descobertas, às vezes foram desastrosas, mas proveitosas o suficiente para enriquecer ainda mais esse livro, que retrata uma cidade muito interessante e com uma história cheia de acontecimentos.

Quando o conheci, alguns amigos em comum brincavam dizendo que essa seria uma obra póstuma, mas entendo a demora, ele queria apenas ser completo em sua história, e acho que se não conseguiu, chegou muito perto.

Esse livro é rico em detalhes da história da cidade, cheio de personalidades importantes e consegue prender a atenção com fatos reais que até parecem ficção.

Me apaixonei pelo livro e pela história da cidade de Santo Amaro das Brotas a partir do primeiro capítulo que revisei. Aguardei ansiosa pelos outros capítulos e às vezes até cobrava dele a demora por outros. A curiosidade foi tanta que acabei conhecendo a cidade de uma maneira inusitada, e vi porque Clóvis ama aquela cidade.

Apresentação

O trabalho apresentado por título "Retratos da História de Santo Amaro das Brotas" é uma releitura do que já escreveram biógrafos e historiadores do quilate de Felisbelo Freire, Armindo Guaraná, Maria Thetis Nunes, Antônio Francisco de Carvalho Lima Júnior, o grandiloquente Sebrão Sobrinho, Orlando Vieira Dantas, entre outros.

O que se pode dizer de escritores já consagrados pelo grande público; ou nos apontamentos remissivos de João Sales de Campos, cujo princípio se reserva aos fundamentos estabelecidos por esses autores, em que intentamos, numa ótica menos ampla, descortinar as ações dos personagens abordados e locupletá-las dentro de um enfoque nacional, mesmo que sintético, indicar suas adesões em inúmeros acontecimentos responsáveis por provocar o alarido das paixões patrióticas. É, portanto, o descarte intencional de qualquer aspiração defensória de teses acadêmicas. Convém dizer que sua realização não acarreta nenhum tipo de vaidade artística, literária ou cultural.

Não é tarefa fácil buscar na inexpressividade de nomes estranhos, arrebatados pelo esquecimento, a compreensão de seus feitos, muitas vezes adversos, quando a própria história, no seu tempo, propõe-se a confrontá-los em meticuloso processo de segregar o que de fato julga interessar, moldando virtudes no falho caráter de vilões declarados, guilhotinando a verve dos verdadeiros propagadores da liberdade, que inspiraram gerações inteiras durante séculos, legando-os aos confins da irremediável falta de memória. Nesse contexto, são verificáveis as contradições que se renovam à luz de novas descobertas. Caem os antigos mitos e criam-se outros.

Nas linhas que se seguem, não cabe pormenorizar o que se lê nas entrelinhas, apesar de quão é vital esmiuçá-las para explanação nos estudos dessa envergadura, pois nelas se pode incutir a última peça de um quebra-cabeça ou ainda revelar o cordão fluídico de toda uma trajetória delineada pelos vultos ilustres do cenário político sergipano.

Não bastassem as consultas às obras publicadas, conforme citação dos autores acima, pode-se recriar trilhas que influíram na remontagem de cenas históricas. Visitas feitas às cidades de Laranjeiras (SE), São Cristóvão (SE), Maruim (SE), Rosário do Catete (SE), Propriá (SE), Nossa Senhora do Socorro (SE), Japaratuba (SE), Capela (SE), entre outras, contribuíram grandemente na vigência deste plano.

Entre idas e vindas, foram percorridos mais de 538 quilômetros, incluindo ainda incursões através dos afluentes dos rios Sergipe, Cotinguiba, Pomonga e Parnamirim, resgatando valores e, através deles, revelando para o município de Santo Amaro das Brotas os RETRATOS DE SUA HISTÓRIA. Esses números poderiam ser maiores não fossem as intempéries, por tratar-se de um empreendimento independente.

A presente exposição busca na vivência dos antigos moradores de Santo Amaro das Brotas, desde a sua formação - qualificada ao termo de vila, criada em 19 de maio de 1699 -, não somente (re) descobrir o registro de suas tendências, como debulhar circunstâncias, e em que pesaram as influências da Igreja Católica. Tanto a genialidade e a força da economia de alguns senhores de terras foram uns em meio aos sinais preponderantes nos desígnios políticos, claramente demonstrados pelo capricho dos poderosos.

Sebastião Gaspar de Almeida Bôtto (comendador) palavreava o regime ditatório que culminaria sua permanência no poder e ter sido apontado como suposto mandante do assassinato do Dr. Manoel Joaquim Fernandes de Barros; João Gomes de Melo (Barão de Maruim), há especulações em torno do nome dele, de que, dissolveu as opiniões opostas pelo poder do dinheiro que a sede da capital não continuasse em São Cristóvão, e a removeria para Aracaju no ano de 1855, sob o aplauso de várias autoridades, inclusive sancionada por Ignácio Barbosa, então presidente da Província. Bento de Melo Pereira (Barão de

Cotinguiba) desnorteava a província cometendo abusos de poder lesivos à ordem pública até ser deposto do cargo de presidente, quando Antônio José da Silva Travassos o combatera com forte oposição.

Esses homens, que no píncaro de suas influências garantiram para si a sorte de uma hegemonia política quase inabalável, fizeram dos prestígios que tinham nas mãos um instrumento de suas vontades. Por vezes com algum proveito.

Desse modo, Santo Amaro perderia dezenas e mais dezenas de léguas do seu território, ou como se vê nas metáforas: sairia de suas costelas a criação de outras vilas.

Do mesmo modo, também se observa na figura política do império, comedida de uma enfraquecida importância, a transferência da vila de Santo Amaro para Maruim, (primeira vez, 1833; segunda vez, 1835), que denuncia bem esse quadro, seccionada pela revolução de 1836, e nas explosões de vários outros levantes. Farrapos (1835/1845): os farroupilhas nutriam o "sonho" republicano de acabar com o império monárquico no Brasil. Sabinada (1837/1838): cresceu à frente desse manifesto por seu comando o médico Francisco Sabino da Rocha Vieira, que numa adaptação da grafia do sobrenome criou a expressão que denominou o movimento.

O malogro das concessões do Ato Adicional (12 de agosto de 1834) denotou o estopim de acirradas discórdias que muito demoraria chegar a um plano de tranquilidade. Tiraram proveito disso os latifundiários. A população sentia os efeitos na prepotência fortalecida a partir da promulgação do Ato e na inoperância de seus líderes.

Nesta apresentação, não se pretende redimir os erros atrozes cometidos pelos personagens tratados aqui. Quando pronunciados em particular, adota-se, como já se dissera no início, o papel de releitura. Isso, é claro, sem excetuar o que atestam as fontes primárias usadas como elementos comprobatórios. *O autor*

Prefácio

Alberto Alcosa

"A história é a mestra da vida", disse Cícero, o grande pensador romano e o mais eloquente dos oradores. Nessa máxima de relevante transcendência – assinala -, a história ensina, logo, quem a escreve são seus abnegados discípulos, especialistas e estudiosos, a quem ainda a história tudo deve, posto que ela é tudo para esses, que, incansavelmente – da obrigação natural ao dever profissional -, desempenham seu digno e nobre *"ofício de historiador"*. Considerando a visão das modernas correntes de interpretação em que a história é um ofício, à medida que é construída, discutida e refletida, dentro da prática cotidiana. Assim, a experiência de uma ciência verdadeiramente humana faz todo e qualquer sentido.

Clóvis José Rosendo Bomfim, simplesmente Clóvis, sem dúvida, é um desses "praticantes-natos-obrigacionais", a quem também a história, se esta ainda não lhe deve, algum dia há de dever (em respeito à sua modéstia), por menor que seja a cota desse débito. Principalmente, registre-se, a história de Santo Amaro das Brotas, *"sua terra"*, cuja memória insiste em preservar, na qualidade professa (a atribuição é nossa) de defensor. Aquele que defende ou protege, talvez – defensor? -, a princípio não lhe seja tão apropriado, contudo no que diz respeito à acepção do próprio termo em si, como forma de expressão, modo e razão de pleitear a favor, sim, defensor se lhe ajusta *"ora que muito bem, pois bom!"*, como costuma dizer um nosso amigo comum.

Neste momento, o pleito é a sustentação do interesse, que gera assuntos ao debate, à discussão e animadas controvérsias. E para Clóvis, à sua parte, que se contenta com a contribuição que todo conhecimento rebuscado, escrito e repassado pode causar a alguém, não há satisfação e objetivo maior. E este livro – uma amostragem significativa de fatos, dados e acontecimentos importantes, e de todas as manifestações do espírito do povo santamarense – é o objeto: prova inconteste do seu trabalho, da sua dedicação e do seu esforço, que se oferece aos nossos sentidos, à nossa consciência crítica e contemplação permanente. Então, que se continue assim, Clóvis, cada vez mais consciente do seu ofício, dia a dia, vivendo história.

Variações toponímicas

Santo Amaro das Brotas (nome oficial desde a criação da vila)
Juruama (nome oficial estabelecido pelo Decreto N°. 377/1943)

"Santo Amaro..."
"Vila de Nossa Senhora das Brotas"
"Santo Amaro da Vila das Brotas"
"Santo Amaro das Grotas"
"Santo Amaro de Brotas"

O gentílico

As pessoas nascidas no município
de Santo Amaro das Brotas
adotam e devem ser chamadas pelo gentílico
de SANTO-AMARENSE
(santamarense)

Conflitos com os índios
e a conquista de Sergipe

Em nenhuma hipótese se admite tratar da chegada de Ayres da Rocha Peixoto à plaga sergipana sem dissertar, o mínimo que seja, sobre o que aconteceu com a presença dos exploradores europeus e a relação conflitante com o gentio aldeado em Sergipe. O contar da história da sociedade indígena dá a ela uma importância de caráter meramente etnográfica, dispensando o seu valor histórico.

O etnocídio que se originou no Brasil, especificamente neste Estado, por muito pouco não exterminou o índio de nossas matas. Essa expressão é a que melhor define o resultado do convívio antagônico entre brancos, com o poder da arma de fogo, e os índios. Muitos dos quais, no Nordeste, transcurso do século XIX, tangidos por leis e pelo poderio dos fazendeiros, desapareceriam das estatísticas, afastados dos costumes tradicionais, ficando órfãos de suas terras e reapareceriam mais tarde reassumindo sua identidade étnica na segunda metade do século XX[1].

Nos anos 1980, inserira seus direitos na Constituição Federal. E nela se pode observar enfático no Capítulo VIII – Dos Índios, Art. 231, parágrafos 1° e 2°:

> São terras tradicionalmente ocupadas pelos índios, as por eles habitadas em caráter permanente, as utilizadas para as suas atividades produtivas, as imprescindíveis à preservação dos recursos ambientais necessários a seu bem-estar e as necessárias a sua produção física e cultural, segundo seus usos, costumes e tradições[2]

Em alguns Estados brasileiros assim se dispuseram: Pankararu, 5 mil índios, aproximadamente, ocupam uma reserva de 8 mil hequitares no interior do Estado de Pernambuco; Xocó, 250 índios habitam a ilha de São Pedro, em Porto da Folha, Sergipe. Outros registros referentes a essa etnia foram encontrados no município de Pacatuba.

A parte, dado ao seu desaparecimento, por conta da inclusão à sociedade não indígena "e dados por assimilados", conforme ressalta a conceituada "etnógrafa" Beatriz Góis Dantas, na região, ainda é um assunto muito discutido entre historiadores e antropólogos. Uma estatística do governo realizada a mais de cinco décadas registrou a presença de 150 mil índios. Hoje, ainda embasado nesses dados, chega a um pouco mais de 350 mil em todo o Brasil. Segundo o professor Darci Ribeiro, antes da guerra de ocupação, estimava-se uma população nativa que consistia em torno de 5 milhões de habitantes, e caiu a uma escala vertiginosa para alguns milhares. Nos dados atuais, esses números caíram indicando a presença de 325.652 índios, numa nação composta de 215 grupos que se comunicam em 170 dialetos diferentes.

Sergipe, - apesar do tamanho exíguo, medindo "21.862,6km^2", ocupa o equivalente a "0,26%" do território nacional -, abrigou vários grupos de etnias conhecidas: Xocó, Aramuru, Carapató e os Kaxagó, estes povoaram a orla do Rio São Francisco; Tupinambá e Boimé aldeavam o litoral sergipano; as demais ficavam na região da serra de Itabaiana, como os Aramari, Abacatiara e Ramari.

O evento da campanha de guerra comandada pelo capitão-mor Cristóvão Cardoso de Barros, que mais parecia empreender uma vingança contra os selváticos, deixou marcas expressivas, dando baixa de 16 mil índios[3], - 4 mil foram escravizados e transportados para a Bahia para a exploração da mão-de-obra forçada.

Por Carta Régia do dia 5 de abril de 1534, assinada por Dom João III[4], rei de Portugal, estabeleceu-se o sistema de divisão do Brasil em Capitania Hereditárias, circunstância que se pretendia de forma *"organizada"* evidenciar a colonização. Esse regime recebeu críticas por parte de alguns autores, por considera-lo falho e *"cheio de erros"*, ocasionados pela *"falta de tino administrativo"*.

Nessa época, Francisco Pereira Coutinho seria provido da posse de uma leva de 50 léguas de terra, entre a margem direita do Rio São Francisco *(Sergipe/Bahia)* e a Ponta do Padrão, atual Forte e Farol da Barra. Francisco Pereira Coutinho instalara-se nesta capitania no ano de 1536, que, a princípio, recebeu a denominação de "Capitania de Coutinho", onde fundou a Vila do Pereira, suprida de dois engenhos. Ali, junto a parentes, amigos e outros colonos trazidos por ele, trabalharam no cultivo do algodão e da cana-de-açúcar.

Após um naufrágio, na costa da Ilha de Itaparica, Francisco Pereira Coutinho foi aprisionado e depois devorado pelos Tupinambás. Esta tribo engendrou problemas de ordem a provocar o abandono da vila por seus agregados. A sua morte, dada em 1547, dera todo direito de posse ao seu filho Manoel Pereira Coutinho, que, sob incessante ataque dos índios e do estado decadente do lugar, a revertê-la-ia a El Rei, ao troco de 400$000 *(quatrocentos mil réis)* e juros a correr anualmente, transformada depois, em 1548, em sede do governo-geral. Os Tupinambás devoraram também o ex-governador do Estado da Bahia, Antônio Cardoso de Barros, pai de Cristóvão Cardoso de Barros.

A descoberta do Brasil e as especiarias desta terra provocaram verdadeira corrida náutica entre as nações europeias às praias brasileiras. Tais investiduras deram àquela época o qualificativo de *"o século das navegações"*, porfiadas por portugueses, espanhóis, holandeses e franceses. A Espanha ostentava célebre sua condição de possuir o maior número de navios de comércio.

O interesse dos colonizadores portugueses e dos corsários franceses era a apropriação da terra. Concentraram-se excessivamente na extração de suas riquezas naturais encontradas aqui, como o pau-brasil, algodão, pimenta e outros artigos propícios ao comércio, que só tornavam mais ricos os seus investidores. Quanto aos índios, tudo seria feito para expropria-los. Chamá-los ao entendimento e convencê-los a partilhar do trabalho livre nem de longe orbitavam os anseios dos estrangeiros. E, de senhorio, os nativos passaram à incômoda feição de inquilino indesejável.

Havia por parte do Governo Geral, instalado na Bahia, a necessidade de comunicar através de Sergipe as capitanias da Bahia e Pernambuco, empreendimento combatido pelos índios, que não permitiam o acesso por aquelas terras. Luiz de Brito e Almeida, então primeiro governador das Capitanias do Nordeste, ao receber ordens expressa de dom Sebastião, rei de Portugal, tentou efetuar a conquista e dominar os índios à sua maneira, e o fez em duas ocasiões bastante distintas: a primeira delas, em 1575, por meio da catequese, que não fora de toda pacífica, tarefa abraçada pelos padres Gaspar Lourenço e o seu irmão João Saloni.

Em razão disso, submetidos aos contrastes das missões jesuítas, os índios padeciam aos contatos diretos com o homem, acometidos de mazelas de contágio célere e mortal, desde os raptos das mulheres à escravidão nas lavouras. Processo que considerou lento e sem o respaldo esperado. Fracassada a primeira, tentaria o uso da violência com o ardil de punir os índios pela evasão da catequese. O resultado da segunda, apesar da baixa de vários índios, inclusive a do cacique Serigi, não evidenciou o plano de conquista. Feito prisioneiro e conduzido para a Bahia, morreria de inanição o destemido chefe indígena, cacique Serigi.

Desse conflito, alguns índios conseguiram escapar e se esconderam pelos sertões de Sergipe. O quadro em seu aspecto geral permaneceu inalterado, também infecundo ao plano de colonização, graças à resistência dos indígenas.

Nesse meio tempo, a situação antes desfavorável para os traficantes de pau-brasil, os franceses, convenientemente, agora lhes seria proveitosa. Afeitos à causa indígena, agregou-se à ideia de defesa, desencadeando uma reação violenta dos índios, que resistiram aos planos de alargamento de território pretendido dos portugueses, que nesse patamar já eram inimigos declarados dos índios.

Por ordem de Filipe II, rei da Espanha, que estendeu o seu reinado até Portugal, determinou sem mais demora a expulsão dos traficantes e a contenção dos aborígines. Segundo alguns autores, em 1589, Cristóvão de Barros parte para o mar da Bahia com uma tripulação composta de portugueses e espanhóis, num total de 3 mil homens armados, que ainda fez seguir a pé por terra outra grande coluna *"militar"*.

Durante alguns meses as proximidades do Rio Sergipe serviram de campo de batalha entre as tropas de Cristóvão de Barros e a tribo do cacique *"Baepeba"*. Daí, puseram-se a percorrer os aldeamentos vizinhos Cristóvão de Barros e os seus soldados, sem haver dessas incursões outras batalhas.

Por fim, a consolidação da conquista de Sergipe se deu na noite do dia 1° de janeiro de 1590, quando encravou em definitivo o sucesso dessa empresa, erguendo a cidade-forte de São Cristóvão, como afirma a maioria dos historiadores. No que ficou conhecida com o nome do santo de sua devoção. A capitania passa a se chamar Sergipe Del Rey.

Doações por Sesmarias:
(a sexta parte)

Decerto, foi nessa fase o regime mais usual, aplicado essencialmente à distribuição de pequenos tratos de terras, de onde surgiriam as vilas e cidades, cuja autenticidade do ato estava associada a dispositivos jurídicos vigentes, distinguidos em diversas cláusulas, nem de todo respeitados pelos sesmeiros. E nessa condição seria doado um tanto de léguas aos camaradas de Cristóvão de Barros, como foro de *"gratidão"* ao confronto com os índios e, consequentemente, pelo desterro dos aventureiros que se faziam amiúde na faixa litorânea de Sergipe.

O sistema funcionava em ordem de que se em cinco anos essas propriedades não apresentassem progresso, além da multa, seriam transferidas para outro que detivesse uma economia aceitável e melhor aprouvesse à propriedade. Os donatários não usufruíam de nenhum privilégio sobre a terra, podendo estas ser repassadas sem a menor cerimônia para outrem.

Como terra nativa, antes de subir a colina e se estabelecer como povoação, as terras onde se erguera Santo Amaro das Brotas, hipoteticamente tinham os índios Tupinambás e Boimés como legítimos ocupantes. Todavia, a área compreendida no território sergipano - vista anteriormente – era submetida aos domínios dos índios, chefiados pelos caciques Baepeda, Japaratuba, Siriri, Surubi. Ademais, resistiram obstinados em defender o território contra a invasão dos corsários.

Ayres da Rocha Peixoto, "fidalgo" português e companheiro de contenda, ocupara-se de um aquinhoado de terra, no mesmo ano em que se celebrou a conquista de Sergipe, 1590. Aqui chegando, tentou se estabelecer. Primeiro pensou em construir um engenho, mas essa ideia logo foi suplantada por outra que sintonizava bem com a realidade do Brasil, o ciclo do gado, tratando inicialmente do amanho da terra para a lavoura, e, melhor ainda, deu ao lugar o perfil de "curral", que o chamou em seu tempo de "Fazenda" Ayres da Rocha, mera especulação.

Os três derradeiros anos do século XVII (1697/1699) sublinharam em alto-relevo um importante capítulo na historiografia da formação oficial dos primeiros núcleos humanos habitados em Sergipe. Precedidos muitos após a elevação da primeira cidade, São Cristóvão. São conhecidas as primeiras vilas: Itabaiana (1696), Lagarto (1697), Santa Luzia (1699) e Santo Amaro das Brotas (1699).

Antes e depois da criação da vila, dos séculos XVII a XX

A criação da vila de Santo Amaro das Brotas se deu como resultado do momento em que vivia o Brasil na expansão da pecuária. Época em que se ganhava grande ênfase o ciclo do gado. Tempo em que o confinamento do rebanho para o abate era extremamente proibido em virtude de sua utilização como corpo de força nos engenhos, transportando madeiras e açúcar. As rezes chegaram ao Brasil inicialmente no ano de 1534, trazidas de Portugal por dona Ana Pimentel, esposa de Martim Afonso de Souza, e continuaria a chegar no ano de 1535, em Pernambuco, por Duarte Coelho; e em 1549, por Tomé de Souza, na Bahia, e daí a se espalhar no Nordeste, criando a primeira Zona Pecuarista. Essa fase sedimentou com notável êxito a criação de novos povoamentos no interior do país, dos séculos XVI a XVIII, e caracterizado como sendo o maior responsável pela abertura da política econômica. Daí também surgiria Itabaiana, 1696, como se viu acima.

Sergipe ia se fragmentando com o surgimento dos núcleos humanos, o mesmo efeito também se via acontecer na Bahia, só que em proporções bem maiores. Não há dúvida que essas providências tiveram o aval no governo de Dom João de Lencastre em estabelecer o alinhamento desses povoamentos, em conformidade com o despacho Régio do dia 27 de dezembro de 1697, que visava a asseverar o livre transitar de boiadas em todas as capitanias. Isso contribuiu favoravelmente para o expansionismo territorial e o desenvolvimento dos meios de subsistências. Quando o rei mandou intensificar a criação de vilas, já encontrou a povoação de Santo Amaro fixada nas proximidades dos afluentes do Rio Sergipe. Por mérito próprio e labuta de seus habitantes, a povoação de Santo Amaro já endossava a lista dos produtores de açúcar, concorrendo com Itabaiana, Lagarto, entre outras. E isso se pode verificar no trecho seguinte:

> Com esta remeto a VMS duas Copias dos bandos,
> q. mandey lançar: hu sobre as Caixas de assucar
> terem depeso 40 arroba com atara; eoutro p.ra (...)
> não faserem manojos, nem mangotes, como de-
> clara o mesmo Bando. VMS os mandem logo pu-
> blicar nas freguesias dasua jurisdição p.ª ser pre-
> sente a todos: etenhão muito p.ar cuidado, em q. se
> observe infalivelm.te hum, e outro. Deus g.de a
> VMS. B.ª 16 de Setr.º. Dom João de Lencastre[1]

O cultivo da cana e a propagação dos engenhos em terras sergipanas obtiveram impulsos mais eficazes no século XIX.

Antes de nos determos ao momento em que Santo Amaro havia sido ocupada, avançaremos um pouco mais para o ano de 1860, em que a resolução 601 de 10 de maio do respectivo ano desmembrava de Aracaju o povoado Barra dos Coqueiros, e o incorporava à vila de Santo Amaro das Brotas. A decisão anulou o ato 542, de 17 de julho de 1858[2]. As autoridades de Santo Amaro foram notificadas por ofício do dia 29 de maio de 1860.

A colonização em Santo Amaro teria se principiado ainda nos momentos finais do século XVI, 1590, com o desfecho da guerra contra os silvícolas. Cuja cultura predominante, além da pecuária, também eram os canaviais, que seriam o principal recurso econômico.

Durante esse ciclo, a povoação de Santo Amaro avizinhava-se ao povoado Socorro, separados por um afluente que corria do rio Sergipe, e foram criteriosamente posicionados um defronte ao outro. Temendo a hostilidade e possíveis investidas dos corsários franceses que navegavam por águas sergipanas, os colonizadores, cautelosos e convencidos dessa realidade, recuaram o pequeno lugarejo adentrando a mata, situando-a em meio à vegetação abundante, supostamente localizada entre o Porto das Redes e o sítio que Ayres da Rocha deixou em aparente abandono.

Os colonos trataram logo de explorar a riqueza do terreno para o arado. O solo é um composto de "Podzólico Vermelho Amarelo, Podzol, Arenoquartzosos", onde se dedicam ao plantio da cana, da mandioca. Também viviam escravos vindos da África, como os originários da costa da Guiné e Angola, das nações Gegê e Nagô, e por essas terras trabalhavam de sol a sol nas lavouras cultivando feijão, milho, e outros rendimentos da terra, cuja produção abastecia o comércio baiano[3].

O produto da cana-de-açúcar fez sobressaltar o seu desenvolvimento, fazendo com que surgissem os primeiros engenhos.

O povoado de *"Santo Amaro das Grotas do Rio de Sergipe"* (essa denominação não era oficial), fora apenas mera expressão anotada em sermão que o frei Antônio da Piedade escreveu, em 19 de abril de 1700[4], em honra da rainha dona Maria Sophia. De caráter inoficial, a denominação Santo Amaro das Brotas ganhou trocadilhos e variações em diversos manuscritos, possivelmente motivadas por vício de linguagem. Eram decorrências que não sepultava o topônimo original. As mudanças oficiais que resultaram na alteração do nome legítimo de Santo Amaro, creio que ocorreram em duas ocasiões distintas. A primeira delas foi o resultado da supressão da terminação "das Brotas", por lapso na redação; e na década dos anos 1940 quando o governo assinou o decreto 377, e por isso, a sugestão na adoção de Juruama.

O povoado rapidamente se eleva a vila. A partir daí a freguesia de Nossa Senhora do Socorro da Cotinguiba, além de compor como termo da vila de Santo Amaro das Brotas, e Santo Amaro que se tornou freguesia no ano de 1783, independente da paróquia de Siriri ou Pé do Banco, passou a receber grande fluxo de pessoas vindas do povoado de Socorro[5], que atravessavam o rio migrando para Santo Amaro, integrando-se àquela sociedade.

A vila, porém, só seria fundada em fins do século XVII, no dia 19 de maio de 1699[6], cem anos após o falecimento de Ayres da Rocha

Peixoto. Deu-se ainda no governo do capitão-mor Sebastião Nunes Colares (1696 até 1699). O cargo de ouvidor era ocupado pelo Dr. Diogo Pacheco de Carvalho, durante o reinado de D. Pedro II, no período de 1667 a 1706. Santo Amaro surgiu impulsionada pelo evento do ciclo do gado. Esta afirmação é contraditória ao pensamento de Felisbelo Freire, que em seu livro História territorial de Sergipe dizia ser ela *"a primeira vila criada no século XVIII (...) 1720(...)"*[7]. Adiante observa: *"As terras em que está ela edificada pertenceram a Pedro Barbosa Leal, que doou aos Padres do Carmo a ermida de Nossa Senhora das Brotas"*[8].

É Clodomir Silva que sobre essa discussão nos dá uma versão diferente. Tendo por base uma correspondência dos moradores de Santo Amaro, essa carta-manifesto dava conta de mais de 135 anos de existência da vila, se calculada a partir do ano que se refere (1698-1833), e foi endereçada aos deputados da província. Entretanto, existe outra que a precede, emitida pelos mesmos habitantes, a 6 de setembro de 1779, para o Conselho de Ultramar[9], atestando o dia 19 de janeiro de 1698 como sendo de sua fundação.

Conquanto, é preferível admitir o que registrou o ouvidor-geral João de Sá Souto Maior pela autoridade que representava em Sergipe. Sua alegação é a que mais se aproxima da verdade. Isto é o que, por enquanto, se pode comprovar, haja vista os documentos até então analisados, pois que a verdade não é um bem imutável e, como é sabido, não é propriedade privada, e que se fragmenta em diferentes interpretações, adversas em alguns momentos. Portanto, *"não existe verdade específica"*, porque não se trata de um bem do qual se apodera sem ampla discussão.

Outras fontes revelam que em 1721 o cel. Pedro Barbosa Leal, filho de pai do mesmo nome, tinha doado para os religiosos da ordem do Carmo um lote de terra para que nela pudessem construir uma igreja (matriz) e um convento. Há, entretanto, um ligeiro engano na disposição observada por Felisbelo Freire, que se confunde quando trocou o terreno que foi dado aos carmelitas para a construção do mosteiro com o que diz ter sido para fundar a sede da respectiva vila.

Em começos do período de 800, a Capitania de Sergipe tinha em sua formação apenas uma cidade, São Cristóvão; sete vilas: Santa Luzia, Thomar, Propriá, Lagarto, Itabaiana, Santo Amaro e Vila Nova; e mais quatro povoações: Laranjeiras, Pacatuba, Japaratuba e São Paulo. Segundo nos contam os historiadores, entre todas as vilas, Santo Amaro sobressaiu-se, e dentro dos limites do seu território, podia-se enumerar a existência de 40 engenhos - *como o engenho Porteira, onde, em tese, teria nascido Theotônio Corrêia Dantas, pai do Barão de Maruim* -, assomados por uma população de 5.500 habitantes que através da pecuária e da agricultura tiravam o sustento, além de manter relação mercantilista com a Bahia.

A Lei Provincial de 11 de agosto de 1835, em seu artigo 1°, além de ser responsável pela restituição de sua antiga categoria de vila, estabelece novos limites para Santo Amaro, como se vê no artigo 2°, que diz:

> Principia do rio Ganhamoroba no Porto da Praia, pela estrada que segue para a Canabrava, ficando o engenho Praia, seu trapiche e casas no termo de Santo Amaro das Brotas, e do dito lugar Canabrava, estrada real que se segue para o engenho Tira-vergonha, até a estrada real que vem da vila de Maroim para o engenho Garajéu, seguindo pela mesma estrada até encontrar com a que vai da predita villa Maroim para Rosário do Catête; e por esta até a olaria de Luiz Pereira de Oliveira, e d'ahi rumo direito ao rio Siriry, e por este abaixo até o engenho do Saco, no lugar onde atravessa a estrada da Japaratuba[10]

E no ano seguinte esta lei é revisada e suplementada pela regra de 12 de
março de 1836, cuja divisão ficou estabelecida, no artigo 3°, a seguinte
ordem:

> do Porto da Praia estrada real até o pasto da Cana-
> brava, e d'ahi seguirá a estrada que segue para o
> engenho Porteiras, deste pela estrada que segue
> para o engenho Quizanga, a encontrar o Brejo da
> Bananeira, e por esta abaixo ao rio Siriry abaixo
> até o Japaratuba, pelo qual descerá até a foz no
> mar, e pela costa da Barra da Cotinguiba, e d' ahi
> pelo rio acima até o Porto da Praia onde princi-
> piou[11]

É bom salientar que essa divisão de terra privou Santo Amaro
dos principais recursos de sua receita, que era a indústria do açúcar. E
dos 40 engenhos que se achavam dentro do seu território, sobram-lhe
apenas dez, os demais passariam aos domínios de Rosário, o influente
Bôtto, que consolida seu golpe, como se verá nos capítulos subsequen-
tes.

O Dr. Eronides Ferreira de Carvalho, ocupando o cargo de interventor federal, durante o período de 2 de abril de 1935 a 9 de julho
de 1941, prestou grande serviço à essa comunidade, do qual o cidadão
jamais se esqueceria, quando outorgou a 15 de dezembro de 1938 – data
em que se deve comemorar a emancipação político-administrativa do
município -, o Decreto Lei Estadual número 150. Esta disposição dava
a Santo Amaro das Brotas a tão sonhada independência administrativa
contemplada com a condição de cidade, e guiar-se livre tal qual seus
propósitos.

O ato sobretudo era positivo à administração do interventor municipal Agenor Martins Fontes. Nessa época, primeiro quartel do século
XX, além da capital, Aracaju, Sergipe já contava com 41 cidades e 10
vilas, a saber: Campo do Brito, Campos, Geru, Igreja Nova, Poço
Verde, Malhador, Santa Rosa, Canindé, Providência e Pacatuba. Veja

nos documentos anexos cópia, na íntegra, do Diário Oficial contendo as cláusulas do referido Decreto 150.

Portanto, desde que foi fundada, em 1699, Santo Amaro registraria um atraso de 239 anos para alcançar a categoria de cidade, diferente de Maruim, que depois do desmembramento logo ganhou autonomia. Santo Amaro foi estabelecida como freguesia em março de 1783, através do arcebispo dom Frei Antônio Correia Freire, como anota em seu livro o vigário Marcos Antônio de Souza "Memória Sobre a Capitania de Sergipe". Entretanto, há quem não concorde com essa afirmação, e, confusos, indicam que a partir de 1775 já se tinha notícia de sua condição como conjunto paroquiano, divergindo com a que se diz de 1718. Cremos nos escritos anotados por Marcos Antônio.

Contraditórios, os historiadores diversificam o ano em que lançaram as bases de sua fundação, onde as datas discorrem sucessivas: 1662, 1697,1698, 1699, 1720.

Para dar maior consistência ao tema da fundação aqui abordado, optamos por citar os estudos de Francisco Antônio de Carvalho Lima Júnior. Segundo ele, o terreno onde se encontra edificada a vila é parte da doação de terra feita por Antônio Martins de Azevedo à Câmara local para o devido povoamento, no lugar onde situava o sítio do antigo proprietário e sesmeiro Ayres da Rocha[12], que na culminância da conquista de Sergipe, ato bravio atribuído ao capitão-mor Cristóvão Cardoso de Barros (1590), instalou um curral de gado evocando o próprio nome, sendo assim denominada: "Fazenda Ayres da Rocha". Este morgado foi deixado por ele para um contraente, talvez primogênito, ou qualquer outro membro da família, sendo mais tarde comprado por Martins de Azevedo.

Em documento enviado à Assembleia Provincial, a Câmara de Santo Amaro das Brotas, cuja vereança era instituída pelos senhores e *"homens de bem"* Luiz Corrêa de Menezes, José Ferreira da Costa, Manoel Pereira Coelho – *filho do padre Gonçalo Pereira Coelho* -, João

Francisco de Menezes e o capitão José da Silva Travassos, filho do comendador Antônio José da Silva Travassos. Após 150 anos (1702/1852), constataram que houve erros cometidos pelo ouvidor, aqui presente no dia 24 de maio de 1702, para demarcação dos limites do território onde a vila estava edificada, para que os moradores dela não invadissem outras áreas, como estava acontecendo.

Em sessão extraordinária do dia 19 de abril de 1852, e sob vigência do artigo 51 da Lei do dia 1° de setembro de 1828, a câmara, disposta a corrigir o engano do ouvidor, decide reivindicar:

> Tendo esta camara hu terreno que foi doado para a criação da villa no anno de 1697, o qual suposto fosse medido, e demarcado pelo ouvidor da comarca (...) com o andar de tantos annos se havião confundido a demarcação. Devendo a câmara 2°. o Art. 51 da Lei do 1° de Sb^{ro·}(...) que lhe serve de regimento, requerer perante o Juis territorial o tombamento das ditas terras, que servem de logradouro-publico[13]

Para tanto, a câmara solicitou junto ao governo para atender a essa demanda a liberação de verbas. Teoricamente, como se pode ver no trecho acima, parece mais certo dizer que os moradores da vila foram contemplados com uma doação verbal em 1697 sem endosso jurídico, isto é, o que compete passar em registro público a escritura, o que só pode ser feito em 1701.

Sessenta e quatro anos depois, contados a partir de 1852 até 1916, persistia o impasse, e a necessidade de passar em revista os pontos já demarcados era imprescindível, não que a representação da câmara tivesse efeito nulo, e nova leitura e demarcações fossem feitas no lugar, desta vez era reclamante o vigário Antônio Leonardo da Silveira Dantas, que entendera essas terras pertencerem à paróquia, e para dar conteúdo ao seu argumento, convidou o Dr. Humberto Pizzi a fim de assegurar o patrimônio que julgava ser da matriz, sendo testemunhas além do requerente: Antônio Guimarães de Oliveira *(administrador da matriz)*, Humberto Pizzi *(ajudante de engenheiro)*, Francisco Ferreira de Mello *(juiz de paz)*, Ascendino Araújo *(escrivão de paz)*, Rogaciano Magno de Leão Brazil *(professor)*, Joaquim Correia Dantas, Manoel José do Nascimento, Odilon de Souza Teles *(Delegado de Polícia)* e Simphronio José de Santana.

Segundo o padre Dantas, as propriedades da igreja:

> Começa ao fundo da arruinada capella de Nsa. Sra. do Carmo, em uma linha recta de 41 gráo Noroeste, dividindo-se com o sitio do professor Rogaciano Magno de Leão Brazil e com a propriedade da pipa até uma valla do que divide as terras do sitio Lagôa, passando por sobre o fundo do cemitério publico (...) Dahi formando um ângulo á direita ate um marco de pedra ao pé de uma cancella que está na estrada real. Desta referida pedra, em rumo de (...) 108,50' até a fonte grande de servidão publica prosseguindo em linha recta, por de traz do quintal da casa de Ignácio Pereira e termina ao fundo do quintal de Pedro Vianna no taboleiro. Dahi, fazendo uma variação de 5° 8° ao sul ate a estrada real e por ella até defronte do coqueiro do citado Ignácio Pereira, formando um ângulo de 39° 20° ao sul, dahi em l.a recta ate a porta de Honorato, seguindo para o tronco de um cajueiro em ângulo de 10°22' á Leste e dahi em l.a recta até o antigo marco da cancella na estrada real, No Caquende e deste a cerca do referido sitio do professor Rogaciano Magno, tomando 114°30' ao Norte ate o ponto onde começou-se, ao fundo da arruinada capella de Nossa Senhora do Carmo, o que tudo se fez de acordo com o traslado da escritura de doação de Antonio Martins, da do Cel. Pedro Barboza Leal a Ordem do Carmo e do superior provincial da mesma, Fr. Manoel Bananera Serra a Matriz de Santo Amaro e mais um trecho de terras desmembrado do engenho Caieira q' é o

> que parte da fonte grande ao tabuleiro, por doação
> do Major Antonio Dias Sobral e sua espôsa. Fo-
> ram assentados os respectivos marcos perante as
> testemunhas que verificaram todas as demarca-
> ções não contestadas[14]

Particularidades à parte, era o padre Dantas intencionado a co-
brar impostos dos moradores para a igreja. O caso não teve boa aceita-
ção e logo ganhou a oposição e severa análise crítica do cel. Jacintho
Ribeiro, que em correspondência bastante expressiva, do dia 4 de novembro de 1918, confidenciou direto e áspero a despeito das intenções
do vigário, consideradas por ele ilícitas, abusivas e sobre as quais testa-
mentou desfavorável. Entretanto, preferimos citar com alguma reserva
os aspectos concernentes ao espaço geográfico e não o ataque entre eles.
Dizia o coronel sobre o assunto:

> Soube que o digno emulo de Antônio Silvino, em
> prática dirigidas às velhas que em um dos últimos
> domingos assistiram a missa que se celebrou (...)
> disse-lhes que ficassem certas que as terras eram
> da matriz e que elle não se metia em questão para
> perder[15]

Agentes da discórdia repeliam-se mutuamente, trocando ofensas
das mais execráveis, que iam de "soldado boçal" a "ladrão de batina".
Sem dúvida alguma era esse o lado de menor realce do caráter admirável assumido por eles.

Contudo, levando em conta o que está escrito no expediente que
a Câmara de Santo Amaro emitiu para os membros da Assembleia Legislativa, e consequentemente observando o teor da resposta apresentada pelo primeiro-secretário do governo, Dr. João José de Bittencourt
Calazans, vemos onde se arvoram as convicções do Padre Dantas, e,
sobretudo, o porquê de manter à luz da discussão essa deliberação que
provocou polêmica no plano da cartografia local.

Para melhor ser entendido, reproduzimos na íntegra, com a mais possível fidelidade, os conteúdos que dão sustentabilidade ao raciocínio do padre queixoso, habilitando as partes na questão em uso, cujo texto passo a transcrever:

> A câmara da Villa de Santo Amaro estando de posse das terras duadas a Nossa Senhora das Brotas para fundação dessa villa estando em comum para não [retirem] os marcos que n'aquelle tempo forão assentados, como consta da escriptura, querendo acautelar que outras heréos desfructem a ditas terras sem consitim.[to]. Dela deseja [conservar] o rumo ia sentar os marcos que forem necessários, cuja demarcação judicial, pedi a Assembleia Provincial por intermedio de V.Excia. uma quantia suficiente para se satisfazer essa despeza con[fe]. a conta que for apresentada pelo contador do Juiz. Deos goarde a V. Excia. Paço da Camara Municipal da Villa de Santo Amaro, em sessão Ordinária de 7 de julho de 1847. Illmo. e Exmo. Senr. Vice Prezidente desta Provincia.[16]

Este ofício traz as assinaturas dos vereadores Antônio Dinis de Siqueira e Melo, João dos Santos, Balthazar Ferreira Passos e do professor José Lopes de Souza.

A resposta viria no decorrer de pouco tempo, nove dias, ficando assim despachada:

> Sua Excellencia o Senor. Vice Presidente da Provincia manda enviar á V.S., para que seja servido fazê-lo presente a Assembléa Legislativa Provincial o incluso officio da Câmara Municipal de Santo Amaro pedindo a consignação de ûa quantia para a demarcação judicial das terras doadas á Nossa Senhora das Brotas, de que está de [posse] a referida Câmara más que ainda estão commum, e sujeitaz por tanto a ser desfructadas por outras he-reos. O que a Assembléa se dignará de tomar

em consideração. Deus guarde á V.S. secretaria de Sergipe 16 de julho de 1847. Illmo. Sr. Dr. João de Bittencourt Calazans[17]

Como se vê, achamo-nos recuados na década de 1840, do século XIX, os despachos são positivos quando afirmam conscientes da doação a Nossa Senhora das Brotas, o que de certa maneira dá motivos reais para que o padre Dantas acreditasse que as respectivas terras deveriam ser novamente reincorporadas à paróquia, gerando divergências que se arrastaram por muitos anos.

Santo Amaro, como as demais vilas, acarretou problemas sobremaneira a provocar modificações abruptas no sistema social, sentidos em diversos seguimentos, o que comprometeu a estabilidade geopolítica, a ponto tal de ser extinta e anexada a Maruim *(século XIX)*, precedida de acirradas discórdias travadas nesse íntimo pela arbitrariedade de um ex-vice-presidente da Província, às escarnecidas renhidas protagonizadas por dois únicos postulantes ao poder: rapinas e camundongos. Onde esteve em jogo a autonomia da vila, e preservá-la exigiu muitos esforços. Assim têm-se processadas as conjunturas, desde os tempos áureos, quando já havia se estabelecido como núcleo de vida no cume de uma colina. Até mesmo aí, já se deparava ostensiva a desdobrar-se com o conturbado destino da sobrevivência de sua fixação, como se verá nos próximos capítulos.

Nos agitados anos 20 e 30 do século XIX, a pequenina vila de Santo Amaro despontava como reduto de líderes revolucionários, período onde se descortinam os movimentos populares e as ações arrojadas de Antônio José da Silva Travassos, e do alferes dos "Henriques", o afrodescendente Sebastião Paiva Noronha, destacado chefe de revolta, que se opunha grandemente ao regime escravagista, cujo número de sublevação dos escravos, algumas delas comandadas por ele, registrou-se em Santo Amaro nos anos de 1827, 1828 e 1833. Outro escravo que levava perturbação aos seus senhores em Rosário do Catete era Sebastião Soares. Foi ele quem planejou uma rebelião para a noite de natal, embora preferisse desencadeá-la antes.

As ações insubordinadas, tanto de Sebastião Soares, em Rosário, como as de Sebastião Paiva Noronha, em Santo Amaro, provocaram a ira de muitos proprietários de engenho, inclusive a do já renomado cel. Sebastião Gaspar de Almeida Bôtto, que para coibi-las pediu por carta, a 26 de novembro de 1824, providências às autoridades governistas, assim declarando com o orgulho carregado de tempestuoso rancor e altivo desdém, denunciando entre outras situações a incapacidade de oferecer combate, dizia ele:

> No meu ofício de 18 de setembro informado a V. Exa. acerca de rebelião que aparece na classe preta, foi V.Exa. servido me responder, (...) de novo levo a presença de V.Exa. que o mal cresce (...). Na povoação de Rosário há um preto liberto de nome Sebastião, alferes dos Henrique, que publicamente declara suas danadas intenções. (...) e se V.Exa. não toma as medidas cautelosas, decerto a desgraça apareça em curto espaço de tempo. Na mesma povoação de Rosário e circunvizinhos, já aquela classe diz publicamente que deve rebentar a desordem no dia do Natal, (...) o mesmo Sebastião, dizem que deve ser antes. (...) Toda a escravatura apresenta uma face carrancuda mui diferente do costume (...). Nos corpos de milícias há poucas armas e nenhuma munição. (...) Tendo sempre em lembrança que o caso exige muita pressa[18]

Também se manifestaram contra esse mesmo alferes o capitão-mor José da Trindade Pimentel *(pai do Barão de Propriá)*, o capitão Francisco Vieira de Melo e o coronel Antônio Luiz de Araújo Maciel, em ofício do dia 5 de dezembro de 1824. Eis os grifos selecionados:

<blockquote>
Sabem por ser voz pública e notório que Sebastião Soares (...), Alferes comandante da campanha dos Henriques, tem convocado pelos engenhos e fazendas, a pretos cativos para pelo natal do corrente ano, se levantarem contra seus senhores e contra tudo o que fosse branco e os matarem e aclamarem a república[19]
</blockquote>

Nesse documento, são citados por incitarem o movimento o *"Padre Sobral, o quartel mestre, pardo, casado e mais dois brancos"*[20]. O ofício aponta ainda que o maior responsável *"agente e motor de toda a evolução"*[21] atende pelo nome de Antônio Pereira Rebouças, então secretário de governo, nomeado por carta de 28 de novembro de 1823, e empossado a 5 de março de 1824. Outros sinais de revolta foram registrados em São Cristóvão: 1808 e 1815; Rebouças e João Mulungu, para as autoridades, causavam desordens, enquanto eram ovacionados ícones da liberdade em Laranjeiras, 1835 e 1837.

A Câmara de Santo Amaro das Brotas, em 25 de novembro de 1824, parecia apreensiva fazendo as primeiras denúncias contra as intenções do elemento servil de se levantar contra os seus donos.

Não seriam apenas as peripécias de Sebastião Paiva Noronha que mexeriam com os brios do cel. Sebastião Gaspar de Almeida Bôtto, as determinações adotadas no governo de Manuel Fernandes da Silveira tinham sabor de afronta quando desafiou ilegitimando a denúncia contra Antônio Pereira Rebouças, acusado por Bôtto de ser membro de uma *"sociedade revolucionária existente na Bahia, a Gregoriana. Esta intencionava dar ação a um plano de extermínio de brancos e constituir uma sociedade composta de pretos e mestiços"*. A princípio, a indicação de Manuel Fernandes da Silveira foi elogiada pelos santamarenses, ou santo-amarenses, como queiram.

Muitas tentativas de insurreição pretendidas pelos homens de cor *"não-branca"* foram delatadas por escravos que se negavam a voltar-se contra os seus senhores. Abafadas as rebeliões, durante intermináveis caçadas, vários cativos perderam a vida porque não conseguiram escapar à mira das carabinas, e quando capturados, eram levados presos para a cadeia de Santo Amaro, e ali eram torturados.

Atingido pela violência dos cativos insurgidos, o coronel Hermenegildo José Telles de Menezes[22] declarou em correspondência que remeteu a 30 de setembro de 1827 ao vice-presidente da província que por um milagre o salvara da agressão dos negros, dizendo que eram grupos reunidos de vários engenhos, como Porteira, Caraíbas, Maruim, Taverna, Várzea, etc., revelando o terror que vivera com sua família e que foram socorridos pela intervenção dos vizinhos e a coragem de dois escravos alforriados por ele, e ainda temeroso alerta:

> Passo a V.Exa. esta participação e logo quero dar providência, pois desconfio que estavam (os revoltosos) nas matas (...) e supondo voltarão na seguinte noite"[23]

A estatística do ataque, segundo o coronel, deixou um saldo de duas mortes e nove feridos. Quatro escravos do respectivo coronel foram surpreendidos e conduzidos presos para a cadeia de Santo Amaro quando tentavam dar ação ao plano de fuga.

Pavor da mesma extensão foi experimentado por José Pinto de Carvalho, quando a alta hora da noite foi despertado pelo sargento-mor João Pais d'Azevedo, que o informara de uma grande movimentação de escravos vindos dos engenhos "Sítio", "Peri-peri", "Unha de Gato" e "Vargem". Os ânimos dos amotinados se multiplicavam e tinham resposta também na povoação de Rosário. José Pinto de Carvalho estabelece uma via de estender a notícia para outros pontos mais próximos e pôs-se a caminho para o Porto das Redes.

No dia 29 de março de 1826, a par dos acontecimentos de rebelião patrocinados pelos escravos, em março do ano anterior, o juiz ordinário de Santo Amaro, Manoel Rodrigues do Nascimento, passa a informar ao presidente da província sobre tais desordens e que estariam sob suspeita os negros Sebastião Paiva Noronha e Henrique Dias, sendo que o envolvimento dos dois estava sob investigação. Uma devassa foi aberta para apurar a participação dos respectivos suspeitos.

Foi no lugar chamado Mocambo, templo sagrado da unidade negra de Santo Amaro, perto da fazenda Arauari, onde passa ainda o rio Mocambo, que os escravos fugidios convergiam ideias de rebelião. E como amantes da liberdade e filhos do cativeiro, caíram sufocados por repressão dos seus senhores, com reforço policial. Escondidos da tirania dos brancos, senhores de engenhos, os negros de Santo Amaro, para assegurar a manutenção do dia-a-dia, viam-se obrigados a praticar furtos e outros tantos delitos, como homicídios, saques, etc.

Veja que a Lei Áurea se assinara tardiamente, pois os negros por si só se faziam livres. Caçados como animais, *"que só tem de homem a figura"*[24], os negros nem de longe podiam supor um convívio alheio ao separatismo racial, que teriam que romper conforme o avançar dos anos. Antônio Pereira Rebouças já profetizava condição melhorada para os negros dizendo que *"todo homem pardo ou preto pode ser um general"*. Naturalmente, tendo-se a si como exemplo, que além de secretário do governo foi também advogado e oficial da Imperial Ordem do Cruzeiro a 12 de julho de 1842.

O promotor público de Santo Amaro Norberto José Dinis Villas Boas, querendo apurar a morte de um feitor agregado do coronel José Rodrigues Dantas e Mello, e reprimir os cativos rebelados, disse ao governo a 2 de março de 1844 [25] que com menos de 80 soldados não seria possível prendê-los. Para o sucesso da campanha era necessário armar um cerco nos três engenhos onde estavam refugiados e uma casa dentro da vila. Alegou ainda que havia disponibilizado pessoas para vigiar o local e que se manteria informado de qualquer movimentação. As rebeliões das "gentes de cor" simbolizavam uma inversão de posição hierárquica, uma ideologia jamais aceita pelo oposto e reclamada com igual postura, com o emprego da violência, quando esses se sujeitavam às perversas leis do cativeiro. Fato que assustava alguns senhores de terras, os negros numericamente majoritários ameaçavam uma investida contra os brancos, nesse turno, minoritários, e receosos ante à possibilidade de perecerem diante deles. Para melhor compreensão desse tema, recomendamos as pesquisas de Luiz R. B. Mott. Os estudos empreendidos por ele cobrem as ações dos negros e as reprimendas da classe senhorial.

Religiosamente devotos de Nossa Senhora do Rosário dos Homens Pretos, os de Santo Amaro se contrapuseram aos da povoação de Rosário do Catete, quando motivados a erigir a confraria desse mesmo nome naquele lugar. Os negros de Santo Amaro, por intermédio do líder da entidade, o padre Gonçalo Pereira Coelho, protestaram ríspidos porque entenderam que se os de Rosário concretizassem a instituição da fraternidade teriam a sua hegemonia ameaçada, e daí não protelaram muito a manifestarem-se em desacordo. O pároco da época, Gonçalo Pereira Coelho, prevendo os prejuízos que poderia gerar, denunciou:

> Uma turma de homens pretos da povoação do Rosário fizeram um ajuntamento em confuso com o título de confraria (...) composta de homens ignorantes e debochados que só trabalham de consumir sinistra e coloradamente em seu uso as esmolas e rendimentos [26]

Luiz Mott diz ainda que as primeiras notícias dessa confraria, no que se refere a Santo Amaro, data de 1813, precedendo às de São Cristóvão, 1817; Socorro, 1817; Vila Nova, 1817; Divina Pastora, 1817; Rosário do Catete, 1818 e, por último, Brejo Grande, 1849, o que não lhe dá critério como data de criação, supomos ser dos meandros de 700.

Orlando Vieira Dantas diz em seu livro "A vida patriarcal de Sergipe" que no ano de 1854 habitava em Santo Amaro uma população escrava de 1.440 pessoas, e mais outro grupo de 3.372 indivíduos livres. Segundo os estudos de Luiz Mott, a vila de Santo Amaro, em 1825, contava com uma população de 9.422 habitantes e 1.914 fogos. Essa população era instituída de 283 brancos casados, 507 solteiros, dentre tantos nas diversas situações sociais. Havia ainda 780 pardos ingênuos e 11 índios, todos consorciados.

A contar da sua emancipação, 1938, Santo Amaro é uma cidade relativamente nova, apesar de ter passado dos 80 anos, no molde da política atual. Se tomarmos por estudo sua história, notar-se-á que é contemporânea dos primeiros tratos de terras doadas em sesmaria aos colonizadores das plagas sergipanas. A historiografia dessa parte do território é, no entanto, um acúmulo de equívocos e utopias inaceitáveis, cujo efeito tem provocado danos quase que irreparáveis na acepção popular.

Findo aqui esta simplória contribuição a respeito dos acontecimentos, isolados, é verdade, que tiveram relevância para estes registros.

Antônio Martins de Azevedo Cidade adquire por compra o Sítio Ayres da Rocha

Quando esse latifundiário esteve em 1701 passando por Sergipe, vindo da Bahia, onde era domiciliado, para visitar sua propriedade rural, em Santo Amaro, encontrou os membros da Câmara da referida localidade, determinados em levar adiante o entrave que lhe perpetrou enquanto esteve ausente. Quando esses, intencionaram forçosos comprar parte das terras que lhe pertencia, alegando, sobretudo, alcançar maior espaço do território para habitação.

Em tese, a povoação de Santo Amaro surgiu limitada entre o sítio de Ayres da Rocha Peixoto e o engenho de Antônio Martins de

Azevedo Cidade, situado no Porto das Redes com o seu verdejante canavial. Era ele nesse tempo possuidor de uma indústria de açúcar, que mantinha em atividade nas proximidades do ancoradouro, à margem do leito de um afluente do Rio Sergipe e mais adiante com o Ganhamoroba, em Maruim, e também por onde se misturam e deslizam livres as águas mansas de outro tributário, o Rio Cotinguiba, desembocadas do Atlântico, divisando Santo Amaro, aí situada, Aracaju, Nossa Senhora do Socorro e Laranjeiras. O seu vasto território media ao todo 10 léguas, e principiava a partir da barra do Cotinguiba até se encontrar com Japaratuba[1].

Desfavorável ao plano de compra proposto pelos membros da Câmara, Martins de Azevedo também protestou irredutível em não vende-las. Daí se puseram em porfia as partes. Uma a propor compra *(Câmara de Santo Amaro)* e a outra que se recusava em vender *(Antônio Martins de Azevedo)*. Para alguns autores, Martins de Azevedo considerou o plano da fixação da sede em sua propriedade como imprópria, e antevia que se assim procedesse, não alcançaria melhor projeção comercial. Pensamento que foi combatido pelos vereadores. E em vez disso propusera fazer doação, como de fato fez, no dia 3 de junho de 1701[2], de um lugar que possuía no alto da colina, para que a sede da vila fosse trasladada para lá, sendo essa oferta solenemente recusada pelos membros da Câmara de Santo Amaro, que a todo custo desejavam urbanizar as mediações do citado porto, por saber que era um ponto favorável à expansão comercial.

O Porto das Redes foi habitado, não há dúvida. Depois de várias tentativas eis que o fato se consolidou, e o lugar foi ocupado. Mas esse processo aconteceu após muito tempo, circunstância em que passou a ser povoado da vila, que tinha a sede encravada no alto da colina. No Porto das Redes funcionou a alfândega; havia escola e uma capela. Populares afirmam que o pequeno templo edificado naquela região era consagrado a Nossa Senhora dos Navegantes, entretanto, há evidência de que a referida igreja era de fato, dedicada às "Onze Mil Virgens", vide o livro *"Efemeridades – engrenagens do tempo"*, deste mesmo autor.

Depois que removeram a alfândega para Laranjeiras e em seguida para Aracaju, os moradores do povoado Porto das Redes sentiram o efeito do êxodo. Decadência e abandono se acentuaram severos no lugar.

Os oficiais camaristas, ficaram insatisfeitos com a recusa que lhes fez Martins de Azevedo, posto que, sabiam que muitos indivíduos estavam apropriando-se indevidamente daquelas e de outras terras circunvizinhas. Alguns autores confirmam que, apesar de não constar nas cláusulas da doação, mas por motivo de estender os limites da vila, tratos da área foram por eles, vereadores, distribuídas aleatoriamente entre os habitantcs ou cntrcgucs a qualqucr pcssoa que solicitasse para construção de casas, sem autorização do verdadeiro proprietário.

Tentando evitar outros embates com a Câmara de Santo Amaro, Martins de Azevedo meneou insistindo na oferta sugerida do terreno no alto da colina, onde, hipoteticamente, localizava-se o suposto curral de Ayres da Rocha. O sítio ou "fazenda", ao contrário do que se tem em grande nota, não foi herdada por Martins de Azevedo. Este o adquiriu por compra que fez aos eventuais herdeiros de Ayres da Rocha[3], e como pretendia ele, pudesse naquelas terras construir uma *"cadeia, casa da câmara e matriz"*, como destacou João Sales de Campos em seu trabalho "Dados Históricos sobre Santo Amaro das Brotas – 1972". Tentativa frustrada. O caso se transformou em algo mais complexo e intenso, iniciado pelo proprietário e convergido em seu favor.

Sabendo que de nada adiantaria reclamar providências a essas arbitrariedades as autoridades locais, Martins de Azevedo preferiu apresentar queixas diretas perante o governador-geral estabelecido na Bahia, dom João de Lencastre, para forçá-los a devolver as terras ocupadas ilegalmente e aceitar a oferta da doação obedecendo os termos exigidos pelo doador. No dia 13 de setembro de 1701, dois anos depois da criação da vila, chegou a Dom João de Lencastre as informações que o mandara apurar, através do provedor da Comarca, Dr. João de Sá Souto Maior – nomeado para esse cargo no dia 11 de janeiro de 1699 -, que o deixara a par de todo o episódio salientando o quadro dúbio: *"querendo uns e outros não aceitarem a doação"*, mas se notificados com vigor pelo governador-geral, determinado cumprimento, este seria de logo acatado. Dissipando de todo a poeira da discórdia entre a Câmara de Santo Amaro e Antônio Martins de Azevedo. Nessa época, a capitania de Sergipe era governada pelo capitão-mor Manoel Carvalho Fialho (1700/1704)[4].

A câmara perdeu a causa. A decisão fora declarada por dom João de Lencastre em favor de Martins de Azevedo no dia 5 de fevereiro de 1702. Segundo alguns autores, essa foi a data em que a câmara resolveu aceitar a doação, em conformidade com os preceitos firmados, quando o Dr. João de Sá Souto Maior esteve em correição na vila de Santo Amaro, vistoriando se a ordem expedida por dom João de Lencastre havia sido cumprida à risca. Para essa ocasião, esteve presente na casa da Câmara de Santo Amaro, além do juiz ordinário da vila Valério de Armas Brem Castello Branco, todo o corpo de vereança.

Nesse mesmo ano, 1702, foram edificados os prédios da cadeia, onde se encontra atualmente o Colégio Estadual Esperidião Monteiro, a capela de *"Nossa Senhora da Vila de Santo Amaro das Brotas"*[5] e um pelourinho *"símbolo de autoridade"*, instrumento utilizado ao aplique de justiça e punição com efeito a coibir através de açoites a prática de delitos. Todas essas vantagens foram realizadas por Martins de Azevedo.

O termo de doação da terra para o traslado da sede da vila para o local em que estava o curral, feita por Martins de Azevedo, foi lavrado na residência do frei Sebastião do Nascimento "religioso de Nossa Senhora do Monte do Carmo", nessa mesma vila de Santo Amaro, ministrado e reconhecido pelo tabelião Bento de Seixas Almeida. Também compareceu ao ato dando o seu testemunho o indivíduo de nome João Gonçalves Franco[6] e Amaro Pereira Castelão. O documento em que se legitimou o ato foi lançado no livro de Notas do referido notário, nele se ler a unidade de cumprimento: 200 braças em quadro. Ainda para viabilizar a construção de casas, cada morador assumia a condição de tributar a Nossa Senhora das Brotas a quantia de *"um tostão"* por braça ocupada.

Julgamos ser provável que os estrangeiros a Sergipe, oriundos de outros territórios, não só de Portugal, como do próprio Estado Federativo do Brasil, respectivamente da Bahia, costumavam dar às ermidas que construíam nas povoações o nome das naus que os conduziam. Como se pode ver, a capela erguida por Martins de Azevedo, em Santo Amaro, recebeu o nome da nau de guerra Nossa Senhora das Brotas, que hipoteticamente o trouxe para aqueles lados, ou seja, para Santo Amaro das Brotas. É também de se crer que as missões evangelizadoras tiveram influências nas denominações dessas capelas, como a missão de Nossa Senhora das Brotas.

Presumimos que Antônio de Azevedo, nome que aparece numa das cartas de sesmarias, publicadas por Felisbelo Freire, seja o mesmo Antônio Martins de Azevedo, por considerar a localização feita ao citar os rios próximos às terras requeridas por ele a 18 de agosto de 1623, conforme se observa no texto a seguir:

> Diz Antonio dazevedo que amuitos anos que he morador desta capitania cazado com molher he filhos he não tem terras bastantes pera se agazalhar he trazer suas criasois no rio de seregipe da banda do sul estão teras devoluto pede a vosa merse lhe fasa merse de huâ légua de tera ao longuo do dito rio que se comesara a medir da parage nova do seu cural de bois meja pera baixo e meja pera sima he

<blockquote>
de larguo ate os oiteiros e seras que corem ao lon-
guo do dito rio auguoas vertentes pera elle e pede
mais todas as ilhas de matos he mangues e mais
cousas que ouver no rio do araquaju contendiba
seregipe e guanhamoroba[7]
</blockquote>

Os afluentes do Rio Sergipe, Ganhamoroba e Cotinguiba men-
cionados na correspondência fazem referência ao Porto das Redes, onde
se estendia sua propriedade.

Merece especial consideração, por todo esse esmero, o sucessor
de Ayres da Rocha, quem mais se faz condigno e melhor se enquadra à
moldura de benfeitor da vila, como vem sendo precipitadamente ovacionado a Ayres da Rocha.

Eventualmente, a referida indicação fora preterida a Ayres da
Rocha pelo prodígio de seu feito, assim se pode considerar, mudando a
feição primitiva e inóspita, transformando o lugar em fazenda como re-
queria o momento do ciclo do gado.

Numa observação mais concisa, não se tem de Ayres da Rocha
outros planos de maior vulto, senão o simbolismo de sua chegada, pois
nos confundem estas afirmações: *"Ao desaparecer, seu descendente,
Antônio Martins de Azevedo"* – não foi encontrado nenhum fio de parentesco entre os dois, como escreveu Sales de Campos, e acresce:

<blockquote>
Não se sabe se filho ou neto (...) ocupou a fazenda,
que tinha a denominação Fazenda Aires da Rocha.
(...) Há quem afirme que, como aconteceu com
São Cristóvão, Santo Amaro recebeu o nome do
santo do seu fundador, pois o nome completo de
Aires da Rocha era Amaro Aires da Rocha. (...) A
comissão encarregada da instalação da vila, deparou-se surpresa com a ermida ali construída pelo
sucessor de Aires da Rocha[8]
</blockquote>

Por essas considerações, dissipa-se, então, o venturoso legado
da fundação da Vila de Santo Amaro das Brotas Comarca de Sergipe

D'El Rey, outrora creditada a Ayres da Rocha, e atribuiremos ao desprendimento dos oficiais da câmara, a vontade popular e a iniciativa e conciliação por conveniência de Martins de Azevedo.

Acreditamos, porém, que os tópicos observados nos foram remetidos porque quisera o célebre jornalista e escritor João Sales de Campos nos instigar ao centro de uma análise ampla e segura, que não nos detivéssemos unicamente à parca compreensão do sentido literal, da qual nos ocupamos, inadvertidos, a propagandear à exaustão, inalteradamente até a recente década, sem investigar outras fontes. Entenda-se, sobretudo, que não nos compete, pelo diminuto entendimento, analisar a obra de sua autoria, portanto somos inadimplentes aos seus préstimos, porque temos para com ele uma dívida de gratidão.

Santo Amaro revestira-se disposta encravada no alto de sua pequena colina em alcançar status mais elevados. Dela distava por três quilômetros o Porto das Redes, seu principal ancoradouro; e, em tese, por onde as grandes naus procedentes de Portugal ancoravam no antigo Porto do Cotinguiba, e apresentava um estado de franco progresso, pois lhes serviam de fluxo para o transporte marítimo seis portos de mar: "Porto das Pedras, Porto dos Cavalos, Porto das Redes, citado acima; Porto do Furado *"atual Porto Agenor Martins Fontes"*; Porto da Tiririca e o Porto da Conceição, onde eram frequentes as embarcações.

Dessa movimentação diária, Santo Amaro mantinha em equilíbrio a subsistência dos habitantes, pela cabotagem dos respectivos portos que estão distribuídos em distancias calculadas de meia légua uns dos outros, ou seja, o equivalente a aproximados 2,5 quilômetros, exceto o Porto do Furado e Tiririca, distantes 300 braças. A vila possuía no porto do engenho Caeira um trapiche funcional para recebimento, armazenagem e exportação de caixas de açúcar. Localizava-se pouco abaixo do da Tiririca.

A contribuição que os habitantes pagavam a Nossa Senhora das Brotas era uma pensão anual de *"Cem Reis sobre cada casa"* [9]. A área ocupada por esses imóveis correspondia a "três braças de frente". As outras casas, cuja construção se projetava além do limite das 200 braças, tributavam custo superior: *"Duzentos Reis"*. Cerca de 400 casas de habitação, mais cadeia e outra casa destinada à vereação foram edificadas por iniciativa popular, já existindo entre as construções a igreja matriz e mais três pequenas ermidas: Capela Nossa Senhora do Rosário dos Homens Pretos, Nossa Senhora do Amparo dos Pardos *(atual igreja São Benedito)* e a capela Nossa Senhora do Carmo, anexa ao convento dos frades carmelitas.

No conjunto urbanístico, havia uma casa de caridade, o Hospício de Nossa Senhora do Carmo, trata-se teoricamente, do mesmo convento; mantido por religiosos, que, ao se dispersarem, abandonaram o local, que se transformou depois em alvo de depredação. Dele só resta o portal em cantaria que compõe o acervo do Museu Histórico de São Cristóvão. Como disse acima, nele funcionava uma capela anexada ao prédio. Quando desaparecidas as ruínas, a área foi loteada com várias residências, entre essas moradas está a do saudoso "santamarista" e ex-prefeito João Ferreira da Costa (1920/2004).

Consta da oralidade popular que, quando a igreja São Benedito passou por um processo rigoroso de total abandono, e suas dependências serviram apenas para o acúmulo de detritos, o senhor Valdemar dos Santos, individuo encoberto pela flâmula da boa vontade, conclamou os moradores da respectiva rua onde o templo se acha erguido. A campanha que empreendeu para a recuperação da igreja atraiu a atenção de políticos influentes, que por seu turno tentaram tolher a iniciativa do bem-intencionado cidadão, que a tudo ali recuperado ordenava-lhe o embargo. Afrontado, o paladino da cidadania, encorajado por populares, ganhou a direção do mandante do embargo e se fez ouvir em contundentes protestos.

Disposto e sempre benquisto aos anelos da comunidade, ele fez mutirão, organizou animados leilões e os rendimentos canalizados foram devidamente aplicados para as obras de restauração da estrutura física da igreja, e aí houve revestidas de reboco as paredes internas, e apetrechada com um enorme gradeado de madeira a porta que guardava a frente do templo.

Mas um dilema lhe recaiu, e talvez por não saber que a antiga padroeira, a quem a igreja era consagrada, Nossa Senhora do Amparo dos Pardos, era também orago dos afro-brasileiros, vez que a comunidade vigente instituía-se majoritariamente dessa etnia e mestiços. Decidido e com a aprovação fervorosa do povo, Valdemar dos Santos, ou "Vavá Badejo", como era conhecido, e exímio sanfoneiro, entregou parcialmente recuperada e com nova denominação a igreja São Benedito, outrora capela consagrada a Nossa Senhora do Amparo.

Enquanto vigário de Santo Amaro, agora Bispo, Dom Carlos Alberto dos Santos, sucedera a Vavá Badejo na empreitada dando continuidade ao projeto de recuperação da arruinada igreja. Em seu tempo, ele melhorou o piso do vão, ergueu a sacristia e deu a ela um modesto altar-mor que oferece acomodações para três imagens, além do co-padroeiro. É conveniente ressaltar que o ex-prefeito Nelson Ferreira Lima, obreiro por excelência, precede aos dois citados.

Cartas e provisões situam
Santo Amaro no período setecentista

Recém-criada na capitania de Sergipe por despacho régio de 19 de maio de 1699 [1], corriam por toda a vila editais com prazo de vencimento de um mês, oferecendo vaga para o assento de primeiro tabelião do público judicial, notas e escrivão da câmara e almotaçaria de Santo Amaro. O pioneiro nessa função foi o pernambucano Braz da Rocha

Cardoso, homem de muitos títulos e dono de uma vasta folha curricular a serviço da realeza por dilatados anos, iniciados a partir de 15 de janeiro de 1683 até 15 de junho de 1699, tendo passado também por praça de soldado, alferes de mestre de campo e capitão de infantaria. A provisão foi concedida de Lisboa, por Manoel Gomes da Silva, no dia 2 de agosto de 1700, conforme o trecho que se segue:

> A Braz da Rocha Cardozo fes sua Mag.[de] que Deos G.[de], m.[ce] da propriedade do officio de primeiro tabelião (...) E para pagar o novo direito lhe dei este bilhete[2]

Fac-simile da correspondência emitida pelo ouvidor-geral de Sergipe, o Dr. João de Sá Souto Maior, ao governador-geral do Brasil, Dom João de Lencastre, contendo o trecho em que afirma a data da criação da vila de Santo Amaro

Os documentos que tratam das provisões aos proprietários de cartórios em Santo Amaro indicam como provável sucessor de Braz da Rocha Cardoso o capitão-mor José Ferreira Passos, cujo filho Albano da Silveira Passos, após sua morte, requereu ao rei Dom João V a serventia desses ofícios. Quanto a Braz da Rocha Cardoso, parece não ter exercido o cargo, e não abandonara os desígnios militares, conforme visto no alvará expedido por Dom Pedro II:

> Eu El Rey faço saber (...) que tendo respeito a ver feito mercê a Braz da Rocha Cardozo da propriedade de officio de tabeliam publico judicial, e notas, escrivão da Câmara, e almotaçaria, todos anexos da villa de Santo Amaro das Brotas, da cappitania de Sergipe de El Rey, [e hora] me reprezentão não ser pucivel hir servir o dito officio por me estar servindo no posto de Capitam de enfantaria paga de hum [obitenço] da goarnição da praça da Bahia[3]

Teoricamente, para que a vila pudesse usufruir de alguns privilégios, era necessário que determinados critérios fossem correspondidos, como destinar local para os trabalhos legislativos e outro para reclusão dos presos. Enquanto essas recomendações não fossem atendidas, as petições feitas pelos moradores de Santo Amaro eram vetadas pelo ouvidor-geral João de Sá Souto Maior, como a que indeferida por ele, quando os habitantes de Santo Amaro pediram concessão para que as pequenas embarcações atracassem primeiro em seu porto, de onde depois seguiriam viagem para a cidade de São Cristóvão. João de Sá Souto Maior, discordante dessa exigência, manifestara-se em protesto:

> Não parece justo, que sendo o rio devizam dos termos da villa, e cidade dem entrada na villa, e não na cidade inda q' mais distante, sendo a cabeça de toda a cappitania, e principal.te q.do carregão, e descarregão tudo da parte da cidade[4]

As autoridades da vila queriam assumir o controle de tráfego da navegação do rio que margeava o lugar impondo critérios e exigindo prerrogativas, num claro modelo de alfândega. Era o prenúncio que veio a se concretizar no século seguinte.

O descortino do cenário administrativo do século XVIII, em que a vila já se achava tecendo os novelos da prosperidade paulatina, ainda nos parece obscuro e inexplorado. Sendo que foram poucos os autores que se ocuparam dessa tarefa. E que o abrir de dilatada lacuna, começando ainda a partir de 1699 com a fundação da vila, passando a transpor toda a fase de 700, para pousar no ano de 1836 e, logo depois em 1944. Isso dá a ela um aspecto frágil e desinteressante, sem uma análise mais retida dos acontecimentos, principalmente do ido setecentista.

Daí não inventariaram bens, quadro econômico ou demográfico, passando, "descriteriosamente", por avançar para o século XIX, ignorando pouco mais de cem anos de evolução, de aprimoramento político, que auxiliaria no regionalismo da capitania. E o século que antecede o período de oitocentos foi, com raro efeito, contemplado pelos cronistas contemporâneos. É isso que propomos e passaremos a tratar, sem dispensar a heurística.

O período de setecentos em Santo Amaro poderia ser facilmente classificado como uma incógnita, antecipando precipite uma vaga constatação de que o tempo mesquinhamente se encarregara de esquecer. Exceto pelas construções de seus templos e de algumas peças do acervo imaginário religioso que datam do respectivo século. Muito menos ainda, contribuíram os homens no resguardo desses registros. Fator que pode ser explicado por se tratar, em sua maioria, de uma população que não sabia ler nem escrever. O Dr. João de Sá Souto Maior já chamava atenção para o problema do analfabetismo, e fez uma avaliação desfavorável quando disse: *"os juízes ordinários [sobre] serem ignorantes de letras são huns rústicos sertanejos, nem há letrados p.a poderem despachar (...) hum requerim.to"*[5]. Essa correspondência data de 29 de janeiro de 1701.

Dom Marcos Antônio de Souza foi um desses poucos autores a escrever sobre Santo Amaro no desenrolar do ciclo de setecentos. Segundo ele, em 1701, a vila e todo o seu termo registravam uma população de 2.336 habitantes, e até o ano de 1808, quando concluiu a obra

"Memória Sobre a Capitania de Sergipe", passou a contar com 20 mil pessoas[6].

O acesso à educação era ainda um bem muito restrito, só o clérigo, não obstante as autoridades, e as famílias mais afortunadas logravam desse benefício, salvo o ensinamento de uns poucos pela dedicação e generosidade de uma minoria de abnegados. Considera-se de indelével importância para este trabalho mencionar, até porque já é notado um hiato e escassez de informações na cronologia eclesiástica, por isso, sempre que for possível, figurarão, entre um assunto e outro, os nomes dos vigários que estiveram à frente da paróquia de Santo Amaro e seus respectivos períodos, como o padre João Ponciano dos Santos, mantido a partir de 1852 a 1853.

Até o século XIX, na década de 1820, além da capital, outras seis localidades possuíam o ensino de "gramática latina e cadeira de primeiras letras". Eram pioneiras as vilas de Santo Amaro, Laranjeiras, Lagarto, Propriá, Estância e Santa Luzia.

Num breve dissertar, resgatamos da empoeirada estante do tempo o drama vivido pela professora pública Maria Porciúncula de Souza, vocacionada ao ensino primário para o sexo feminino, afastada da sala de aula por conta de uma calúnia movida contra ela que lhe custou a remoção e ser substituída por um professor da Barra dos Coqueiros.

Ela, no entanto, seria transferida para lecionar na vila de Santa Luzia, por Resolução do Decreto N° 301, de 25 de abril de 1850, que em seu artigo 1° observa em texto curto:

> Ficão criadas na vila de Santa Luzia uma cadeira do ensino primário para o sexo feminino com o ordenado annuo de quatro centos mil reis, e outra para o sexo masculino, no Porto das Redes com o mesmo ordenado[7]

Na redação do artigo 2° podemos ver que sua disposição atinge diretamente a professora Porciúncula, quando resolve: *"Ficão suprimidas as cadeiras do sexo feminino das vilas de Itabaiana, e Santo Amaro das Brotas"*[8]. Salvo, porém, o tempo de serviço que dedicou por longos 15 anos, respeitados no artigo 3° do mesmo decreto, no que ficou por ele assegurado: *"Na forma da Lei conforme o tempo que tiveram de serviço legitimo e não interrompido das professoras de que trata o artigo 2°"*[9].

Incluímos também o argumento alegado em sua defesa, e este se fez ressoar para os deputados da Província, datado de 18 de março de 1850, eis o teor parcial:

> Cansada de sofrer tantas injustiças, que se he tem feito durante o espaço de quinze annos imcompletos de serviço no exercício da cadeira, que sigo desde 12 de outubro de 1835, vem pela terceira vez perante essa ilustre Assembléa reclamar seo direito, (...) que pessoa desafecta a seo [marido] indereção uma representação callumnioza como expressão dos munícipes de Santo Amaro, pedindo a suspensão da cadeira, afirmando, que não havia frequência de alunas a exceção de duas quando além de ser tudo falso como comprovão os documentos[10]

Além dela, eram professores em Santo Amaro: José Lopes de Souza (aposentado com um ordenado de 334$356 mil réis), Braz Diniz de Villas-Bôas (200$000 mil réis) e Vicente Ferreira Torres (instrução elementar, 400$000 mil réis).

Braz Diniz de Villas-Bôas, que era "mestre de gramática latina", indo para a Bahia onde foi morar, pede, a 17 de novembro de 1824, demissão do cargo que exercia em Santo Amaro. O ato foi notificado ao governo de Sergipe depois de três dias pela câmara.

Especula-se, que a professora Porciúncula foi em seu tempo perseguida por seu envolvimento com os rebeldes do levante de 1836. Ela e o esposo, o professor e poeta José Lopes de Souza, eram simpatizantes do partido liberal. Ela também esteve lecionando em Santo Amaro por força da Resolução N° 20, de 9 de fevereiro de 1839 [11].

Em dezembro de 1850, o Dr. Guilherme Pereira Rebello apresentou ao governo da província o "Relatório da Instrução geral das aulas públicas", onde, além do ensino primário, também se ministrava latim, francês e inglês. Na sede da vila de Santo Amaro, 55 alunos assistiam atentos às aulas de primeiras letras do professor Vicente Ferreira Torres. Esse mesmo ensino era disseminado no povoado Porto das Redes para 15 alunos pelo professor Antônio Batista Bittencourt. Todavia, o relatório traduzia com clarividência que o Dr. Guilherme Pereira Rebello preocupava-se com o tratamento dado a educação, tanto que não se limita em alertar o governo para sua importância e necessidade, revelando:

> Desde o norte até o sul da Província não vi um só lugar povoado, que podesse dispensar o benefício da instrução primária; pois onde existe uma geração nascente e progressiva, he indispensável que a Província a chame ao gremio da civilização[12]

É forçoso que voltemos à cronologia do ido de setecentos. Podemos, entre outras considerações, classificar o período do século XVIII como processo de arrumação constitucional da casa, quando as diligências jurisdicionais começavam a se ajustar definindo pastas, posições geográficas e limítrofes. Sergipe enquanto capitania se mantinha subordinada aos ditames da Bahia. O Brasil, por sua vez, ainda em estágio de formação se recostava às sombras de Portugal.

Optamos por situar Santo Amaro ainda ostentando uma condição até pouco galgada por outras povoações. Era ela uma vila florente, fervilhando de indivíduos humildes e alguns prósperos empreendedores, como Manuel Ferreira da Cruz.

Na cidade de Lisboa, em Portugal, onde a corte despachou a ordem régia de 16 de abril de 1727, propagou-se a notícia de que os súditos viventes no Brasil, brasileiros e estrangeiros naturalizados, deveriam com cega obediência à coroa, e em casos não raros por subserviência, custear as despesas tanto do casamento da princesa, quanto dos tratados bélicos que Portugal assinalou com outras nações. Vindo a instituir donativos que deveriam ser cobrados para os compromissos e manutenção das relações da corte. Fardo que as autoridades de Santo Amaro sentiram pesar na enfraquecida economia da vila.

Depois que criaram a freguesia, emancipando-se da de Jesus, Maria, José e São Gonçalo do Pé do Banco, atual cidade de Siriri, precisou de um pároco que residisse na vila e administrasse a paróquia. Para essa demanda os "santamarenses" escreveram à realeza pleiteando providências.

O procurador da Fazenda José Carvalho de Andrade, ressaltou que na carta enviada de Santo Amaro em 27 de fevereiro de 1779, havia três súplicas e *"todas atendíveis"*.

> Reprezentão a S. Mag.e os Officiaes da Camara da V.a de S.to Amaro das Brotas em q' pedem q' o Paroco daquela Freguesia rezida na mesma V.a pela falta q' experimentão aqueles moradores na Administração do Sacramento, ou nomear lhe outro em razão da extenção do seu limite. E aliviar aqueles povos do Donativo voluntario imposto p.a as obras publicas desta Corte; E do subsidio literário, q' á 4 annos estão pagando, sem haver naquelas conquistas Mestres para o ensino de seus filhos[13]

Quando a estrutura física da igreja matriz atingiu pouco mais de meio século da sua construção (1728/1787), com 59 anos, os sinais de ruina começaram a transformar sua aparência e a atrair os olhares apreensivos dos moradores. A religião como centro de convergência e ajuste de uma sociedade, tem, a pretexto de sua afirmação, o dever perpétuo de socorrer os cristãos em sua fé imaculada. Conquanto, para o amparo do templo, os habitantes recorreram ao auxílio da rainha dona Maria I, solicitando meios para que se promovessem melhoramentos na igreja. No ensejo, mostraram-se também satisfeitos pela oportuna criação da freguesia e justificaram-se:

> Senhora. O juiz e mais officiaes da Câmara da Villa de Santo Amaro das Brotas da comarca de Sergipe de El Rey, reverentemente prostrados chegão aos pés de V. Mag.de a gratificar o grande favor que receberam na creaçam da Freguezia que na mesma villa mandou erigir, e separando-a da de S. Gonçalo do Pé do Banco (...) porque a Capela que hoje serve de Matriz erecta pelo povo esta carecida (...) Esta esmola que pedimos p.a perfeiçam da dita capella de Santo Amaro q' na prezença de Deos não deixará de rogar p.a vida e saúde de V. Mag.de e pas do seu R.no assim como nós o juremos incessantem.te[14]

A carta foi então redigida pelas mãos hábeis do escrivão Antônio José de Aguiar, contendo ainda as assinaturas do juiz ordinário da vila Francisco Muniz Teles, do procurador Manoel Soares de Miranda e de mais três vereadores.

A vila já contava com os desígnios dos oficiais da câmara, juízes ordinários, vigário, etc, e porque não dizer de uma sociedade dinâmica e disposta a regionalizar Sergipe, mesmo enfrentando as disparidades reais e as dificuldades superadas em seus dias.

Nos apanhados em que esta exposição teve embasamento, podemos ver que o vigário José Cardoso de Souza tinha registrado em carta do ano de 1757 uma numerosa relação de afluentes que ia das condições de navegação às nascentes dos rios que divisam as freguesias da Capitania de Sergipe. No seu relato, Santo Amaro das Brotas aparece, como disse: *"povoada de bastante moradores"* [15], contava então em sua demografia com uma população *"de 4.430 pessoas de commu-nhao, 191 de confissão"*[16], e como principal indústria, ocupavam-se os habitantes *"nos nove engenhos de fazer assucar"*[17]. Contrariando esta estatística populacional anotada pelo referido vigário, o Dr. Felisbelo Freire, um dos mais importantes estudiosos da história sergipana, indica que no ano de 1761 havia em Santo Amaro uma população relativamente inferior, estimada, segundo ele, em um pouco mais da metade, sendo ela instituída de 2.336 pessoas.

Bem justo se faz dizer que o ímpeto de participação começava a florescer no espírito das pessoas e seria uma relação com a causa pública tão movimentada quanto a que tomaria lugar nos anos oitocentistas. Tal como recorrência de vida, o capitão Sebastião Gaspar de Almeida Bôtto, também ocuparia lugar de destaque nessa sociedade. Era um político poderoso, escrivão proprietário de cartório. Sua passagem por Santo Amaro não se diferenciaria muito da que teria o seu neto e homônimo, o comendador Sebastião Gaspar de Almeida Bôtto (1802/1884), apontado como principal suspeito pelo assassinato do Dr. Manuel Joaquim Fernandes de Barros, em outubro de 1840. Assemelhavam-se em arbitrariedades, prestígio e poder. Ambos em seu tempo foram querelados por acusações de crimes.

O primeiro, em 1761, havia sido preso por praticar estelionato no cartório da vila de Santo Amaro das Brotas, do qual era dono. As autoridades intentaram remetê-lo para os cárceres da Índia e Moçambique[18], onde cumpriria a pena. Durante o transladar que seria feito de navio, ele conseguiu frustrar esses planos, desenvolvendo uma fuga que só se podia imaginar por intrépidos aventureiros nas telas de cinema, naturalmente sob a cumplicidade de alguns tripulados, indo em seguida buscar refúgio nos recônditos da Bahia. Sua estada em território baiano fora marcada por uma série de outros delitos que praticou na Vila de Santo Amaro da Purificação, onde também foi detido e *"processado em nome de Sua Majestade"*, a 10 de março do ano em questão, e recambiado por escolta para Sergipe.

A presença dele na província logo foi questionada. As autoridades, desconfiadas de que ele não cumprira a pena a que foi sentenciado, prenderam-no novamente por precaução enquanto lhe exigiram uma prova de sua suposta liberdade. Foi contando com o apadrinhamento do ouvidor Miguel de Ayres Lobo de Carvalho que apresentou uma certidão falsa atestando ter cumprido a pena em cárcere. Naquela época governava a Capitania de Sergipe o capitão-mor Joaquim Antônio Pereira da Serra Correia Monteiro, estabelecido no período de 1761 a 1765 [19]. Segundo o Dr. Francisco Antônio de Carvalho Lima Júnior, esse capitão manteve uma relação repulsiva com o ouvidor Miguel de Ayres Lobo de Carvalho, daí a intolerância aos seus atos e o resultado da prisão de Bôtto.

No dia 29 de abril de 1763, foi propalada na Bahia uma lista nominal das pessoas que adquiriram através de leilões o ofício de tabelião e escrivão dos órfãos, câmara e almotaçaria. Em Sergipe, estão relacionados João de Campos, que comprou os ofícios de escrivão da ouvidoria e correição, tendo pago por esses títulos o montante de 12 mil cruzados, e o capitão Sebastião Gaspar de Almeida Bôtto, cuja propriedade foi arrematada na vila de Santo Amaro das Brotas pelo valor de 7 mil cruzados[20].

Após a morte do capitão Sebastião Gaspar de Almeida Bôtto, o "cartório" passaria à ordem de seu filho único, o capitão-mor João de Aguiar Bôtto, provisionado pelo governo da Bahia ao exercício de tabelião e escrivão nos seguintes períodos: 1786 a 1789. Quem também pleiteou esse assento de *"tabelião e escrivão da câmara e órfãos da Vila de Santo Amaro das Brotas"* foi o senhor Antônio José de Aguiar, nos anos de 1783, e mantido por provisão no ano de 1785 e 1790. Conquanto, João de Aguiar Bôtto, no ano de 1807, requere ao Ministério do Império *"solicitando licença para vender a propriedade do ofício de escrivão geral da Vila de Santo Amaro"*.

Com o falecimento de João de Aguiar Bôtto, ocorrido no dia 5 de outubro de 1818, o seu filho, João de Aguiar Caldeira Bôtto, encaminhou no ano seguinte um novo requerimento ao Ministério do Império, desta vez pretendendo nomear um *"tabelião, escrivão dos órfãos, câmara e almotaçaria da vila de Santo Amaro das Brotas, Comarca de Sergipe Del Rei, da Província da Bahia"*[21]. A solicitação foi atendida, e do Rio de Janeiro, a 27 de julho de 1820, foi-lhe dada a autorização[22].

No dia 23 de novembro de 1757, foi emitido da Bahia, o mapa do Terço de Auxiliares, Ordenanças e Cavalaria de Santo Amaro[23]. A companhia de Infantaria da Ordenança, que ficava entre os rios Sergipe e Cotinguiba, era comandada pelo capitão-mor Carlos Zacarias de Almeida, nomeado para ocupar o posto por carta patente do dia 12 de dezembro de 1749, assinada pelo conde dos Arcos, Dom Marcos de Noronha. Nessa companhia havia ainda o capitão Luiz da Silva de Castro, o sargento Florêncio Roiz Coelho; quatro cabos de esquadra: Antônio Gomes de Mello, Simão Furtado, Manoel F. Sampaio e Francisco G. Viana, além dos 16 soldados e um alferes.

Dom Marcos de Noronha, Conde dos Arcos, do Concelho de [Mag.de] Fidelíssima, V. Rey, e Capitão Gn.rl de mar, e terra do Estado do Brazil. Exc.a porquanto [m.ge] foi servido ordenar em provizão de doze dezembro de mil sete centos quarenta e nove, Resolução sua de dous de setembro do dito anno, que os postos de Capitães mores das Ordenanças do Brazil fossem vitalícios, e não trienáes; e q´ vagando, se provessem, precedendo propostas da (...) respectivas na forma practicada no Reyno de Portugal: e como Carlos Zacarias de Almeida findou os três annos da patente, com que exercia o posto de Capitão mor das Ordenanças da Villa de Sto. Amaro das Brotas da Capitania da Cidade de Sergipe de El Rey, em que se achava confirmado; os officiaes da câmara dessa, com assistência do Ouvidor geral da Comarca, proximamente propuzerão em primeiro lugar ao referido

<blockquote>Carlos Zacarias, por concorrerem nelle os requisitos q´ o fazem merecedor desse emprego, e haver servido o referido pôsto com louvável satisfação esperando q´ com a mesma, continue muito conforme ao q´ delle me prometo. Hey por bem de o eleger, e nomear / como pela prezente elejo, e nomeyo / Capitão mor das Ordenanças da sobredita Villa, para q´ o seja, uze, e exerça com todas as honras, graças, franquezas, preeminências, privilégios, izenções, e liberdades [24]</blockquote>

Carlos Zacarias de Almeida nasceu no dia 24 de setembro de 1720 [25], estava com 29 anos e residia no engenho Pedra Branca, em Santo Amaro.

Em 31 de maio de 1795, o governo da Bahia fez público a relação dos oficiais regimentados nas Milícias da Cavalaria e dos Terços das Ordenanças, nomeados para Sergipe, e que por estarem irregulares foram convidados e aprazados a confirmar suas patentes. O coronel Pedro Vieira de Mello comandava o primeiro regimento em Sergipe formado por 12 companhias, que além da capital fragmentava-se para mais duas vilas; Nossa Senhora da Piedade do Lagarto tinha três dessas tropas; mais duas efetivadas na vila de Santa Luzia do Rio Real, e sete em São Cristóvão.

O segundo regimento era de cavalaria auxiliar e se achava sob as ordens do coronel Balthazar Vieira de Mello, que também guarneciam três vilas: Santo Amaro das Brotas, era a mais opulenta em contingentes, fortificava-se com a presença de oito companhias que cobriam todo o seu imenso território; duas tropas na vila de Santo Antônio e Almas de Itabaiana e duas que garantiam a segurança da vila Nova Real de El rei do Rio de São Francisco.

Onze companhias formavam o Terço de Ordenanças lotado na vila de Santo Amaro das Brotas, do qual era comandante o capitão-mor

José Ferreira Passos, a ele achavam-se subordinados o sargento-mor Filippe Luiz de Faro e Menezes, genro dele, *(sobre este personagem veremos suas ações mais adiante)*, que antes, por carta patente do dia 29 de julho de 1790, acumulou o posto de tenente, deixado sem chefia por ocasião do falecimento de Constatino Velho Moura, antigo ocupante; e pelo capitão José Francisco da Silva Porto, nomeado a 23 de julho de 1792, responsável pelas companhias que patrulhavam as povoações de Pedra Branca e Japaratuba. Com a morte de José Ferreira Passos, o sargento-mor Filippe Luiz de Faro e Menezes foi promovido a capitão-mor do Terço de Ordenança de Santo Amaro, a 10 de janeiro de 1806, por carta assinada pelo governador Conde da Ponte, da Bahia.

José Ferreira Passos também obteve provisão para atuar como tabelião público e escrivão da câmara e almotacé de Santo Amaro das Brotas, a 9 de fevereiro de 1715.

O capitão Bento Estevez Loubarinhas também pertencia a esse Terço e foi mantido no posto por força de uma carta patente de 14 de abril de 1791, pelo governador da Bahia D. Fernando José de Portugal. Bento Estevez Loubarinhas nasceu a 19 de outubro de 1722. Constanos, a partir dos estudos levantados por Ricardo Teles de Araújo, que até o ano de 1784, aos 62 anos de idade, achava-se domiciliado no sítio Cambão, em Santo Amaro.

Em outras palavras, era essa a preventiva adotada pelo governo contra os possíveis ataques de piratas, amiúdes nas barras sergipanas, e para coibir a onda de crimes praticados em Santo Amaro das Brotas, por bandidos temerários que infestavam em toda capitania, principalmente nas vilas de Estância, Laranjeiras e na capital, São Cristóvão. Em Santo Amaro a estratégia de campanha ficava assim:

> Se dividirão estas pela freguezia e districtos na fórma seguinte: 1 no sítio Jordão; 1 entre ambos os rios, que se divide da Pedra Branca até o Massape; 1 entre as duas Japaratubas; 1 na Mussuca;

1 no sitio da Capella; huma de pretos entre os rios
Cotinguiba e 1 de pretos dentro da Villa[26]

Dizia-se que em face do tamanho dessas terras foi necessário suprir essa milícia, de toda municiada, de um grande número de soldados. Estava ela abastecida de um recrutamento de *"1.672 praças, todas promptas para pegar em armas"*[27].

Mais tarde, em 1797, foram levantados os bens do Convento Nossa Senhora do Carmo, com sedes existentes nas capitanias da Bahia e Sergipe e no inventário foram calculados os valores que rendiam durante o ano, sendo declarantes os religiosos de cada uma das sedes. Entretanto, interessa-nos ressaltar os dados concernentes ao município de Santo Amaro. Em geral, pode-se saber que, além dos bens imobiliários que possuíam, como casas e engenhos, usufruíam de terras para o plantio da cana de açúcar, mandioca, etc, era *"esta ordem mendicante, (...) e as esmolas, que tira são consideráveis e fazem muito o seu rendimento"*[28]. Do convento dessa vila obtivemos a informação de que o *"Hospício de S. Amaro da Cotinguiba. Tem hum sacerdote frade e huma terra que rende 10$000"*[29].

A vila começava a obter caráter jurídico e por isso habilitavamse os dirigentes em canalizar benefícios para os habitantes. É tanto que uma representação expedida a 31 de janeiro de 1798 pela Câmara de Santo Amaro das Brotas, fora entregue aos governantes da Bahia, elo entre Brasil e Portugal. No teor estava a solicitação de que ali fossem criadas as cadeiras de gramática latina e de primeiras letras. Para o exercício dessas disciplinas, sugeriu a câmara "santamarista" a nomeação dos professores: padre Félix Pacheco Álvares da Silva e do licenciado João de Góis e Melo. Nessa época, era vigário em Santo Amaro o padre Joaquim José Ferreira de Castro.

As nomeações pretendidas fizeram com que o governo de Lisboa, descrente, se manifestasse, e a esse respeito incumbiu ao governador e capitão general provido na Bahia, Francisco da Cunha Meneses, que lhe destinasse sua opinião se a referida vila era merecedora de tal dispêndio. E se assim fosse necessário, pudesse por essas vias tomar as devidas providencias. Era 12 de setembro do mesmo ano. Já no dia 2 de abril de 1799, o governador da Bahia D. Fernando José de Portugal dignou-se em informar a D. Rodrigo de Souza Coutinho a respeito do requerimento remetido pela câmara de Santo Amaro.

D. Rodrigo era influente secretário de Estado dos Negócios da Marinha, no reino de D. Maria I, de Portugal – que teve seu reinado findado em 10 de fevereiro de 1792, ela faleceu a 20 de março de 1816. O futuro de D. Rodrigo na nobreza lhe reservou ainda o título de *"Conde de Linhares e nomeado por D. João VI para ocupar a pasta de Ministro de Negócios Estrangeiros e da Guerra"*.

Novamente de Lisboa, a 6 de abril de 1803, expediu-se nova provisão concedida pelo príncipe regente D. João, em atendimento à referida representação. Em circunstância favorável, o indicado sacerdote, Félix Pacheco Álvares da Silva, teve enaltecidos os préstimos dedicados à educação.

Dos pontos positivos que facultariam pôr em riste o desenvolvimento da sociedade de Santo Amaro, em seu todo, sobreviveu um, que lhe foi desfavorável e custou um preço que não se pagou. Dom Marcos Antônio de Souza revela em seu livro que, se as autoridades de Santo Amaro promovessem uma integração com outras localidades e estimulassem ações públicas alternativas, de produção agrícola, piscicultura e manufatura, provavelmente as circunstâncias fossem mais confortáveis e menos severas.

É com um trecho do seu discurso que encerro este tema, expondo-o conforme concebido pelo autor:

> Mais cresceria o povo da fertilíssima Japaratuba se fosse aberto um novo canal de comunicação; se a barra de Japaratuba se fizesse navegável. Os religiosos carmelitas em certa missão visitaram as

correntes dos dous famosos Japaratubas, dos dous deliciosos Lagartixos e do puro Siriry. Todos estes rios desaguam no mar quatro léguas a baixo da Missão de N. Senhora do Carmo. Dous são os canaes por onde precipitamente correm a unir-se com as salgadas aguas e entre os ditos canaes existe um grande Penedo. Por nenhum pode sahir senão muito pequenas embarcações. Se a Camara de S. Amaro ajuntando as forças de todos os circunvizinhos procurasse unir em uma só corrente as duas embocaduras, então se abriria um novo caminho de commercio para o empório da Bahia [30]

A prisão história de
Bento José de Oliveira e outros detentos

Antes mesmo de Lampião pisar a terra e causar espanto a sociedade com a sua bravura e comprovado tino de liderança, que deixava os perseguidores dando aturdidas voltas, em suas cruzadas pelos sertões de Pernambuco – onde nasceu (1898/1938) -, Bahia e Sergipe, submetendo os habitantes ao amargo paladar da violência, vários outros personagens espalharam terror e medo por essas regiões. Delatado às autoridades, fechara-se um apertado cerco em torno do capitão Virgulino que resultou em sua morte, como alvo móvel de uma saraivada de tiros.

Recorremos ao remonte fragmentado de alguns episódios no teatro de crimes encenados pelo sargento-mor Bento José de Oliveira, preso em Santo Amaro na cadeia onde hoje, em tese, está o edifício do Colégio Estadual Esperidião Monteiro. A prisão aconteceu no dia 22 de novembro de 1806[1]. E como o capitão Virgulino, confiava a execução de determinadas tarefas aos seus agregados, como os cangaceiros de seu bando Corisco, Zé Baiano, Gato, Pancada, entre outros. Bento José de Oliveira também era assessorado em seus delitos pelo "Negro Jorge", "Henrique", este foi assassinado quando lutava para não ser levado preso; e o seu braço direito e "cabo de quadrilha Domingos Gomes".

Em Santo Amaro, ele, Bento José de Oliveira, foi o mandante da morte do causídico Julião de Campos Pereira, que foi agredido no próprio domicilio por três elementos da falange do mencionado sargento-mor e inclementes desfraldaram, supostamente empunhando porretes, violentos golpes com toda resistência dos braços sobre o corpo do advogado. Indefeso por estar em desvantagem numérica e com graves lesões, apresentando hematomas em quase todo o corpo, tombou inanimado sob o olhar perplexo de sua mulher, Ana Rosa Santos.

Para aproximarem-se da residência do casal, sem que a sombra da suspeita chamasse a atenção da vítima, os assassinos disseram-lhe ser portadores de uma correspondência emitida por Amaro José Pereira, homem de identidade ignorada naquelas redondezas. A carta deveria ser entregue em mãos. Em tese, o causídico abriu a porta da casa por crer que a respectiva mensagem tivesse como remetente o também sargento-mor Manoel José. Ambos estavam envolvidos numa ação judicial movida contra Bento José de Oliveira.

O assassinato do advogado, segundo declaração da viúva, ocorreu no mês de julho, por volta das nove horas da noite, no ano de 1798[2]. Na carta, que se achava no chão ao lado do corpo, a esposa, Ana Rosa Santos, mulher mulata, reconheceu a caligrafia e convicta atribuiu o homicídio ao signatário da missiva. Segundo ela, a letra era de Bento José de Oliveira. Esse crime, com efeito, tinha por objetivo afastar o advogado do processo mencionado acima por denúncia de seu desafeto Manoel José.

Com alguma sorte, dona Ana Rosa Santos conseguiu fugir, e sendo abrigada na casa do vigário Venceslau Barbosa, que morava na vizinhança, escondeu-se embaixo da cama onde dormia a escrava que ali dedicava seus serviços domésticos. Informado que ela o delatara à justiça, Bento José de Oliveira a ameaçou jurando persegui-la e depois assassiná-la, como também tentou intimidar todos que testemunhassem contra ele. O medo transfigurado na imagem de carrasco impiedoso da população, nesse estado de puro descontrole emocional, era suficiente para que cedessem à pressão psicológica imposta pela lei do bacamarte e, conforme as inconstâncias de Bento José, que em seu redor ergueu o que podemos chamar nos dias atuais de celeiro do crime organizado, com quartel fortemente aparelhado. A justiça estava conivente e entregue às vontades dele. A incredulidade dos cidadãos atingia o nível mais baixo do que se podia tolerar.

O mesmo aconteceu a Antônio dos Santos Travassos, cujo corpo foi dilacerado e atirado em plena via pública. Crime bárbaro em que as pessoas presenciaram atônitas. Não havia sutilezas em suas palavras, menos ainda na atitude, e a tudo experimentava sem o menor receio ou contrição. O governo, quando não aliado, pouco ou nada podia fazer.

Sua audácia era tamanha que os marcados para morrer fatalmente escapavam à sina, a não ser que lhe oferecessem alguma vantagem, e rogassem a Deus que a oferta não lhe causasse a impressão de que uma reles vítima pudesse renegociar a vida. O que pouco se comprova, porque o famigerado instinto de matador não deixava tarefa inacabada.

Temido em toda a capitania pela crueza dos homicídios, seus abusos eram bafejados por pessoas influentes ocupantes de elevados cargos na política e no judiciário. Bento José de Oliveira transformou a vila de Santo Amaro das Brotas em seu principal reduto, *"entreposto da marginalidade"*, e de onde o destino lhe sorriu irônico, quando foi recolhido com todas as precauções na cadeia local. Porém, sua permanência atrás das grades seria um grande desafio e inspirava cuidados, pois não faltaria quem tentasse pô-lo em liberdade. De modo a ser proibido qualquer contato com quem estivesse do lado de fora. Sendo depois transferido para as prisões de Portugal, onde viveu seus últimos dias.

Antes de ser embarcado como prisioneiro na lancha "Triumpho" – de propriedade do senhor Francisco José Pereira Guimarães, que morava no porto de Maruim -, sob escolta de oito dos melhores soldados, todos bem aramados e comandados pelo sargento-mor do 2º Regimento de milícias, João Fernandes Chaves, que o conduziria para a Bahia, e de lá seguia a bordo de apetrechado navio finalmente para o degredo no Castelo de São Jorge, em Lisboa, Portugal.

Esse préstimo de João Fernandes Chaves não o revela como bom samaritano, cheio de virtudes e devoto às boas intenções. Sabe-se por devassa que ele teve participação na vida do crime, sendo também citado no livro de querelas por ter assassinado uma escrava de Francisco Munis Telles, e por atentar contra a vida do advogado José de Barros Wanderley. Os crimes dos quais foi acusado ficaram todos impunes, por seu avultado poder aquisitivo, proprietário de dois "engenhos moentes e correntes", e por tais condições, gerar receitas à real fazenda, porquanto era intocável.

João Fernandes Chaves ainda se envolveu em conflito de terra com Raymundo Telles Barreto. João Fernandes e o pai Balthazar Fernandes Chaves são denunciados por agressões quando Raymundo Telles Barreto requereu a demarcação de suas propriedades, que eram vizinhas às de Balthazar.

De ânimo instável, o mesmo Balthazar entrou em choque também com João Gonçalves Franco. Brigaram pelo mesmo motivo: demarcação de terra.

Com Bento José de Oliveira na cadeia, o capitão-mor Ignácio de Moraes de Mesquita Pimentel, então à frente do governo de Sergipe, de 1806 a 1814 [3], respiraria aliviado, do contrário ele deixaria a capitania sem prévio aviso, comprovando o assombro ante a possibilidade da soltura de Bento José, que, por tais circunstâncias, importava em monologar estridente um acerto de contas. Na prisão, ainda em Santo Amaro, Bento José recebeu a visita do juiz ordinário da vila, José Leandro de

Almeida, homem influente e muito rico, dono de vários engenhos, cujo prestigio fê-lo contrair matrimônio com uma filha do capitão-mor João de Aguiar Bôtto, genitor daquele que mais tarde obteve postura notória na política sergipana – *o futuro comendador Sebastião Gaspar de Almeida Bôtto*, que nessa época, 1806, contava apenas com quatro anos de idade.

Nesse encontro forçado por José Leandro de Almeida, peitando as sentinelas, ignorando e burlando a ordem de confinamento do encarcerado, estava claro o que pretendia: abrir caminho para a liberdade de Bento José de Oliveira, oferecendo as terras que possuía na Bahia, onde deveria ficar refugiado, e gozando de todas as regalias que pudesse usufruir, o que não aconteceu por um triz.

João de Aguiar Bôtto, também abastado, poderoso, proprietário de inúmeros escravos, com três engenhos moentes e correntes, foi o mandante dos homicídios, que vitimaram os irmãos José Tavares, morto às cinco horas da madrugada, em sua própria residência, com dois tiros, deixando a viúva e filhos atirados à própria sorte. Já o outro irmão, Manoel Tavares, foi conduzido até uma gruta. Lá, foi imobilizado com corda. Em seguida, cortaram-lhe a língua e o aparelho peniano, e depois, para ocultar o crime, enterraram o cadáver crivado de balas no interior da respectiva cavidade.

Ao tomar conhecimento de que o corregedor Antônio Pereira de Magalhães de Paços iria por diligencia ao seu encalço e conduzi-lo preso por escolta pelos crimes que cometeu, Aguiar Bôtto avisou ao escrivão do cartório de Santo Amaro, Antônio José de Aguiar, que se o corregedor continuasse alimentando a obsessão de prendê-lo e mencioná-lo em seus inquéritos, haveria de ajustar contas com ele. Hesitante com o que foi confidenciado pelo escrivão, o corregedor voltou à trás, passando por cima do que disse e engolindo a seco as ameaças de João de Aguiar Bôtto.

A trajetória de crimes tracejada por Bento José de Oliveira tem se projetado na história desde 1773, indo a se estender até os seis primeiros anos do século seguinte, 1806. Entrementes, foi responsável pela desordem pública nas capitanias de Sergipe, Bahia e Pernambuco. Seu nome exprimia terror e ninguém ousava desafiá-lo.

Sua passagem pelo corpo de milícia da Bahia, onde esteve escondido depois de ter abusado sexualmente da senhorita Isabel Telles, filha do capitão Pedro Muniz Telles, residentes em Santo Amaro, para não ser preso em flagrante delito, fugiu para a Bahia, onde passou a servir como soldado voluntário no 2° regimento, capitaneado por Antônio Lobo Portugal. Promovido a sargento-mor de Ordenanças da Bahia, Bento José de Oliveira decidiu retornar para Sergipe.

Todavia, com a sua volta, a paz que antes repousava longe do seu raio de alcance, agora indistintos, jaziam os cidadãos debaixo de suas botas, da brutalidade dos seus lacaios e do desfecho do bacamarte empunhado por Bento José.

Várias ordens de prisão, inclusive uma carta régia de D. João VI, de 24 de maio de 1806, determinando a sua captura a qualquer custo, foram expedidas e se acumulavam nas mãos dos comandantes de milícias. Essas perdiam o valor ante o receio que parecia dominar os soldados, com o medo que nutria de Bento José. Dizia D. João VI:

> Que sendo-me prezente em consulta do Conselho Ultramarino, a representação dos moradores da Comarca de Sergipe de El Rey, em que se queixão do Sargento mor Bento José de Oliveira, e outros facinorozos, (...) os quais mandei providenciar na Ordem que vos expedio em data de vinte e quatro de maio do anno próximo passado (...) sou servido ordenar-vos pela Minha Real Resolução (...) que (...) com o vosso parecer sobre o conteúdo na mencionada representação (...) auxiliarei com a força militar que [julgar] conveniente, para facili-

É bem verdade que a intenção de prendê-lo corria desde 1775 com as denúncias feitas por José Gomes da Cruz ao governo da Bahia[5].

Para detê-lo, usou-se o ardil da traição. As barbáries mergulharam a capitania em profundo abismo. Os capangas que obedeciam suas ordens não deixavam em paz os habitantes. Era preciso parar essa locomotiva descarrilada que devastava tudo à sua frente. Foi então feito um pacto que dera o nome de "Liga Patriótica", formada pelos homens mais destacados da capitania. Entre eles figuravam Antônio Muniz de Souza e o ouvidor interino Henrique Luiz de Araújo Maciel. O lema desse acordo inspirava-se na ordem de D. João VI para capturar o vilão e não parar enquanto não fosse cumprida a tarefa.

Um de seus colaboradores, que já havia tomado parte da quadrilha do sargento-mor, conseguiu ao lado do capitão da vila de Santo Amaro, Felippe Luiz de Faro e Menezes, executar com sucesso o plano que deu cabo à carreira de crimes de Bento José de Oliveira. Era ele José de Barros Pimentel, amigo e companheiro de aventura e que conhecia bem a rota que conduzia até ele.

Por razões que ainda se ignora, o nome de José de Barros Pimentel, pessoa ligada ao comendador Bôtto por laço de família[6], consta na representação que os habitantes de Santo Amaro fizeram ao príncipe regente Dom João, cujo conteúdo, além das denúncias, suplicam atitudes enérgicas contra o império de crimes de Bento José de Oliveira. A carta data de 5 de outubro de 1805. Nela estão as assinaturas do citado Barros Pimentel, Manoel Pereira de Carvalho, Manoel da Porciúncula Lins, Raymundo Telles Barreto de Menezes e Francisco Munis Telles. Crê-se que esses indivíduos formavam a câmara da vila de Santo Amaro, e reunidos em conselho, atestam:

A prezente representação, e denuncia, que se expõem na prezença de V.A.R, de baixo d'hú silencio como compromete aos seus vassalos pela providentíssima Ley de 14 de abril de 1785, e na promessa, que nella nos assigura do inflexível segredo, e da endemnização hé que faz objecto de todos os fieis vassalos opprimidos, procurarem o abrigo do Throno, aonde só resplandece a igualdade dos merecimentos, e o prompto castigo dos régulos, que abusão das providencias [sólidas] das sempre sagradas Leis, para o respeito, e culto dos vassalos, por serem os referidos atentados (...) oppostos aos primeiros princípios da sociedade civil do socego publico dos Estados, que são essencialmente dependentes do inviolável respeito da Mag.de, e da inalterável sujeição ao seu alto, e supremo poder. E nesta confiança parece, que V.A.R, não deixará de punir os irregulares factos, q' se denunciam, por assim ser do bem publico, e socego dos vassalos, (...) para o futuro dos demais[7]

Por esse feito, motivo de grande alívio para o povo, foi comemorada em toda a capitania a notícia sobre a captura, e corria a vento solto assinalada nas correspondências emitidas às autoridades, como a notificação feita pelo conde da Ponte ao príncipe regente de Portugal, em 25 de dezembro de 1806.

O visconde de Anadia ordenou, a 25 de julho de 1807, que conduzisse o prisioneiro para cumprir pena nos cárceres de Lisboa. No dia 27 de dezembro de 1806, atendendo a solicitação do capitão Luiz Pereira dos Santos, a Câmara da vila de Santo Amaro das Brotas abre uma devassa para apurar os delitos praticados pelo sargento-mor Bento José de Oliveira. As queixas contra ele eram as mais diversas, como se via no requerimento do sargento do 2° Regimento de *"Milícias da Cavalaria de Sergipe d'Elrei"*, João Fernandes Chaves, e do capitão Manuel

Ignácio de Moraes de Mesquita Pimentel. Ambas as correspondências foram endereçadas ao governador da Bahia.

Sentindo-se coagido, considerando ter sido vítima de um plano asqueroso, Bento José de Oliveira escreve ao rei alegando ser inocente, e que os crimes de que foi acusado não passava de mera fábula enredada por seus inimigos. Em sua defesa tentou ser convincente:

> Que achando-se na Cotinguiba onde he morador com sua mulher e família, e no exercício do seu posto, foi preso por Ordem do Cap.m General e Governador da Bahia, o Conde da Pontte, e remetido para a fortaleza (...) daquela cidade em 4 de dezembro de 1806. (...) O sup.e ignora quaes sejão as suas culpas; nem sobre elas ainda foi ouvido, e convencido: mas he certo que se está culpado, não deve sofre pena mayor do que aquella que se acha estabelecida p.la Ley, e se está innocente não he compatível com a mesma Ley, e com as justíssimas Intençoens de V.A.R, que o sup.e sofra a pena não merecida de acabar a vida em huma prisão (...) Pello que implora, (...) P.a V.A.R, pella sua Incomparável Clemência se digne fazer-lhe a graça de mandar soltar[8]

Essa dissimulação foi ofuscada pela resistência do procurador da coroa, Nicolau de Miranda Silva, que após ter feito minucioso exame dos inquéritos e que os fatos em seu turno *"não o fazião digno de equidade, antes dezafiava todo o rigor e severidade das Leys"*[9].

Aduziu ainda estar acometido por doença de pele que se manifestou em toda extensão das pernas, proliferando-se até a região da cintura, e por isso também insiste por requerimento ser liberado para ser submetido a tratamento médico.

O conde da Ponte também contestou a alegação de sua inocência, e em carta do dia 16 de janeiro de 1807 argumentou, salientando que as palavras do acusado não eram dignas de qualquer consideração, e, inflexível, justifica:

> Não era huma simples queixa de huma parte ofendida que me constava o despotismo, e preputencia com que o reo Sargento Mor Bento Jozé de Oliveira prepetava e mandava praticar os mais horrozos crimes (...) Não ezitei a vista da Regia Ordem em que devia mandar proceder a prisão do mencionado Sargento Mor, (...) No dia vinte e dois de novembro de mil oito centos e seis, e foi conduzido a esta Cidade aonde chegou no dia quatro de dezembro do mesmo anno. (...) Que partes se atreverião a accuzar este monstro, que Escrivaens escreverião sem crimes? e que testemunhas jurarião contra contra hum malvado de tal condição que com a morte premiariam seus accuzadores[10]

Preocupado em apontar um ministro que atendesse às perspectivas e desse a sentença merecida ao caso, certamente por antever manobras de tráfico de influência, o conde da Ponte admite que essa era uma incumbência complexa, e esclarece: *"Não pela falta de integridade, inteireza do Ministro, mas pela dificuldade de se provarem os factos"*[11], conotando a visível ausência de lisura nos processos que se tentava, insistentemente, incriminá-lo, tanto das autoridades governistas como dos magistrados.

Quanto à petição de soltura, Bento José de Oliveira diz se comprometer com as autoridades em retornar para a cadeia, tão logo estivesse curado da doença, e lá permaneceria se houvesse provas suficientes contra o patrocínio dos crimes de que foi arguido.

O conluio de traição que se fez contra Bento José de Oliveira pondo-o atrás das grades foi encabeçado por Felippe Luiz de Faro e Menezes, o que deu a entender que o fato se tratava de uma vingança, pela morte do seu irmão, o tenente-coronel Francisco de Faro Leitão, assassinado por ordem de Bento José de Oliveira.

Na manhã do dia 22 de outubro de 1786, por volta das 10 horas, quando Francisco de Faro Leitão, voltando para casa depois de ter assistido a missa celebrada na Capela Nossa Senhora da Conceição da Comandaroba, em Laranjeiras, elementos armados o acuaram próximo a uma cancela. Com a trama bem planejada, parecia que os homicidas estiveram algum tempo à espreita, aguardando o momento em que o estampido dos bacamartes, enfim, recompensasse a espera.

Dos disparos efetuados contra Faro Leitão, dois atingiram a região do tórax irrompendo pelas costelas, além da mão destra, que foi alvejada e decepada do antebraço. Dos assassinos, um se pôde confirmar a identificação, e atendia pelo nome de Antônio Pereira da Silva, rival confesso, que logo foi recluso na cadeia de Santo Amaro das Brotas. Lá, não permaneceu por muito tempo. Assim que soube da prisão, Bento José de Oliveira como seus capangas dirigiram-se para aquele presídio, onde invadiram e deram fuga a Pereira da Silva, abrigando-o em seguida em seu engenho. Pessoa alguma, em seu juízo perfeito, se quisesse viver e fazer com que nenhum membro da família fosse imolado, deveria ignorar tudo sem quebrar o voto de silencio, menos ainda circundar o local onde mantinha seu agrupamento.

Consolidado o caso que envolvia a trama da qual era personagem central Bento José de Oliveira, criou-se outro ramo de discussão na consciência política e girava em torno de sua prisão. Disso tentava tirar proveito Felippe Luiz de Faro e Menezes a vangloriar-se, heróico, acreditando ter exercido a posição de maior importância da campanha, usando como mote a fim de angariar ascensão política. Entretanto, com o ódio que lhe sobressaltava a garganta, José Leandro de Almeida, fiel escudeiro, planejava vingar a prisão de Bento José, fazendo sérias acusações contra Felippe Luiz de Faro e Menezes ante o governador da Bahia, que o intimara a prestar esclarecimentos sobre os fatos de que foi acusado.

O prestígio que já obtivera valera-lhe propiciamente, e apresentando vários documentos que atestavam sua boa conduta, apesar de sabê-la cheia de nódoa, pelos crimes de mando, arbitrariedade, conforme denunciou o seu adversário, José Leandro de Almeida. Que tinha razão, Felippe Luiz de Faro e Menezes, homem rico, proprietário de quatro moendas, mantinha sob seu comando um séquito de temerosos bandidos, como os criminosos Manoel Cardozo (sic), e seu irmão Domingos, e um soldado *"desertor"* de uma tropa em Pernambuco, conhecido como José Marinho. Felippe Luiz de Faro e Menezes foi responsável pela morte de José Antônio, assassinado por projétil de arma de fogo num lugar chamado *"Genipapo"* (sic). Foram também suas vítimas *"Estácio"*, num lugar denominado "terra dura", e *"Gonsalo"*, morto na vila do Pé do Banco, hoje Siriri.

Desses e de outros crimes que praticou, Felippe Luiz de Faro e Menezes saiu impune por ser ele protegido pelo ouvidor e bacharel José Antônio Alvarenga Barros Freire, que acobertava todos os seus delitos. Como também já o fizera por Bento José de Oliveira.

Em troca de sua campanha fraudulenta, os lacaios de Felippe Luiz de Faro e Menezes prestavam-lhes outros serviços, como tirar do caminho os seus desafetos. Com tanta proteção, eles saqueavam fazendas e ateavam fogo nas plantações dos pequenos produtores rurais, invadiam cadeias libertando os presos.

Num dos seus caprichos, Felippe Luiz de Faro e Menezes mandou libertar um prisioneiro na cadeia de Vila Nova, obrigando a câmara e o governador da capitania que lhe condecorassem com a patente de capitão-mor, e tudo isso aconteceu sob as vistas e consentimento do Dr. José Antônio Alvarenga Barros Freire. Além das fraudes eleitorais, subornos, extorsão, tráfico de influência, estelionato, entre outros atos lesivos praticados abertamente. Alvarenga Barros tornou-se seu principal espoleta, e por seus serviços recebia cabeças de gado, volumosas caixas de açúcar produzidas nos engenhos do citado Felippe Luiz de Faro e Menezes.

No entanto, a ressabiada conduta do Dr. José Antônio Alvarenga Barros Freire foi denunciada pelos moradores de São Cristóvão ao príncipe regente Dom João VI, por minuta datada de 27 de fevereiro de 1805. Os habitantes de Santo Amaro também se manifestaram a 8 de julho de 1807. Ambas as representações comungavam do mesmo desejo: vê-lo afastado do cargo que ocupava.

Já não era possível tolerar tamanha falta de escrúpulo. Não era segredo que ele se associara a bandidos como Bento José de Oliveira, e juntos deram muitos desfalques nos cofres públicos. Os apadrinhamentos se alternavam, ora protegido e protetor de Bento José, ora de Felippe Luiz de Faro e Menezes. Tal condição lhes convinham, é tanto verdade que o Dr. Alvarenga se tornou hóspede do sargento Bento José de Oliveira. Os dois apropriavam-se indevidamente tanto das terras alheias como dos escravos fugidos, para vendê-los a preços praticados a baixo da tabela, como fizeram com os escravos de Santo Amaro, cujo valor de arrematação oscilava entre 40$00, 50$00, 60$00 mil réis, e até 120 ou 140$000 mil.

João de Mendonça Pinto do Lago, primo de Bento José de Oliveira, e não menos perigoso, perseguiu, espancou e por muito pouco não assassinou o alcaide Antônio Furtuoso da Silva. João de Mendonça, para tentar dar cabo da vida de Antônio Furtuoso, no dia 26 de julho de 1805, simulou ter capturado um réu fugitivo, membro de sua quadrilha, para leva-lo preso à cadeia de Santo Amaro. O plano parcialmente deu certo e culminou numa investida violenta contra ele, que não estava ali por acaso, sabe-se também de sua atribuição como carcereiro.

Diante do ocorrido, Antônio Furtuoso foi queixar-se às autoridades da Bahia constituído de testemunhas. Enquanto isso, João de Mendonça dava ordem para matar ele e todos que o acompanhasse. Um dos lacaios do grupo de João Mendonça chegou a dizer *que aquelle, que acompanhasse o dito Alcaide para a Bahia, para cá não mais tornasse"*. Enganado ficou o juiz Joaquim José dos Reis, pois acreditava que as denúncias de Antônio Furtuoso pudessem dar um fim, ou pelo menos intimidar, a João de Mendonça. Esse, em contrário, fez ameaças ao juiz, que preferiu a omissão.

Não foram só os grandes contraventores que no presídio de Santo Amaro das Brotas cumpriram pequena penas e, talvez, de onde aguardavam por suas sentenças que deveriam pagar provavelmente nos degredos da Europa. Preso sob falsa acusação de ter cometido crime, o soldado da Ordenança da vila de Santo Amaro, José de Barros Wanderley[12], comandado pelo então sargento-mor Felippe Luiz de Faro e Menezes, que exercia interinamente o posto de capitão, permaneceu detido por pelo menos um mês e meio. Sem provas contra o suposto crime, quem o prendeu, abusando do poder que já tinha e fazendo questão de ostentá-lo, Felippe Luiz de Faro e Menezes, obrigou ainda que os moradores da vila ficassem em estado constante de vigília.

O soldado Antônio José Cardoso, referindo-se ao constrangimento de que também foi afetado, por ter sido obrigado a montar sentinela diuturnamente, privando não só a ele como aos demais indivíduos civis e "militares" pela manutenção do cotidiano. Com igual sentimento, assinalou: *"que de dia, e de noite vivem fasendo goarda na cadeia privados (...) de (...) procurarem o alimento p.ra sustentação das suas famílias"[13]*.

Semelhante postura tiveram os irmãos Antônio Ferreira e Silvestre dos Reis, que serviam como soldados na mesma corporação. Revoltados com aquela indigesta situação em que estavam sujeitados, incumbidos do mesmo desvelo, recorreram ao vice-rei e governador-geral do Brasil que os desobrigassem da tarefa.

O preso José de Barros Wanderley já havia feito vários pedidos para as autoridades superiores na esperança de ser revista a ordem de sua prisão, considerada arbitrária, por ter sido preso sob acusações inverídicas, porque tanto o ouvidor como o capitão-mor estabeleceram um laço de antagonismo, repreendendo-o indiscriminadamente a tal ponto.

Também esteve recolhido nessa cadeia o indivíduo José Inácio da Cruz, proprietário do engenho Bom Jardim, onde vivia com o pai, homem já octogenário e de quem cuidava, em Santo Amaro das Brotas. José Inácio foi acusado de ter assassinado o negro Felix, escravo de outro senhor de engenho, Bernardo de Souza Estrela, e condenado a dez anos de degredo que deveriam ser cumpridos em Angola[14].

Bernardo de Souza Estrela não lhe atribuiu culpa alguma, dizendo que o crime aconteceu de forma acidental. Porém, em contrário, Domingos Francisco Pereira da Costa, lavrador, dc 20 anos de idade, casado com Maria Francisca, de 18 anos, e Manoel Francisco de Abreu, também lavrador e dois anos mais velho que Domingos Francisco, afirmaram ter visto o acusado portar arma branca no fundo de uma humilde choupana, ocupada pelo agregado de Bernardo de Souza, e ali desferiu golpe de faca peixeira, rasgando o lado esquerdo do abdômen. Em seguida, deixou o lugar do crime apressadamente em seu cavalo. A vítima, que tentou inutilmente se defender apenas gritando por socorro, faleceu horas depois.

As testemunhas foram ouvidas no decurso de oito dias após o crime. Consta-se que a razão da malquerença culminante da morte do cativo tratava-se de que José Inácio da Cruz destrava-o com frequência, e por essa atitude decidiu se contrapor, o que provocou excesso de cólera agravando o estado de animosidade entre os dois. Na época, José Inácio tinha aproximadamente 18 anos de idade.

O inquérito foi lavrado pelo juiz ordinário de Santo Amaro, no dia 21 de agosto de 1782. O réu José Inácio da Cruz foi condenado a pena de açoite, além dos dez anos de masmorra. Com isso, ele deixaria a cadeia de Santo Amaro para ser removido para a Bahia e de lá com traslado certo para o exílio em Angola. Todavia, considerando-se a presunção de inocência, no dia 20 de setembro de 1787, José Inácio da Cruz foi perdoado do delito que cometeu, sendo beneficiado pelo Despacho Régio do dia 22 de junho de 1785. O parecer do Conselho de Ultramar considerou que a prisão foi injusta.

Os inquéritos sobre Bento José de Oliveira abriram precedentes para que outros indivíduos também fossem querelados.

Esta exposição, além do recurso do elemento secundário, como o que se vê na redação de Francisco Antônio de Carvalho Lima Júnior, fundamenta-se, essencialmente, nos registros primários, como pretensão de assegurar a legitimidade dessas memórias.

Transferência e extinção da vila

Adentremos no século XIX. As perspectivas no plano do desenvolvimento e expansionismo continuaria a crescer exigindo dos governantes que fossem elevadas à vila as povoações com significativas evoluções no panorama da geografia política e econômica. Com efeito, as que não alcançassem esse "status" seriam anexadas aos termos e deles dependeriam na resolução de problemas de ordem Cível. Data do referido ciclo de XIX, a criação da vila de Propriá, 1802, e para sua instalação se fez necessário desmembrar umas frações do território então anexo a Santo Amaro das Brotas, para ser inserido como termo da vila recém-elevada. O ouvidor Antônio Pereira de Magalhães de Paços encarregara-se de atender aos reclames daquela população, escrevendo ao governador da Bahia, em 1º de agosto de 1801, valendo-se da seguinte argumentação:

> Nas margens do rio de Sam Francisco 14 legoas da foz, he a freguezia de Santo Antonio D'Urubú de Baixo, ahi a pequena povoação, (...) a villa que novamente s' erigir, com os limites pelo norte, o

> rio de S. Francisco, poente e dilatado geral do certam (...) pelo sul com a divisão do rio Japaratuba e partir com o termo de Santo Amaro das Brotas, comarca de Sergipe D'Elrei: e pelo nascente com villa Nova, principiando onde o riacho Urubú faz barra no rio de S. Francisco ¼ de legoa, distante da povoação Propriha, lançando-lhe linha direta ao Rio Japaratuba, e desmembrando-se do termo de Santo Amaro[1]

O efeito da representação emitida de Propriá enquanto povoação surtiu o resultado esperado. O governo aprovara, em 5 de setembro de 1801, a elevação da vila, desse modo a Bahia confiava o destino a direção de Dom Fernando José de Portugal. Em resposta ao despacho da criação da vila de Propriá, em 25 de abril de 1802, esclarece:

> Exm.º Senhor – em cumprimento da ordem do Exm.º Sr. D. Fernando José de Portugal, de 5 de setembro de 1801, passei a criar em vila a povoação de Propriá no rio de S. Francisco, o que se executou em 7 de fevereiro de 1802, com a denominação de vila de Propriá, a obediência de S. A. R. e seus augustos sucessores (...) Em obediência da mesma ordem, fiz unir ao termo da vila creada o território que corre do pequeno rio Japaratuba merim, até o rio Japaratuba grande, o qual território pertencia ao termo de Santo Amaro das Brotas da qual se desmembrava, a fim de ficar o termo da vila creada (...) a câmara de Propriha me representa, que escrevo à câmara da vila de Santo Amaro das Brotas para ficar certa, e mandar asestir á união entre os dois rios Japaratuba, e que os habitantes ficavão da jurisdição a conhecimento da vila novamente creada; havendo em resposta, que a câmara da via de Propriha, vista a repulsa; nada obrava, sem avizo[2]

Propriá, segundo o documento escrito por competência de Antônio Pereira de Magalhães de Paços, apresentava no espaço geográfico de 4.000 habitantes. Entre outras tendências, dizia ele que, a povoação de Propriá em seus muitos aspectos estava em condições favoráveis e até superiores se comparada às demais vilas do Cotinguiba.

Era visível o estado adiantado alcançado pela vila de Santo Amaro, e com o crescimento do setor agrícola no cultivo da cana-de-açúcar, alavancando a economia, estava a vila abastecida de 40 engenhos e notado desenvolvimento no fluxo demográfico, habitada por 5.000 pessoas. Dom Marcos Antônio de Souza (Memórias Sobre a Capitania de Sergipe, 1808) esclarece que seus moradores classificavam-se entre "dois mil brancos, mil e quinhentos pretos", os demais constituíam-se da mais clara miscigenação.

No ano de 1802, já se verificava uma população composta de 8.128 habitantes. Em 1808, eleva-se o número de pessoas para 10.500 moradores. Era, no entanto, o segundo núcleo mais populoso, transformando-se, depois um dos principais polos de *"produção agrícola"* e um dos maiores contribuintes da economia da Capitania[3]. E tudo isso era visto por estranho interesse pelo ex-presidente da província, o português José Pinto de Carvalho, casado com Ana Aguiar Pinto, com residência fixa na povoação de Maruim, onde era proprietário de um trapiche.

Dele não se subtrai o mérito de ter trazido algum benefício para aquela localidade. Foi de onde começaram os impulsos na tentativa de transferir a sede da vila de Santo Amaro para a referida povoação, sem que o poder legal que lhe outorgasse a divisão de termos e comarcas, reservado o ato exclusivo as autoridades licitamente constituídas, e com a devida concordância com os munícipes, respeitando, inclusive, a opinião pública, e só viável *"quando for possível, a dispersão, concentração, e necessidade dos habitantes"*[4], o que não era o caso. Achamo-nos no ano de 1825.

Coincidem nesse mesmo ano os eventos judiciais principiados e patrocinados pelo rábula Antônio José da Silva Travassos, então aos 21 anos. Em que pese registrar afortunadamente, o nascimento de Dom Pedro II (1825/1891), imperador constitucional do Brasil, que sucedera o pai no trono ainda prematuro, aos 15 anos. Esses momentos de singular importância para a historiografia nacional, pelos quais os brasileiros seriam insuflados, pareciam intuir os novos rumos do país, de modo especial o destino de Santo Amaro. O sentimento de república já se fazia discutir como contundente divisor de opiniões.

A tentativa de esbulhar a vila se repetiu no ano de 1828, na sessão do dia 11 de outubro, data que ficara aprovada a mudança. Provavelmente, numa atitude clara de engodo e corrupção, conseguiu ele, José Pinto de Carvalho, fazer com que a câmara a aprovasse, e sob a sombra da clandestinidade, e se for em contrário, essas circunstâncias depõem flagrantemente contra o senhor Vicente Rodrigues Vieira, então provido no cargo de escrivão e secretário da câmara. Ele, entretanto, seria suspenso de suas atribuições e "submetido a processo" pelo ouvidor-geral Joaquim Marcelino de Brito. Essa fase da história é bastante confusa e controversa.

Para o lugar dele foi empossado o cidadão Antônio José da Silva Travassos, que em dezembro do mesmo ano, 1828, oficializou uma nova comissão na vereança:

> Antônio José da Silva Travassos, escrivão da câmara, órfãos e mais anexos nesta villa de Santo Amaro das Brotas, Província de Sergipe D' El-Rey, etc, etc. Certifico que em vereação de hoje forão nomeados thesoureiro dos reditos nacionais desta villa a saber, para tesoureiro do sello forense, o Capitão Antônio José Vianna, morador nesta mesma villa e para tesoureiro da siza, decima, sello de legados e heranças, o Capitão Francisco Vieira de Mello, morador no seu engenho da Praia. Passo na verdade do que dou fé, e passei a presente em virtude da portaria retro. Villa de

<blockquote>
Santo Amaro, 30 de dezembro de 1828. Eu, Antônio José da Silva Travassos, escrivão que a escrevi e assegurei[5]
</blockquote>

Travassos perdurou no cargo até o ano de 1833.

Porém, não foi dessa vez que José Pinto de Carvalho viria consolidar a sua proeza. Atento ao término do provimento de Travassos como secretário da câmara, cinco anos depois, 1833, voltou a dar prioridade aos seus interesses dando ordem para que *"A câmara Municipal de Santo Amaro das Brotas se transferisse com seus arquivos, cartórios e funcionários da justiça para Maroim"*[6], e por ironia passaria a adotar o topônimo de Santo Amaro de Maruim. Vigorava o ato de 8 de junho daquele ano. Eis a notificação:

<blockquote>
Senhores Presidente e vereadores da Câmara Municipal de Santo Amaro das Brotas: Cumpre-me que Vossas mercês façam efetivar sua residência na Vila de Santo Amaro de Maroim, para que farão as providências necessárias. Palácio do Governo de Sergipe, oito de junho de 1833. José Pinto de Carvalho [7]
</blockquote>

Vistas grossas foi o que fizeram os membros da câmara de Santo Amaro considerando o ato extremamente arbitrário e ilegal.

Sem conseguir o que pretendia, José Pinto de Carvalho, certamente contando com o apoio de aliados poderosos, como o do seu cunhado Sebastião Gaspar de Almeida Bôtto[8], de expressiva representação na política de Sergipe, expedira irredutível:

<blockquote>
Senhores Presidente e vereadores da Câmara Municipal de Santo Amaro das Brotas: colingindo-se por ofício do Juiz de Paz da povoação de Santo Amaro das Brotas datado de oito do corrente que essa câmara ainda não publicou a Resolução do Conselho deste Governo datada de oito do passado, mas que fora remetido a Vossas mercês logo esta recebam, façam público por editais afixados
</blockquote>

em todas as povoações deste município, os artigos oitavo e décimo da referida Resolução. Outrossim, determino a vossas mercês que convencido do bem público, fazem efetiva residência dessa câmara na Vila de Santo Amaro de Maroim, como se lhe ordenara o oficio de oito do corrente, deve cessar já qualquer reunião fora da referida vila, registrando-se este livro da ata, desta câmara. Deus guarde a Vossa mercê. Palácio do Governo de Sergipe, doze de junho de 1833. José Pinto de Carvalho.[9]

Gesto que agradou a Sebastião Gaspar de Almeida Bôtto, e se assim não o fosse, quando se cogitou a remoção da capital, embora preterisse a vila de Laranjeiras, em 1848, indicara a vila de Maruim só para satisfazer a José Pinto de Carvalho.

Os *"santamarenses"* não ficaram alheios a esse ultraje e no mesmo ano, oficiando as autoridades, fizeram observar os seus reclames através de uma representação encabeçada pelo padre Gonçalo Pereira Coelho. Nela estavam contidas mais de cem assinaturas, entre religiosos, professores, militares, etc, como o *"padre José Dias Ribeiro, Manuel Pereira Coelho; padre José de Góes Torres, que também era professor; Euzébio Alves de Almeida (advogado)"*, e mais uma dezena de inspirados entusiastas a causa *"santamarista"*.

Entre eles figuraram os juízes de paz Antônio José Vianna, João Batista de Jesus Mello, e vários militares de alta patente, a saber: Manuel Augusto de Medeiros (tenente de Cavalaria), José Alves Simões (alferes), José Nóbrega Pais de Azevedo Faro (capitão). Conquanto, questionada a atitude do ex-vice-presidente, e chamando a atenção dos governantes ao que dizia o Código de Processo, e sobre ele fez refletir:

Finalmente da mesma resolução Art. 6 si collige tem sido elevada ao auge de Villa a povoação de Nossa Senhora do Socorro, que além de ser pequena em tudo, pouco mais dista de huma legoa

No mesmo manifesto, os *"santamarenses"* mostram-se favoráveis a justa elevação da povoação de Maruim à categoria de vila, *"e
achando-se a mencionada povoação de Maroim na urgência de ser elevada à Villa, aos representantes nenhuma objeção lhes faz, antes sim
se encherão de praser pela sua prosperidade"*[11]. Datava a respectiva
representação de 4 de setembro de 1833.

Inconformado também ficou o senhor Manoel Rodrigues Figueiredo, morador de Maruim, e tomou igual providência que haviam
tomado os habitantes de Santo Amaro, notificando as autoridades, ma-
nifestando-se em desacordo com o móvel da sede da vila. Apreensivo
com a ideia fixa de que seus pastos seriam urbanizados, escreveu:

Manoel Rodrigues de Figueiredo, cidadão brasileiro, proprietário do engenho Maruim de Baixo,
termo da vila de Santo Amaro das Brotas, (...)
mais com lágrimas, do que com vozes, vem por
meio da presente súplica prostrar-se ante este respeitável asylo da equidade e da justiça, a rogar por
tudo o que há de mais no céu e na terra[12]

Ele também era contra a trasladação da vila para Maruim.

José Pinto de Carvalho não desistira tão fácil de eleger Santo
Amaro como alvo de seus caprichos. Nessa mesma época, 1833, ainda
conseguiu desmembrar boa parte do *"território da Vila de Santo
Amaro"*, cujo termo fora amortizado em favor de Maruim, e para a formação da vila de Capela, sob Decreto do 19 de fevereiro de 1835.

Incorrigível, o governo provincial poria outra vez o ato, isto é,
os planos dele em execução, 1835. A população insatisfeita e exortada

pelo padre Gonçalo Pereira Coelho veio a esse plano oferecer resistência e dispostos a dar um fim às tropelias principiadas por José Pinto de Carvalho. Se pacificamente, ou por meio da violência, só as circunstâncias determinariam o último ato. Ver *"A revolução de Santo Amaro e suas consequências"*, tema que trataremos adiante

Os *"santamarenses"* haviam se preparado com armas em punho e reaver tudo quanto lhes pertenciam, mas cauteloso o governo se fez recuar ante o denodo daquela gente. Antes, porém, ordenou que marchasse para a vila de Maruim grande destacamento militar a fim de dispersar os manifestantes. Seria essa a última vez que se tentaria algo de semelhante natureza.

Enquanto se desenrolava a empáfia entre José Pinto de Carvalho, novos nomes iam se assomando contra Santo Amaro. Entenderam que, para enfraquecer a autonomia da vila e humilhar seus líderes políticos bastava confiscar seus maiores bens e privá-la de sua economia. Foi quando, então, assumindo o governo, em 9 de março de 1836, o coronel Bento de Melo Pereira consegue remover dali a alfândega, criada e mantida no Porto das Redes pelo governo do Dr. Manoel Joaquim Fernandes de Barros, status esse já há muito cobiçado pela vila de Laranjeiras, sede provisória da capital da província por sugestão de José de Barros Pimentel.

Capitulavam eles em desguarnecê-la e provocar sua queda, ou como se lê nas palavras do erudito Sebrão Sobrinho, *"vê-la reduzida a panelas e caranguejos"*. Sobre eles, veremos mais cada um definindo de que lado irão lutar quando se aproximasse o histórico ano de 1836, cujos momentos mais críticos alarmou a província por quatro meses, de setembro até dezembro.

Movimento antilusitano

Vista pelas atitudes de José Pinto de Carvalho, a influência portuguesa aspirada em terreno sergipano causava aversão no sentimento nacionalista e efeito danoso na economia local, pois, o que aqui se arrecadava engordava os cofres da Bahia, principal reduto dos portugueses, que durante anos exigiam anuidade em foro obrigacional para o enxoval de casamento de dona Maria com o príncipe real[1]. Além de uma contribuição que se arrastaria por 30 anos para a reconstrução da cidade de Lisboa, sacudida por violento terremoto, em 1755[2].

A cobrança do referido foro competia ao governo de José de Mares Henrique (1756/1759). Ressentidos, os políticos sergipanos reivindicavam textualmente, quando corria o ano de 1787, que a Capitania fosse isentada do compromisso. Primeiro porque resistia a isso, recusando-se a pagar, o sargento-mor Domingos Dias Coelho, possuidor de inúmeros bens e considerado o homem mais rico de Sergipe.

Não demorou muito e o seu exemplo, apesar de provocar dissabores de terceiros, logo foi seguido por outros, a ver pela representação enviada pelos *"santamarenses"* ao rei Dom José, ressaltando igualmente suas dificuldades:

> O Juiz e mais officiaes da câmara da villa de Santo Amaro das Brotas Comarca de Sergipe de El Rey vam por meio desta aos pés de V. Magde a representarmos que se acham estintos os trinta anos do Donativo voluntário que os Vassalos oferecem ao Serenissimo Rey D, José de possuidoza memória (...) este povo pela huma pobreza (...) recorrem à benegnidade de V. Mag.de [para] substar a dita contribuissam[3]

Com as rendas da província comprometidas e sofrendo colapso, as autoridades lusitanas estavam inseguras, por conta das investidas praticadas pelos sergipanos contra o indivíduo estrangeiro. A manobra de enxerto, referida à economia, havia sido denunciada no século seguinte pelo brigadeiro Carlos César Burlamaqui, a quem a chefia do governo de Sergipe era confiada e logo pugnada pelos líderes da Bahia por considerá-lo nocivo às transações até então estabelecidas pelo poderio ali concentrado.

De 1820 até meandros da década de 30 (séc. XIX), Sergipe se digladiava brioso ostensivamente, levando adiante a ideia do regime republicano, tão iminente. Tiveram notoriedades o baiano de Maragogipe e secretário do governo Antônio Pereira Rebouças e o presidente da província, Manuel Fernandes da Silveira.

Explodira nessa época implacável onda de repressão aos portugueses. Contra eles, manifestantes de diversas povoações, como Maruim, Divina Pastora, Laranjeiras, Rosário do Catetes e São Cristóvão, expulsaram-nos com instintos de violência.

Em Santo Amaro, os representantes da vila assumiram postura contrária ao movimento de república, e contra ele se fizeram pronunciar ao se dirigirem ao presidente Manuel Fernandes da Silveira, dizendo que *"em diferentes lugares anarquistas espalham idéias de República"*[4]. A esse turno, os vereadores de Santo Amaro, a 8 de julho de 1824, correm para informar ao secretário do governo, Antônio Pereira Rebouças, ter remetido a corte a segunda via da ata de juramento à constituição.

Expatriado lusitano, Antônio José Peixoto Valadares andava desfilando o seu deboche aos habitantes da vila de Santo Amaro, onde também residia, obviamente declarando em público sua incontinência frente à emancipação brasileira das amarras de Portugal. Fato que fez arder o sangue brioso dos *"santamarenses"*, já aquecido no calor dos conflitos pela independência. Precavida ante a conduta do incauto português, a Câmara de Santo Amaro levantou minuciosa investigação sobre os atos dele e, em 19 de janeiro de 1829 se descobre com o auxílio de um magistrado, um procurador e dos senadores da capital, os crimes praticados por ele, inclusive, a constatação de não ter jurado à constituição do império, o que era o bastante para ser detido e, provavelmente, expulso do Brasil.

Os sergipanos atravessavam dias delicados com a onda de ataques contra os portugueses e as tentativas de revoltas dos escravos. Merecendo que a segurança fosse reforçada e a ela dedicar redobrada atenção. O secretário Rebouças foi acusado pelo vigário de Santo Amaro, Gonçalo Pereira Coelho, e denunciado ao comandante das armas, Manoel da Silva Daltro, por enxergar nele o foco da anarquia que se estampava nos ambientes ocupados pelos negros escravizados. Tanto que, antes da nomeação do brigadeiro Manuel Fernandes da Silveira ao governo, conduzia as rédeas de Sergipe uma junta interina, responsável pela criação de dois Batalhões de Pardos, conhecidos como Defensores da Pátria, que iriam apetrechar a vila de Santo Amaro das Brotas e a capital, São Cristóvão, no ano de 1823. As facções compostas pelos donos do poder, desejosos de removê-lo do governo, iam tumultuando o ambiente forçando Manuel Fernandes da Silveira a sair de São Cristóvão.

Assim sendo, depois de deixar a capital, como queriam os adversários, a ela regressou triunfante nos braços do povo. Seu afastamento teria dado a oposição o direito de recompor o poder tal qual suas vontades, porém, quisera o povo vê-lo na direção do governo.

Rejeição coletiva no pleito de 1865
e os primeiros jornais de Santo Amaro das Brotas

Um fato curioso envolvendo os moradores da vila de Santo Amaro das Brotas chama a atenção pelo denodo e pelos motivos não explicitados, que misteriosamente, os instigaram a não comparecerem ao pleito eleitoral do dia 7 de setembro de 1865, em que sonegaram o exercício do voto. Por essa atitude inconstitucional, eles foram solenemente punidos e forçados a pagar uma multa de 10$000 (dez mil réis) individualmente.

A eleição, como mandava as memórias tradicionalistas, deveria acontecer no interior da igreja matriz de Santo Amaro, mas, talvez, temerosos, como alegaram os representantes da vila: *"por não rememorar factos que devem ficar sepultados por amor do nosso sistema de governo e moralização social"*[1]. Esse é o mais evidente sinal de uma reação, quem sabe, silenciosa, de protesto contra os atos persuasivos e violentos que se praticavam contra o povo. Sem muito esforço, os candidatos arrogantes e, principalmente, sem temer as autoridades, muitas dessas ciosas e cúmplices de vários atentados, infringiam a lei abertamente e, tudo se fazia com a mais pura normalidade, para serem benquistos no escrutínio.

E assim, estupefatos, calavam os adversários e seus simpatizantes ante os excessos de perseguições, ameaças, assassinatos, rixas, demissões, vinganças e, até sequestros, que valiam de estratégias políticas. Vangloriando-se com os resultados que rendiam gozar um período de legislação, que eram tão ressabiadas quanto suas condutas.

Sobre o relaxamento da multa, foi apresentada na mesma justificativa que concorria em obter a contemplação de serem perdoados da obrigação imposta pela mesa paroquial. Os *"santamarenses"* se fizeram representar através dos cidadãos mais influentes da vila, aqui listados, como o capitão Francisco Vieira de Melo, Luiz Correa de Meneses, Estácio Barreto, Albano do Prado Pimentel[2], Francisco de Paula Monteiro *(pai do renomado jurisconsulto, Dr. Esperidião Ferreira Monteiro).* Os senhores Manoel Caetano de Jesus, Fideliz José da Silva e José Pinto de Lima completavam a lista, finalizando solenes e exprimindo o respeito que não se deve aviltar:

> Tam somente [judiciar] por amor de humanidade
> religiosa e quidade de despensa-los da referida

<blockquote>
multa; nisso como se achão ameaçados de huma caprichosa execução cujo fim único é (...) o açoite da mais desumana perseguição (...) Crêem os suplicantes, Ex.mos. Senhores, que (...) os escolhidos da Província cheios de moralidades e justiça, já mais consimtirão que os suplicantes facão à excepção [do resto] da população sergipana, que hoje descanção das fadigas eleitorais [3]
</blockquote>

As desigualdades violentas no pensamento partidário, fizeram com que as portas da tipografia onde era editado e impresso o jornal Conciliador, em Santo Amaro, fosse fechado e hostilizado o seu proprietário, o comendador Antônio José da Silva Travassos. Essa investida se deu a 4 de fevereiro de 1857, quando foi procurado pela polícia o redator João Batista Monteiro. Sua ausência, entretanto, livrou-o da repressão. Antônio Montel Ayres de Souza[4] - que além de gerenciar os negócios administrativos e dirigir os trabalhos gráficos, também residia na tipografia – logo que recebeu ordem de prisão tratou sem demora de evadir-se. O objetivo maior dessa campanha era prender o advogado e redator João Batista Monteiro, que conseguiu fugir para Maceió, AL.

Os invasores ainda destruíram todo o equipamento gráfico. Envolvidos nessa trama de repressão estavam os doutores Frederico Augusto Xavier de Brito *(chefe de polícia da recém-criada capital, Aracaju)*, Leandro Ribeiro de Siqueira Maciel *(juiz municipal e delegado em Rosário)*, e mais uma tropa de 30 homens comandada por Francisco Thomas da Cruz. Entre eles, estava o delegado de Santo Amaro, Dr. Raymundo de Valois Galvão[5].

Os cidadãos "santamarenses" tiveram que esperar muito tempo para deitar os olhos sobre um produto jornalístico gerado por ali. O processo demorou 126 anos (1857/1983), para que ressurgisse novo veículo de comunicação da mídia impressa. A tarefa coube a outro ilustre filho do lugar.

A primeira edição do Jornal El Sergipense circulou, provavelmente, entre os meses de janeiro/fevereiro de 1983. O número de páginas variava de 6, 8, 10 e 12. O seu criador, Aloísio Gonzaga da Silva Oliveira, instalou a redação na Avenida Comendador Travassos, número 84. Além de diretor, Aloísio Oliveira acumulava a função de editor-geral e repórter. Não sabemos precisar quanto tempo o periódico durou.

Assim que o Jornal El Sergipense parou de circular, o irrequieto jornalista tirou da prancheta um novo modelo, editado quinzenalmente. O Jornal El Kibutz abordava temas como política econômica, música, literatura, etc, convidando o leitor à expansão do intelecto e da informação.

A primeira edição veiculou no dia 21 de outubro de 1987, tinha 8 páginas e custava CZ$ 10,00 (dez cruzados). O número 2 foi para as ruas com 12 páginas e com o preço inflacionado de 15 cruzados. A redação do El Kibutz localizava-se em outro endereço, na Avenida Helber Ribeiro, número 187.

Apesar de incomum, Kibutz, o peregrino da imprensa traduziu o significado, nome que, segundo ele, vem do hebraico e quer dizer: *"Reunião. Comunidade: grupo, aldeia coletiva"*, e costumava finalizar seus textos exortando os cidadãos a unirem-se em torno de uma ideologia.

Nessa época, esses periódicos viveram a transição da moeda nacional, que do Cruzeiro passou ao Cruzado e, certamente, o seu editor, Aloísio Oliveira, apostava no plano de governo adotado pelo presidente José Sarney.

Voltemos ao ido de 800, em que o barão de Maruim também se declarava contrário à concepção dos editores do jornal e, principalmente, contra Travassos, que escreveu em seus "Apontamentos Históricos", que Batista Monteiro, um dos redatores do jornal Conciliador, tecendo críticas contra o governo provincial, preparava-se para disputar a eleição para deputado, quando foi perseguido pelo barão de Maruim, ordenando que o prendesse, mesmo sem apresentar motivo algum que justificasse o ato, só para mantê-lo longe e não disputasse a eleição. Porém, o plano do barão não funcionou, e Batista Monteiro, elege-se.

Nesse mesmo período, o referido barão de Maruim, João Gomes de Melo, exercia visível influência sobre as opiniões do seu primo, José da Trindade Prado, o barão de Propriá.

Importa-nos admitir que mesmo convencido com o atraso da educação, os indivíduos valiam-se, beneficamente, das vantagens que a comunicação pudesse oferecer. Ideais tacanhos, inércia ou omissão, era o que menos se podia esperar do indivíduo interiorano tragado pela rusticidade, além do gesto de criar mecanismos de defesa nos momentos decisivos. Porém, consideramos o conteúdo do memorando escrito pelos habitantes de Santo Amaro como sinal supremo de civilidade, estabelecendo tão necessariamente a interação do homem enquanto cidadão, e nunca alheio ou distante do regime constitucional. Por mais adversa que possa parecer as pregações da lei, e buscando entre os paradigmas da sociedade o que melhor lhe representa como pendão legítimo da democracia.

José da Trindade Prado, que recebeu o título de barão de Propriá, quando esteve à frente do governo, legislou comedido e dependente do parecer do barão de Maruim, a quem ouvia e seguia obediente os passos. Por vezes, até aos tropeços, quando se via sufocado a digerir passivo as dissoluções de atos feitos no seu governo sem a menor cerimônia. Por isso, foi criticado por não ser um homem com ideias firmes, apesar de certificada honestidade.

Como segundo vice-presidente, cargo que assumiu durante ausência do barão de Maruim, que estava no Rio de Janeiro, ele deu ordem para que fosse adotado o sistema de *"cordão sanitário"*[6], meio como se pretendeu evitar a proliferação do cólera-morbo, através das pessoas infectadas, advinda de outros Estados, embora originário de continentes longínquos. Nessa fase, o barão de Propriá estava residindo na vila de Santo Amaro, sua terra berço.

Algumas formas de atitudes vistas em determinados momentos da vida social e político dos moradores de Santo Amaro ainda sobreviveram pela resistência individual de poucos cidadãos, entre os quais podemos mencionar, Nelson Ferreira Lima.

Moções da Câmara

É fácil, para nós, numa ótica abrangente, dissociar a vida legislativa na câmara municipal do indivíduo despolitizado. Porque era ela, a câmara, o mais fiel reflexo da aspiração popular, e que eram raros ou nenhum os cidadãos galhardos e sem vínculo partidário que fizeram de suas vidas uma história de heroísmo e destemor. Uma vez que os homens com atividades na política eram os que mais se destacavam. Valor igual se via reluzir na patente dos comandantes de milícias ou na batina clerical. E, quando surge no meio da coletividade um pretenso paladino das causas populistas, logo se revela o que pleiteava: ascensão pessoal.

As experiências vividas pelo vigário Gonçalo Pereira Coelho, como legislador, tiveram outros reflexos, tanto no móvel da sede da vila para Maruim, representando os reclames da população, quanto pela participação que teve no levante de 1836, cujo desfecho resultou em sua prisão. Mas sempre coube à câmara as moções que se fizeram representar ao governo provincial, e que nem sempre estava disposta em manter uma postura curvada quando diante de uma recusa do chefe de Estado sem que a justificativa fosse coesa.

Dessa forma seguia firme o seu trabalho, operando os bons costumes e trilhando, sem vacilar, os caminhos da verdade, como sempre fez questão de sublinhar. Distintamente, tem comprovado a atuação e, recorrido quando necessário, ao conselho das autoridades provinciais. A ver pelo complicado caso do vereador José Rodrigues das Cotias que, eleito juiz de paz, mas de acordo com o *"aviso de 15 de dezembro de 1835"*, não poderia acumular as duas funções. E a 21 de fevereiro de 1848, com semelhante postura, imparcial, visando o cumprimento da lei, dirigiu-se ao presidente da Província Joaquim José Teixeira, a fim de equacionar o problema, sempre querendo distanciar-se dos equívocos de qualquer ato falho ou injustiça, interpelou se a referida lei ainda vigorava.

Nos tratados em que teve com os governantes da província, nesse caso, Ignácio José Vicente da Fonseca, a câmara prevenira-o sobre uma fuga de presos da cadeia de Santo Amaro, ocorrida entre os dias 16 e 17 de agosto de 1829. Nesse mesmo ano, a 23 de setembro, ela noticiou que na vila residia um médico, o Dr. Manoel Antônio Bittencourt, acrescentando que funcionava apenas algumas casas que trabalhavam na comercialização de remédios.

Outro caso de fuga, mencionado pela câmara, ocorreu a 28 de agosto de 1845 e ganhou atenção especial dos vereadores: os dois detentos, um acusado por "crime de ferimento" e outro, um escravo[1] conduzido por seu dono por ter fugido do engenho, comprometeram a estrutura da cadeia com o arrombamento que fizeram ao fugir. O escravo não só debandou do cárcere, como do capricho nefasto das autoridades, que fatalmente o condenariam a morrer dependurado com uma corda em volta do pescoço. Era esse o castigo do servil insurreto.

Com 143 anos de construído (1702/1845), o centenário presídio, há muito apresentava sinais de ruínas. Possivelmente as chuvas colocariam o teto a baixo. Querendo proteger a população e evitar que fosse submetida a sucessivos sustos, ocasionados pela debandada de criminosos que perambulavam as cercanias da vila, a câmara recorreu aos cofres da província, apresentando proposta de recuperação da cadeia, em ofício de 7 de maio de 1846[2]. Enquanto o auxílio não chegava, uma casa foi condicionada provisoriamente para esse fim, até o presidente Antônio Joaquim Álvares do Amaral, se dispusesse em colaborar. Em Santo Amaro, Vicente Cardoso aterrorizava os habitantes[3].

A reforma teve que esperar até o novo presidente, José Ferreira Souto, assumir a pasta, e em 10 de dezembro de 1846, a câmara recorreu ao seu socorro.

No dia 9 de novembro, alarmados com os prejuízos que poderia gerar para as receitas da Fazenda pública com a circulação de moedas de cobre falsas, repassadas clandestinamente, a câmara de Santo Amaro pôs-se a recolhê-las, remetendo-as imediatamente para as autoridades da província com todo cuidado para que fossem tomadas as providências necessárias. O comunicado de apreensão do dinheiro falso foi fcito através do oficio datado de 27 de novembro, e o que atestava a expedição das moedas ocorreu a 14 de dezembro de 1829, por ordem do capitão Antônio José Vianna, oficial da câmara de Santo Amaro.

O padre Gonçalo Pereira Coelho, Manoel Ramos Maia, José Góes Torres e Balthazar Ferreira Passos, como membros da câmara da vila de Santo Amaro das Brotas, deram parecer a respeito da informação mandada apurar pelo governo do comendador Sebastião Gaspar de Almeida Bôtto, sobre os boatos de que naquele lugar havia água mineral com propriedade medicinal e poder de curar doenças. A informação foi negada pelos vereadores em resposta dada em 25 de abril de 1839. Como se verá.

> Illmo. e Exmo. Senhor. A câmara municipal da villa de Santo Amaro das Brotas passa agora aresponder á V.Ex^{cia}. o officio de 22 de 7br.º do anno trauzado certificando á V.Ex^{cia}., que nesta municipalidade não existem aguas minerais, que possão servir á enfermidades quaisquer, segundo as informações, que a mesma tem tido. Deos guarde á V.Ex^{cia} · Villa de Santo Amaro das Brotas em

sessão ordinária de 25 de abril de 1839. Illmo. e
Exmo. Senr. Commandante Superior Sebastião
Gaspar de Almeida Boto, vice-presidente desta
Provincia[4]

Em assembleia ordinária do dia 5 de julho de 1836, pouco antes do conflito revolucionário, os vereadores encaminharam para o vice-presidente da província, Ignácio Dias de Oliveira, a proposta de construção de um açougue e um curral anexo. O valor da obra foi orçado em 300$000 (trezentos mil réis), devendo ser instituído de *"2 grossos cepos, hum balcão (...) 8 ganzas, em que possão pendurar-se as rezes já quartejadas"*[5]. A requisição da câmara e a verba solicitada para a realização da obra obedecia ao parágrafo 9°, capítulo 1°, dispostos na Lei de 22 de março de 1836, que discorria sobre o auxílio com que o governo deveria ofertar para a execução das obras públicas na província.

Com uma ligeira modificação no quadro de vereança, acrescida pelo senhor João Ferreira Monteiro, em sessão do dia 25 de junho de 1836, a câmara tinha aprovado para ocupar o cargo como titular de juiz municipal, o capitão Antônio José da Silva Travassos, devendo ser assessorado por José de Campos e Oliveira. Travassos, por se achar ausente da vila, não pôde ser empossado em tempo hábil e, por falecimento de José de Campos, foram nomeados o tenente Domingos da Rocha Lima (juiz de órfãos) e o tenente João Gomes de Mello (juiz municipal), que também não assumiram. Por fim, foi aprovada nova proposta. Nessa estava listado o nome do professor de primeiras letras Vicente Ferreira Torres, indicado para o assento de juiz municipal.

Outros que ocuparam essa pasta foram os juízes Felix Barreto de Oliveira e Pedro Procópio de Jesus, sob indicação dos vereadores José Rodrigues das Cotias, Manoel Luiz Coelho, Rufino José da Costa e Manoel José de Bastos, em 15 de abril de 1848. Manoel Pereira Coelho também esteve nesse assento e presidiu a eleição do dia 7 de setembro de 1868, na Paróquia Nossa Senhora do Porto da Folha, recebendo pelo bom andamento dos trabalhos o reconhecimento do presidente da província.

Satisfeitos com a nomeação do brigadeiro José de Sá Bittencourt para o governo de Sergipe, os *"santamarenses"* deram demonstrações de entusiasmo e civismo congratulando-o por ser o escolhido de Dom Pedro II, fato que ocorreu a 16 de julho de 1844. E, aqui, fragmentado, lemo-no conforme a escrita original:

> A câmara Municipal da Villa de Santo Amaro das Brotas, possuindo sempre de sentimentos patrióticos, e hoje cheia de enthusiasmo e satisfação pela digna escolha de S.M.I. o Senhor Dom Pedro Segundo em V.Excia. para presidente desta província[6]

A câmara informou ainda que havia nomeado uma comissão representada por *"dois cidadãos probos"* com o objetivo de levar as boas vindas em nome da referida casa de vereança e de toda população local, para *"Saudar a V. Excia. e fazer hum serventte effectuar o cortejo pela feliz chegada de V. Excia. e haver empunhado as redias deste governo"*[7].

Convém lembrar que, nesse mesmo tempo, havia sido criada em Santo Amaro uma seleta comitiva formada para saudar a *"princesa Januária Maria (1822/1901), filha de D. Pedro I, que se casaria com Luís Carlos Maria José de Bourbon, o 'Conde de Áquila', nascido em Nápoles, a 19 de julho de 1824, e morreu em Paris, a 5 de março de 1897, príncipe das duas Sicílias"*. O documento foi remetido parafraseado no trecho a seguir:

> Tendo esta câmara nomiado uma commissão dos Exmos. Mon. Senhor Antônio Fernandes da Silveira e o Dr. Joaquim Francisco Vianna, para em nome d'ella felicitarem á SM. o imperador pelo consorcio de S.A. Imperial a Senhora Princeza Dona Jannuaria com S.A. o Senhor Dom Luis

> Carlos Maria (...) A mesma roga a V.Excia. se
> digne remeter na mala do correio os dois officios
> inclusos para evitar qualquer extravio, que possão
> ter, sendo enviados em particular [8]

O extrato do ofício acima data de 2 de julho de 1844.

O discurso da câmara, talvez, não tivesse a grandiloquência da retórica do mais inspirado homem de tribuna, porém, era extensivo a "nobreza" e revestido de puro entusiasmo, digno de regozijos sinceros, como os que se referem às núpcias do príncipe Dom luís e às felicitações endereçadas a José de Sá Bittencourt. Apesar da didática, por mais obsoleta que parecesse, demonstrava ligeiramente uma postura que animava em manter correta enquanto "serventuários públicos", eu diria.

Na coleção das leis criadas pelos membros da Câmara da Vila de Santo Amaro das Brotas, está registrada sob o número 715, de 20 de março de 1865, a Lei de Posturas. Disposta em três artigos, sancionada pelo presidente da província, Cincinnato Pinto da Silva. No primeiro artigo, a lei discorre sobre o compromisso que o indivíduo tem em exercitar o senso de preservação dos bens públicos, e adverte:

> É absolutamente prohibido demolir-se qualquer
> prédio edificado nas ruas publicas da villa e dos
> seus povoados, sem prévio consenso da câmara
> (...) o infractor será multado em dez mil reis
> (10$000 reis)[9]

Tendo ainda que cumprir oito dias de reclusão e obrigado a recuperar totalmente o bem depredado. Em outro momento, o artigo segundo, prevê a apreensão, multa e sacrifício de animais, impondo duro regime sobre os proprietários e criadores de animais *"domésticos vadios"*, e se flagrados em desconformidade com a regra e, tendo o dono recebido uma advertência, sacrificava-se o animal e proprietário era punido a pagar uma multa de 4$000 (quatro mil reis), além de ficar detido por 48 horas.

Vejamos em outro caso como os oficiais da câmara se arquearam na elaboração de um contrato celebrado entre a câmara de Santo Amaro e o senhor Bernardino José das Neves, a 29 de janeiro de 1848. No contrato, havia a proposta de solucionar o problema da travessia do Porto das Redes para um lugar conhecido por eles, por "Montividéo", do outro lado do tributário do Rio Sergipe, em Laranjeiras, especificamente. A propositura suscitou um ligeiro impasse, resultante da rescisão do contrato, por interferência do capitão Rodrigo José Ferreira, da Capitania dos Portos.

Na cláusula do contrato, Bernardino José das Neves, receberia por esse empreendimento a quantia de 25$000 (vinte e cinco mil reis), pagos em quatro parcelas anuais. Isso cobriria a construção de um barco seguro e com espaço suficiente para o transporte de *"homens e cavalos"*, e impulsionados por *"remeiros"* contratados pelo terceirizado.

Consolidado o acordo entre as partes, dera-se ao contratado o compromisso para construir a embarcação, o que foi impedido assim que a capitania tomou conhecimento do fato.

O capitão Rodrigo José Ferreira alegou que os passageiros poderiam fazer as travessias em "canoas" que estavam "matriculadas" pela capitania, e que a câmara não poderia desrespeitar as regras estabelecidas por aquele comando.

Discordantes, a câmara de Santo Amaro e o prestador de serviços Bernardino José das Neves, se puseram perante o presidente da Província, o Dr. Zacharias de Góes e Vasconcellos, queixando-se do transtorno causado pelo referido capitão e pedindo que ele se dispusesse a resolver esse desgaste.

A lei provincial de 16 de agosto de 1847, que legitimava os termos contratuais, dissolvia-se ante as *"leis do cais"*, lembradas pelo capitão Rodrigo José Ferreira.

Antônio Dinis de Siqueira e Mello é quem assina a autoria do documento, que revela se tratar de uma câmara progressista e empreendedora. Enfim, ficou determinado por ato de número 230, do dia 14 de julho de 1848, em seu artigo 6°, que o tráfego marítimo entre Montividéo, em Laranjeiras, e o Porto das Redes, em Santo Amaro; seria controlado por ambas as câmaras, devendo elas estipular o preço que os viajantes deveriam pagar. Essa resolução também visava incentivar a receita dessas circunscrições[10].

No dia 13 de outubro de 1852, os vereadores José da Silva Travassos, Manoel Pereira Coelho, José Ferreira da Costa, Manoel Ramos Maia e João Francisco de Menezes, fizeram sérias denúncias contra o padre Manoel Ribeiro Pontes. Na ementa assinada por eles, consta que o referido sacerdote, depois de ter assumido a paróquia de Santo Amaro, supostamente dono de exemplar disciplina, conforme as boas recomendações que o acompanharam, para substituir o falecido padre Gonçalo Pereira Coelho, quis fazer com que o povo se tornasse refém de seus caprichos. O que resultou por provocar a descrença de suas atividades como líder espiritual da igreja.

O padre Manoel Ribeiro Pontes foi acusado por tráfico de influência, expondo as pessoas às mais execráveis experiências de suas vidas. Praticou ainda crime de simonia, isto é, comércio ilegal de imagens sacras[11]. Desativou o coro de música que existia na vila, se pronunciando autoritário, não se importava em fazer ameaças a todos.

A câmara informou ainda que o padre zombeteiro deixou a paróquia sem assistência alguma e foi residir em Maruim, onde se dedicou à vida de negociante. Sobretudo, a câmara de Santo Amaro pediu ao presidente da província, o senhor José Antônio D'Oliveira Silva, que desse ao caso exposto a devida sentença.

Com o falecimento do padre Gonçalo Pereira Coelho, os vereadores de Santo Amaro, por indicação do dia 9 de setembro de 1856, requereram junto ao presidente da província, que os bens imobiliários do respectivo vigário, fossem incorporados aos da vila.

Segundo o vigário Philadelpho Jonathas de Oliveira, em sua obra *"Registro de Fatos Históricos de Laranjeiras"*, diz que o padre Manoel Ribeiro Pontes é filho de Alexandre Ribeiro Pontes e Leonarda de Cristo, sendo o terceiro vigário colado da freguesia de Laranjeiras a partir de 1863. Nessa época, deparou-se estarrecido com o surto de *"cólera morbus"*, que ceifou muitas vidas naquele lugar.

Efetivamente cumpridora do papel a que foi constituída, a câmara postulava a palavra de ordem: urbanização. E isso se via nos gestos mais simples que se convertiam em ato obrigacional. Como o que determinou a 25 de março de 1847, que os moradores do povoado Porto das Redes caiassem as fachadas de suas casas.

Os vereadores também solicitaram ao governo que fosse chamado um engenheiro para elaborar a planta da respectiva localidade para estudo de sua geografia.

Havia também espírito de preservação ambiental, no molde de seu tempo, quando informaram ao presidente da província que as matas que deitam suas esparsas sombras sobre as margens dos rios não foram alvo de derrubadas criminosas. Isso a 12 de fevereiro de 1844.

Em dezembro de 1851, os vereadores responderam ao questionário expedido pelo governo. Ali se discutiam novas técnicas para o estímulo da agricultura e inovação industrial.

Dissemos, no principiar desta exposição que os oficiais da câmara se diziam propagadores dos bons costumes em favor do bem-estar da coletividade, trilhando os caminhos da verdade sem hesitar. A disposição da câmara foi posta à prova quando refutada pelos laranjeirenses, por queixa que fizeram ao presidente da província sobre uma concessão para construir um açougue no termo de Laranjeiras, quando esta já possuía um, e cuja obra traria danos aos negócios mantidos ali.

Refletindo sobre o assunto, a câmara de Santo Amaro se pronunciou por ofício do dia 18 de junho de 1829, em que diz não pretender imolar direito algum, menos ainda entrar em choque de jurisprudência. Contudo, flexível, pede desculpas, salientando que a verdade deve prevalecer acima de qualquer circunstância.

Há muito o que revelar sobre Santo Amaro das Brotas enquanto vila, conquanto, demandaria muito tempo para relatar, e este, o tempo, nos é precioso nos desígnios de outras tarefas obrigacionais, portanto, falta-nos. Fica a proposta para os futuros pesquisadores.

Fraude movimenta a política em Santo Amaro

Os habitantes da esfera política, e que dela supunham senhores de toda a conjectura, para mantê-la sob suas botas e as rédeas não escapassem ao alcance das mãos, não hesitavam em promover asquerosos esquemas contra os que lhes fizessem linha contrária.

Tanto Antônio José da Silva Travassos, em seus "Apontamentos Históricos e Topográficos Sobre a Província de Sergipe", quanto o barão de Propriá, como presidente, são quem se dispõem a nos dar notícias dos embaraços das eleições em que se pleiteavam os cargos públicos de deputados, vereadores e até os de juízes de paz, perfilando a peculiaridade do caráter dos candidatos e a cartilha dos grupos de cada um, e o envolvimento com a política, excessivamente danoso. Citamos em particular as eleições para vereadores e juízes, ocorridas em 7 de setembro de 1868, sucedidas na província e realizadas com sintomas de fraudes, registradas nas paróquias das vilas de Propriá, Laranjeiras, Capela, Pacatuba, Porto da Folha, Lagoa Vermelha, Arauá e Santo Amaro das Brotas[1].

Para efeito da moralidade democrática, e em virtude do que se observava no artigo 118 da Lei 387, de 19 de agosto de 1846, as eleições foram sumariamente consideradas nulas e penalizados os presidentes das câmaras respectivas.

O juiz de paz da vila de Santo Amaro das Brotas, José Luiz de Góes, a quem cabia os trabalhos da eleição para vereadores, foi responsabilizado por crime de fraude, num pleito em que ele remeteu para o presidente da província uma ata que dava conta de um prélio que não veio a lume.

A outra eleição, para juiz de paz, que aconteceu no mesmo dia, presidida pelo 4° juiz de paz de Divina Pastora, Luiz Barbosa de Madureira Mainart, transcorreu sob a luz branda da legalidade. Portanto, revogada a primeira, sabe-se por testemunho que José Luiz de Góes só compareceu ao local da eleição no dia 9 de setembro, dois dias após, quando o trabalho de apuração havia sido encerrado, no dia 8, alegando que a partir daquela data, 8, ele daria continuidade aos trabalhos eleitorais.

Nesse sentido, o então presidente da província, José da Trindade Prado, o barão de Propriá, expede uma ordem para que a câmara de Santo Amaro reconheça apenas os trabalhos dirigidos por Luiz Barbosa de Madureira Mainart, e mesmo reticente em seu relatório, resolve a respeito de ser convocados os eleitores para nova eleição de vereadores, devendo ser feita sem tardia. Fixando prazo de 15 dias, onde sublinhou ser *"improrrogável"* para o cumprimento, conforme estabelecido no art. 106, da lei de 19 de agosto de 1846. O ultimato foi respeitado, mas as diligências continuavam a correr toda a província.

Cumprido esse dever, é celebrada a posse dos vereadores eleitos com as respectivas certidões.

Engenhos de açúcar em
Santo Amaro das Brotas, 1860

NOMES	PROPRIETÁRIOS
CARAÍBAS	João Gomes Vieira de Mello
PORTEIRA	José Sotero de Sá
LOMBADA	Sebastião Gaspar de Almeida Bôtto
PRAIA	Cel. Gonçalo Vieira de Mello
CAMPINHOS	Estácio Muniz Barretto
CAMPO GRANDE	Ten. Cel. Luiz Pereira de Menezes
CAEIRA	Sen. Antônio Dinis de Siqueira e Mello
ARAUARI	Sen. Antônio Dinis de Siqueira e Mello
LIMOEIRO	Hervário Hércules da Silveira

Fonte: A vida patriarcal de Sergipe, de Orlando Dantas

Arquivo: Clóvis Bomfim

*Casarão localizado no Engenho Lombada, foi propriedade do cel. José Rodrigues Dantas
e depois do comendador Sebastião Gaspar de Almeida Bôtto, dista da sede do município
três quilômetros aproximadamente*

Breve colóquio sobre
Ayres da Rocha Peixoto

Estudando os anais de outros municípios, sobretudo, vistoriando a elevação das relações humanas, e na busca de traços que os ligassem intimamente a Santo Amaro, além dos casos clássicos variantes e atinentes a Maruim e Rosário do Catete, entre outras municipalidades, a história da antiga vila de Santo Amaro das Brotas, em alguns casos, está sorvida pelo obscurantismo, e ricocheteia quase sem saída ao depararase ambígua ante a dois personagens, com sobrenomes idênticos e donatários das mesmas terras. Até aí, não há nada de incomum. Se sócios e parentes, ou homônimos, nada se pôde apurar. Nesse caso, o fato merece ser revisto e remanejado com o fim de fazer verter a luz desse mistério.

Um deles a história cobriu generosa com certos pormenores. O mesmo não acontece com o outro, levantando graves suspeitas de não passar de um personagem gerado pelo sopro da imaginação, com efeito de justificar o topônimo do município. É o caso dos personagens: Ayres da Rocha Peixoto e Amaro Ayres da Rocha. De modo que se propiciarmos perpetuar-lhes a memória, poderíamos ler: "Amaro Ayres da Rocha Peixoto", sem confrontá-los, ou aconselharíamos estacionar o prenome "Amaro", definitivamente no labirinto do esquecimento, e manter em estudo, mesmo diminuto, a memória de Peixoto.

O que há de incomum entre eles é que Amaro Ayres da Rocha foi proprietário de um "sítio" que leva seu prenome e sobrenome, que vem a ser: Ayres da Rocha; o outro possuía em Itabaiana uma gleba a que chamou de "Caatinga Ayres da Rocha".

Amaro Ayres da Rocha, segundo esclarece João Sales de Campos, desapareceu de suas terras e seu paradeiro ainda hoje se ignora. Antônio Martins de Azevedo Cidade, parente seu *"não se sabe se filho ou neto"*[1], herdou as terras deixadas por ele.

Quanto a Ayres da Rocha Peixoto, acreditamos que era irmão ou pai de Maria da Rocha Peixoto, esposa de Belchior Velho, que no dia 5 de outubro de 1603 recebeu de Cristóvão de Barros sesmaria em Itabaiana. Teoricamente, Ayres da Rocha Peixoto foi um dos primeiros a ser contemplado com um lote terra[2], como também, supostamente o fora "Amaro Ayres da Rocha". Na época, nesse trato de terra estavam inclusos Itabaiana, Riachuelo e Santo Amaro das Brotas que dela se contavam 10 léguas, cabendo na leitura geográfica a composição que abrange o leste, oeste, até o norte da capitania com os rios Sergipe e Japaratuba. Que, a princípio, junto a outros colonos povoaram as imediações desses rios.

Ayres da Rocha Peixoto nasceu na cidade de Elvas, em Portugal[3], e morreu no dia 15 de outubro de 1599 [4]. Sua mãe se chamava Leonor Gomes Peixoto. Ele veio para o Brasil e morou na Bahia onde conheceu Maria Correia, com quem se casou. Ela era a filha caçula do casal Ana Álvares e Custódio Dias Correia, e neta pelo lado materno de Diogo Álvares Correia, conhecido por Caramuru[5], e de dona Catharina Alves.

Arriscamos um vago palpite de que Rodrigo da Rocha Peixoto deve ter sido irmão ou filho de Ayres da Rocha Peixoto, ambos em Sergipe foram contemplados com largos tratos de terras.

Ainda não nos foi possível localizar a carta que atesta sesmaria para Ayres da Rocha, mas a que se refere ao seu eventual parente foi requerida no dia 14 de setembro de 1603 ao capitão Thomé da Rocha.

A revolução de Santo Amaro
e suas consequências

Por quase dez longos anos, contados desde meados de 1828 precipitando-se até os três primeiros meses de 1837. Nesse ano, 1837, a província sergipana foi governada por um cearense, o Dr. José Mariano de Albuquerque Cavalcante, cuja administração durou apenas 32 dias, correspondentes ao período de 26 de fevereiro a 30 de março do mesmo ano. Foi ele que mais tarde, concedeu anistia aos rebeldes, tema que abordaremos adiante.

A tricentenária vila de Santo Amaro das Brotas, erguida no cimo de uma pequena elevação, de onde repousa soberana e harmoniosa através dos séculos, havia sido tomada e transformada, em tempos que já vão longe, num dos mais importantes e truculentos núcleos das desavenças políticas da história de Sergipe. Essas questões eram provocadas pela geniosidade incompatível de dois poderosos grupos que exerciam notado domínio sobre as relações públicas, conhecidos como "Camundongo" – Partido Liberal –, e o "Rapina" – Partido Conservador. Antes, porém, tinha como denominação "corcunda", representado pelo espírito impetuoso de seus líderes, compreendido na ideologia e no inquietante oposicionismo de Travassos, "santamarense" versado em causas jurídicas contra o senhor do poder: Bôtto.

No viajar das décadas, não se nota vestígio algum, nos tempos presentes, da ousadia e do temperamento extremado dos "santamarenses" quando do sentimento pátrio ofendido, e os choques em que os incitaram a luta, circunstanciadas no destrinchar dos anos 20 e 30, do século XIX. Aí se registraram as várias tentativas dos donos do poder em tolher a autoestima de Santo Amaro. Tema de que tratamos anteriormente: Transferência e extinção da vila.

Os primeiros atritos fizeram com que mais tarde essas duas forças, Rapina e Camundongo, fossem transformadas numa indirigível bola de neve. As práticas ilícitas de suas ações transcenderam os reais valores partidários durante anos e foram surgindo escalonadamente em meio à atmosfera hostil, resultante de uma ininterrupta série de denúncias que entravam em combustão nos instantes em que os denunciados faziam-se contestar por vias judiciais ou nos abusados atentados surdinos.

Bento de Mello Pereira (1780-1866), fez inflamar as paixões partidárias

Optamos por evocar o ano de 1828, no governo de Inácio José Vicente da Fonseca[1], empossado no dia 20 de fevereiro do referido ano, ficando até 11 de agosto de 1830 no cargo. O secretário da câmara de Santo Amaro, representada pelo rábula, cidadão nascido na mencionada vila, Antônio José da Silva Travassos, foi intimado pelas autoridades do Estado a prestar esclarecimentos sobre o deliberado posicionamento daquela casa, que se mostrava indiferente e totalmente inflexível aos interesses – porque não dizer arbitrários -, do governo que procedera com estranheza em querer transferir a sede da vila para Maruim. Embates como esse e com reações violentas se repetiriam outras vezes até que se fossem acatadas as determinações sugeridas pelos eminentes chefes da província, em particular, José Pinto de Carvalho.

Insistente, a câmara permanecia em sua posição contrária, trancafiada nas convicções que julgava certas e se negava a atender as resoluções do governo. Esse, por sua vez irredutível, não digeriu a atitude tomada pelos "santamarenses".

Vendo-se afrontados, os homens do poder adotam outras medidas. Incumbiu ao capitão comandante das armas, Bento de Mello Pereira, neopolitano, nascido no ano de 1780, que mais adiante, através da carta imperial de 17 de agosto de 1837, tomaria o assento de presidente da província e receberia também, por decreto de 25 de março de 1849, o título de barão da Cotinguiba -, de inquirir a verdade dos fatos que fora por ele mesmo enturvada, no que ficou estabelecida a sua participação como mediador, voltado com mesquinhez apenas para assegurar os intentos dos maiorais e subjugar os moradores da pequena vila, que ora se resguardava em seu campo de defesa.

Mas a sua missão culminara em evidente fracasso, de onde retornaria sem o resultado, que por antecipação já se fazia comemorar nas rodas governistas. Nessa refrega, foram ouvidos os depoentes, Antônio José da Silva Travassos e o inquiridor, Bento de Mello Pereira. A alegação do secretário da câmara é considerada incoerente se comparada com a que foi apresentada pelo capitão comandante, e foi julgada falsa.

Apesar de ter sido enquadrado em processo por crime de falsidade, Travassos habilmente lograria do benefício da absolvição pela revogação dos autos processuais, por ausência de prova cabal, fato que o fez vibrar satisfeito perante os seus detratores.

A Bento de Mello Pereira se atribui outros abusos cometidos contra a ordem pública no transcurso do seu mandato[2]. Como também vale ressaltar que Sebastião Gaspar de Almeida Bôtto, personagem já citado no princípio desse assunto, foi um dos principais entusiastas às espoliações contra Santo Amaro. Os dois, Bento de Mello e ele, além de cunhados, eram irmanados da mesma militância política e nutriam corrosiva desafeição contra Travassos.

As escoriações contra Santo Amaro começavam a se ramificar, dando a perceber os sinais de que a guerra civil em pequena escala, e verbal, ora tresloucada entre os partidaristas mais inflamados, ganhava extensões geográficas, que já se preparavam por um conflito ainda maior e com saldos negativos para a província. A histeria seria ouvida por brados de ameaças, vinganças covardes, gritos de dor encenados num cenário rubrado pelo derramamento de sangue, sob o espectro da morte.

Nem bem se respirava o sossego entre os moradores de Santo Amaro que Bento e cia, sob o aval do titular provincial, o senhor José Pinto de Carvalho[3] - período administrativo: 4 de fevereiro a 29 de outubro de 1833 – consegue consolidar a remoção da sede para Maruim, dada por carta de 8 maio do mesmo ano. Esse governo ainda foi intransigente, cobrando o seu cumprimento. Outrora, ele mesmo, dizendo-se líder na vila de Santo Amaro das Brotas, compunha a lista dos grandes proprietários descontentes com as novas medidas no setor econômico do Estado, adotadas no governo de Carlos César Burlamaqui (1821), onde se pronunciou radicalmente contra as reformas que contrariavam os interesses de sua classe.

Por isso, sentindo-se prejudicado, juntou-se a outros proprietários de terras acusando Burlamaqui de não ter feito o juramento à Constituição do Império. O que seria suficiente para abreviar-lhe o mandato. Localizamos Sergipe, nesse tempo, desfiando os últimos nós que o faziam refém dos caprichos da Bahia. Seu governo foi – não há dúvida -, alvo de boicote dos dirigentes daquela província, no instante em que se preparava para governar um Estado promissor e liberto da malograda e opressora influência reacionária.

Só em julho de 1834, atendendo ao protesto expedido pela câmara de Santo Amaro, agora no mandatário do Dr. José Joaquim Geminiano de Moraes Navarro – 29 de outubro de 1833 a 13 de fevereiro de 1835 -, esse governo demonstrou sensatez e liberdade de atitude ao priorizar o exercício da justiça e, ao mesmo tempo, deixava dúvidas de que fazia uma administração cativa ao império – pois, que tudo o que vinha acontecendo não foi disseminado por decreto imperial, e sim principiado por intrigas políticas isoladas dos seus antecessores. Tanto o foi que determinou em caráter "provisório" o retorno da sede para o seu lugar de origem até a ordem definitiva do império. O mesmo Navarro em outro ato transferiu o ensino do latim de Santo Amaro para Rosário.

Se o governo imperial tomou alguma atitude, por certo foi pejorativa para Santo Amaro, que outra vez se confrontava com a ameaça de extinção, pela Lei de 19 de fevereiro de 1835, que no seu artigo 7°

dava por extinta a vila, que passaria a depender de Maruim. Era então presidente o Dr. Manuel Ribeiro da Silva Lisboa. Apesar das benfeitorias atestadas no seu governo, na legislatura de 13 de fevereiro de 1835, findando em 1836, Silva Lisboa combateu com solidez de atitude o tráfico de escravos africanos na província, punindo com aspereza todos os que contrariavam as proibições. Para manter benquistas as suas ações, segundo Felisbello Freire, ele tentava abafar o movimento revolucionário que se agigantava em Santo Amaro[4], como consequência da carta por ele outorgada, ou como lembrou sabidamente o padre Aurélio Vasconcelos de Almeida, em pronunciamento mais que eloquente, publicado no livro do cel. Jacintho Ribeiro:

> Mas a cegueira recalcitrante de paixões obstinadas, não pesa a gravidade do erro administrativo (...) Destrua-se num instante, com a imprudência de um decreto mal pensado[5]

Cujo teor do decreto transcrevemos nas linhas abaixo:

> CARTA DE LEI De 19 de fevereiro de 1835. O Doutor Manoel Ribeiro da Silva Lisbôa, Presidente da Província: Faço saber a todos os seus habitantes que a Assembléia Legislativa Provincial decretou e eu sanciono a Lei seguinte: (...) Art°. 7°. – Fica aprovada a VILA DE SANTO AMARO DE MAROIM, com a extinção da de SANTO AMARO DAS BROTAS, conforme a resolução do presidente em conselho, na execução do código do processo criminal, seu termo conserva o território que atualmente tem, a excessão do que lhe é desanexado para o termo da nova vila de Capela, compreendendo mais o território que se lhe anexa do termo de Villa Nova de Santo Antônio do Rio São Francisco pela forma seguinte: principia do Rio Japaratuba-mirim (no lugar onde passa a estrada que segue para as ladeiras) seguindo por elas até o Rio Poxim, e por este abaixo até a barra do Goiaba, deste rumo direto a costa do mar salgado, no lugar denominado Barra de Santa Izabel (...)

Art°. 11°. – Ficam revogadas todas as leis e resoluções em contrário, mando portanto a todas as autoridades, a quem o conhecimento e execução pertença, que a cumpram e façam cumprir inteiramente como nela se contém, o secretário desta província a faça cumprir, publicar e correr. Palácio do Governo de Sergipe, 19 de fevereiro de 1.835, Décimo quarto da independência e do Império. (a) – Dr. Manoel Ribeiro da Silva Lisbôa"[6]

Em geral, a análise do padre Aurélio também se aplica ao Ato Adicional do dia 12 de agosto de 1834, quando em vigor, para o desconforto do povo, delegou mais poder e arbitrariedades exacerbadas aos senhores de terras.

A reação por parte dos "santamarenses" não poderia ser outra, senão o estereótipo de uma postura armada, uma vez que as reivindicações da câmara esbarravam na revelia do governo que as ignorava. A investida contra a vila de Maruim que aconteceu a 27 de julho do mesmo ano, sob a liderança de Antônio José da Silva Travassos, caracterizava-se por uma dualidade de fatores hipotéticos: o fato acessório e o fato principal.

O primeiro era a abordagem dirigida para a recuperação dos registros cartorários. De posse deles, a vila voltaria ao eixo da soberania; o segundo não era instrumento de medir força desnecessária contra o alto escalão político. Existia um desafio bem maior, como pleiteio à condição de sede da província. Mera hipótese, talvez.

Pois era de Santo Amaro que se adotavam importantes decisões, as rédeas do destino político de Sergipe, ali, tinham maior ressonância, daí o título de subcôrte, atribuído pelo Dr. Felisbello Freire; e de vila poderosa, como assinalou Sebrão Sobrinho numa de suas obras. Isso contrariava os estadistas que legislavam na capital, a ousadia de peitá-los era, no mínimo, inadmissível.

As Guardas Municipais de alguns municípios foram convocadas para conter a ação dos "santamarenses" que se achavam transitando pelas ruas de Maruim e forçá-los ao cumprimento da Lei que a extinguiu. A surpresa foi que esses batalhões, em lugar de combate-los, aliaram-se aos insatisfeitos.

Já não era possível negar a Maruim, que a esse turno estava em franco progresso, a realidade do desenvolvimento de Santo Amaro que há muito se fazia necessário, o que não tardou.

Bastaram seis meses e oito dias para que outros dois decretos ganhassem a sanção do executivo. Essa disposição de cautela com grande efeito objetivava abolir qualquer aceno de novas revoltas.

Determinado a resolver o problema e restituir a vila de Santo Amaro – ver descrição parcial da lei de 11 de agosto -, e por conseguinte, a formação institucional da vila de Maruim, por carta de 19 de agosto de 1835, e depois cidade, como se vê na Lei 374, de 5 de maio de 1854 [7].

> Carta de Lei de 11 de agosto de 1835 (...) Art. 1. – Fica restituída à categoria de vila a povoação de Santo Amaro das Brotas, com a sua antiga denominação, permanecendo nela a câmara municipal e seu arquivo: justiça e seus cartórios, com os processos que lhe competirem, na forma das leis em vigor[8]

Quanto à restituição de Santo Amaro à sua antiga condição de vila, foram estas as palavras do presidente:

> É para manter essa mesma paz, e prosperidade, que vou chamar-vos do sobressalto em que vos tem levado a turbulência, e sucessos de Santo Amaro ao sossego de vossos espíritos, e a confiança do governo. Com quanta simpatia vos sintais pela restituição ao povoado de Santo Amaro de sua antiga categoria, considerai, que à ela não deveis sacrificar à tranquilidade de vossa pátria, e

No processo revolucionário que acarretou o antes e o depois da independência, os brasileiros já se faziam insurretos. Veja os fatos resultantes da Guerra dos Mascates (1701/1711), ou a de 1817, ambas em Pernambuco. A esse último levante, 500 homens da força miliciana e mais 100 soldados da cavalaria de Santo Amaro foram convocados para lutar, onde dão reforço ao exército dos Realistas, e no engenho Guerra combateram as tropas rebeldes antirrealistas, sob o comando do marechal Joaquim de Melo Leite Cogominho Lacerda, que recebia ordem direta do conde dos Arcos.

O ímpeto de coragem que assinalou as revoltas em Santo Amaro era, senão outra coisa, o reflexo do inconformismo radical transformado nas tropelias convulsionadas por inúmeras repressões, no terreno já exaustivamente preparado pelos partidos nativista e lusitano. Um propagava a ideia de consolidação do movimento separatista e o outro tentava reafirmar a recolonização.

Daí a instabilidade política reinante no país. É desse cenário que assolou a subdivisão de outras extensões de conflitos. Em paralelo ao que ocorreu em Santo Amaro no ano de 1836, o Estado do Pará passava por dias difíceis, o novo presidente daquela província desdobrava-se a enfrentar a sublevação dos cabanos (1833/1835).

O Brasil vivia momentos de interminável intranquilidade, tantos acontecimentos dessa natureza arrancaram do regente as seguintes palavras:

às necessidades públicas; dai-lhe forças, com que possa fazer efetiva a vontade nacional. O vulcão da anarquia ameaça devorar o império: aplicai a tempo o remédio[10]

Fraude eleitoral reascende a contenda entre Rapinas e Camundongos

O transcorrer do ano da eleição, registrada em novembro de 1836, foi barulhento e conturbado pelo calor do conflito que tingiu de sangue aquela época e o que fez retumbar desastrosamente em todo território sergipano, deixando a população atônita com a violência das escaramuças entre os dois partidos que tinham como único objetivo a conquista do poder e o absolutismo. Para tanto, eram praticados os mais hediondos homicídios por mando e traiçoeiras vinganças.

Eram candidatos ao cargo de deputado provincial apoiados pelo governo: comendador Sebastião Gaspar de Almeida Bôtto e o monsenhor Antônio Fernandes da Silveira. Como é cediço, foi o monsenhor Silveira quem fundou, na Vila Constitucional da Estância, o periódico Recopilador Sergipano, o primeiro jornal a circular na província, cuja tiragem inaugural data de setembro de 1832.

Pelos Liberais concorreram ao pleito: o Dr. Manoel Joaquim Fernandes de Barros (alagoano, formado em Ciências Físicas pela Faculdade de Paris; em Medicina pela Universidade de Strasburgo e bacharel em Letras); e o Dr. Joaquim Marcelino de Brito (baiano, ex-conselheiro e presidente das províncias de Sergipe, em 16 de janeiro de 1831, e de Pernambuco, a partir de 4 de julho de 1844), tendo antes sido deputado por Ceará (1826-1829; Sergipe, 1830-1833), e pela Bahia (1845-1847). Eles contaram com o apoio e o prestígio do amigo e correligionário Antônio José da Silva Travassos, que juntos tomaram contundentemente a vitória dos extremistas da direita.

Candidatos a deputado geral
da província no pleito de 1836

Sebastião Gaspar de Almeida Bôtto
(Partido Conservador - rapina)

Mons. Antônio Fernandes da Silveira
(Partido Conservador - rapina)

Dr. Manoel Joaquim Fernandes de Barros
(Partido Liberal - camundongo)

Dr. Joaquim Marcelino de Brito
(Partido Liberal - camundongo)

Malcontente com o resultado insatisfatório na contagem dos votos, que o levou à derrota, o enraivecido Bôtto, vendo sua hegemonia ameaçada, tratou rapidamente de articular um plano que fatalmente viria a alterar todo o panorama da eleição, com o propósito de silenciar e ao mesmo tempo incitar o camundongo a amotinar-se, dito e feito. Numa atitude que lhe era inerente, tendo por cúmplice o capitão-mor Joaquim Martins Fontes (1798-1860), conseguiu, sem a menor lisura, deturpar a ata da eleição de Lagarto. Maior ainda foi o cinismo com que a apresentou aos escrutinadores. Nela continha uma numerosa relação de votantes, num cômputo calculado em 3.627 votos[1], correspondentes a uma área que todos bem sabiam não a chegava a 50 o número de eleitores.

Nessa época difícil, e não muito diferente da realidade atual, os partidos totalitaristas estimavam as particularidades de sua sigla ou pessoais, do que imprimir o trabalho a bem do direito e interesse populacional.

Os camundongos liberais, descobrem a maracutaia armada por Almeida Bôtto e seus asseclas, e intuitivamente refutam o ato através de representações exigindo do chefe do Estado providências à altura, porém, em vão. Àquela altura, qualquer negociação de paz era motivo de insulto, e, tal qual doença pestilenta, contagiava os camundongos. Agora não haveria outro caminho a seguir, a não ser o de revogar a eleição e destronar por meio da força o chefe prepotente, Bento de Mello Pereira, e em seu lugar dar assento ao 1º vice-presidente, o Dr. Manoel Joaquim Fernandes de Barros, apelidado por ele, Bento de Mello, de *"ídolo da revolta"*.

Prevendo o que estava para acontecer, Bento de Mello Pereira se precaveu de toda sorte, recorreu ao governo baiano valendo-se de toda prerrogativa a fim de obter o reforço da Guarda Nacional, e o fez enfático:

> Achando-se infelizmente de todo perturbado o sossego desta província por um partido de vertiginosos anarquistas, da vila de Santo Amaro, que a

<blockquote>
pretexto de anular as eleições a que aqui se procedeu (...) tem engrossado o número dos insurgidos (...) a tal ponto, que já atacaram com vantagem, ganhando terreno, às poucas forças da legalidade que prontamente fiz postar nas vilas do Catete, Maruim, e das Laranjeiras[2]
</blockquote>

O governo adotou verdadeiro posicionamento de guerrilha, não obstante recorreu a empréstimos avultados para financiar despesas com material bélico. Ainda fez convocar sob pretexto de oferecer uma subvenção de *"500 réis diários"* municípios de Rosário, Maruim, Capela, Itabaiana (enviou 60 homens), Lagarto (30 homens), Estância, Itabaianinha, Propriá, Neópolis (antiga Vila Nova Del Rei) e Santa Luzia[3]. As três últimas não atenderam ao recrutamento do presidente. Dentre tantas alegações, a que teve maior nota foi a fuga dos moradores, que, quando informados sobre a iminência da guerra, abandonaram seus lares indo refugiar-se em diferentes regiões.

Essa medida desesperada do governo visava ao confronto direto com Travassos e seus aliados e, sobretudo, afirmar-se no poder. Em Santo Amaro, os camundongos arregimentaram para o seu improvisado exército uma tropa que chegou a casa de mil homens[4].

A revolução de Santo Amaro que Travassos preferiu chamar de movimento popular não ficou alheia aos sergipanos, fez aparecer nos diversos pontos da província vários manifestantes. Em Capela, por exemplo, o influente padre Gratuliano José da Silva Porto[5] e João Batista Monteiro percorriam a vila convocando os militantes do partido liberal. Eles planejavam invadir a delegacia a fim de obter armas e munições para se juntarem ao grupo que estava em Santo Amaro, mas houve reação daquela milícia, que os obrigou a recuar. Para não cair nas mãos do inimigo, o padre Gratuliano migrou para Alagoas[6]. Já João Batista Monteiro não teve a mesma sorte.

Nomes como o do referido vigário Gratuliano e Antônio Carneiro de Menezes, de Laranjeiras, e de tantos outros que tomaram parte da causa principiada em Santo Amaro foram citados por Sales de Campos em seus apontamentos levantados sobre os fatos daqueles dias.

É importante notar ao leitor que o levante em Santo Amaro obrigou o poder central a recorrer ao apoio do governo da Bahia, de onde vieram *"100 praças de 1ª linha, inclusos quatro parques de artilharias com a competente munição e alguns artilheiros e caçadores"*, desenhando as linhas fronteiriças pelas quais avançavam a passos largos, vez que o movimento ganhava apreensiva repercussão nacional.

O ataque a Rosário
e o calvário do soldado Evaristo

Entre corajosos ataques e covardes debandadas, alternando-se essa ordem, assim como a que ocorreu com os homens da tropa chefiada pelo cel. João de Aguiar Caldeira Bôtto. Um grande contingente formado por infantaria, cavalaria e artilharia, fortemente aparelhado de armas vindo de Santo Amaro, ganhava o curso em direção à vila de Rosário do Catete. Com a proclamação dos juízes de paz, Antônio Luiz de Araújo Maciel e José do Vale Marafuz, que ao serem atacados por Almeida Bôtto em Rosário, pediu esse reforço de Santo Amaro, era 18 de novembro de 1836, seria a resposta ao ataque de Bôtto.

Dizem que, horas antes de efetuar o ataque à referida vila – local de refúgio do cel. Comandante em chefe dos legalistas, Sebastião Gaspar de Almeida Bôtto, então aos 34 anos de idade – dois soldados do exército de Travassos, movidos pela imprudência ou galhardia – esse último qualificativo era muito comum aos homens daquele tempo – separando-se do grupo estabelecido em campanha no antigo engenho Porteiras, atual fazenda ou antiga usina Caraíbas (desativada). Não se sabe se eles cumpriam ordens de montar sentinela ou exerciam o papel de batedores quando foram abordados de surpresa pelos homens da horda inimiga. Esse destacamento obedecia ao mando de Francisco de Barros de Almeida Bôtto, apelidado por *"Barros Cutilada"*, sobrinho de Sebastião Gaspar de Almeida Bôtto.

A escuridão da noite foi riscada por lampejos de disparos e gritos de alerta. Um deles de nome que a história não revelou, astutamente e por milagre, operou uma fuga alucinante no meio do mato, noite adentro, deixando para trás o seu companheiro de campanha, dado por nome de Evaristo. Sendo esse conduzido com os pés apeados em sua montaria a um local ermo nas proximidades da vila de Rosário do Catete, onde foi crucificado. Desconhece-se a razão por que esse episódio não teve referência nos escritos do comendador Travassos, todavia foi abordado enfaticamente por outros autores, que utilizaram as anotações do referido comendador como fonte primária.

Nesse episódio, assemelhado ao bisonho retrato de horror da pena de morte, faz-se repetir a mesma cena da qual Jesus Cristo foi acometido.

É bem verdade que, por conta de uma execução precedida de erro, descoberto após o enforcamento de um condenado acusado de homicídio, a pena de morte[1] no Brasil foi abolida em 20 de setembro de 1890, no limiar do regime republicano, 98 anos após o enforcamento de Joaquim José da Silva Xavier (1746-1792), o Tiradentes, o maior mártir da história do Brasil.

A Constituição de 1824 extinguiu penas como tortura, mutilação e a marca de ferro. A pena de morte era a garantia das influências dos poderosos proprietários rurais, assegurados pela maioria dos deputados. Era, porém, utilizada de forma a coibir qualquer atividade de sitiamento por parte da população que vivia em estado de miséria, ignorância e no mais completo analfabetismo. Ainda para manter intacta a segurança das classes dominantes e fazer prevalecer o regime escravocrata, foi criada a Guarda Nacional[2], que era instituída de cidadãos indicados pelos próprios latifundiários.

Nas primeiras horas da manhã do dia 20 de novembro, domingo, os camundongos assenhorearam-se de Rosário e neutralizaram qualquer esboçar de resistência. Informados da tomada da vila, abandonaram às pressas o lugar os senhores Sebastião Gaspar de Almeida Bôtto, comandante em chefe, e o seu irmão, Caldeira Bôtto. Esse último dirigiu-se ao presidente da província dando por carta o seguinte depoimento:

Ilmo. Exmo. Sr. – Já não será novo a V.Ex. que ontem pelas 7 oras da manhã foi a v[a]. do Rosário atacada pl. huma força de Santo Amaro estando meos soldados em forma. Com hum tiro de peça já na rua, pararão pondo-se a correr e pôde-se evadirem os meos oficiaes e comd[e]. em chefe ficando eu sacrificado ao furor de tão terrível partido, e pôsto q'. o açalto foi logo descoberto e rodeado dos cabessas e setenciador a morte sem apelo algum neste estado de baixo dem[or]. risco pude evadirme, e no m[mo]. risco ainda estou p[l]. q'. mepertendem asacinar e com esta entrada parte dos meos sod[os]. se reuniram pellas 3 oras datarde tornarão p[a]. S. Amaro fazendo os ditos faciosos ostilid[e]. nomeo q[l]. quebrando toda louça, rasgando am[a]. ropa na rua e amararão dois escravos mulatos meos eos condusiram poblicando serem vitimas, e com cstc excesso p[a]. am[a]. fuga me acho m[to]. abatido e temendo não apareça huma molestia mais grave o que tudo levo ao conhecim[to]. de V. Exma. En[go]. do Mato Groço 21 de 9b[ro]. 1836. Illmo. e Exmo. Sor. Pres[de]. Bento de Mello Per[a]. – João D'Ag[ar]. Cal[da]. Bôtto -[3]

Os despojos mortais do dito soldado, quando resgatado, perto do meio-dia, ostentava mais de 30 perfurações feitas por punhal. Presume-se que o soldado Evaristo tenha sido um escravo liberto e recrutado nos corpos de milícias.

Diante de tão desagradável crime, contida a cólera de vingança, e por respeito ao companheiro brutal e covardemente assassinado, Travassos e os seus acantonados retornaram para Santo Amaro a fim de sepultar o cadáver de Evaristo. De logo retomaram a marcha para São Cristóvão, de onde iriam como primeira providência executar o plano de deportar Bento de Mello Pereira[4].

Evaristo, crucificado e apunhalado por mais de 30 vezes próximo ao Engenho Porteiras, em Rosário do Catete

Esta gravura, assinada por Alberto Alcosa, executada a nanquim, é uma despretenciosa tentativa de retratar o fatídico episódio que resultou na crucificação e morte do soldado Evaristo num dos momentos extremos da Revolução de 1836. Bôtto aparece em primeiro plano. Apesar de estar envelhecido, ele tinha apenas 34 anos de idade na época.

A traição de Bento de Mello
e a invasão a Santo Amaro

De pronto, o governo de Sergipe foi atendido, e enquanto aguardava a chegada da Guarda Nacional, Bento de Mello Pereira envolveu os rebeldes na teia da mentira com o pretexto de se dispersarem das armas, prometendo atendê-los anulando o pleito de Lagarto.

Em Santo Amaro, a espera da decisão do governo foi alardeada com o ataque surpresa dos legalistas, reforçados pela tropa oriunda da Bahia, e na noite de 15 de dezembro de 1836, uma tropa militar de 600 homens, todos armados e comandados por Sebastião Gaspar de Almeida Bôtto, marchou contra a vila. Mas o ataque só se efetivou na manhã seguinte, 16.

Travassos, em seus apontamentos, esclarece que os moradores, quando souberam da investida inimiga, trataram rapidamente de abandonar suas casas, deixando a vila deserta:

> Os habitantes de Santo Amaro, que dormiam descansados no prometido na proclamação do Presidente, não estavam preparados para defenderem-se daquela agressão e tomaram o expediente de embarcarem-se em canoas e seguirem para as praias sem tempo de conduzirem nada de suas casas que deixaram fechadas[1]

Essa versão ganha força quando é confirmada pelo cônego Filadelfo de Oliveira (Registro de Fatos Históricos de Laranjeiras, ed. 1981), porém, essa hipótese é confrontada com a que o historiador Clodomir Silva apresenta em seu livro, salientando uma reação heroica dos habitantes, que, mesmo cercados, em menor número e desarmados, improvisaram uma defesa, que ainda reuniu cerca de 60 homens[2].

Mas foi inútil, logo havia sido superada pela retaliação rápida, poderosa e bem articulada da força governista. Aqui se percebe um conflito de alegações.

Com a vila sitiada, inicia-se, então, uma verdadeira caçada humana pelos engenhos. Todos os recônditos foram inspecionados. Os indivíduos que foram localizados sofreram repressão das mais diversas e até assassinatos, outros tiveram paradeiro ignorado e dados por mortos.

Os que não conseguiram debandar tiveram como sentença o fuzilamento em praça pública. Incapazes de se defender, foram arrastados e executados a sangue frio os cidadãos Daniel Canavieira, Manoel Alves Pereira e João Severo. Saques e depredações de toda ordem foram praticadas, de modo que nem a igreja matriz ficou isenta.

Travassos e Fernandes de Barros, temendo por suas vidas, também fugiram, indo refugiar-se em Penedo. De lá foi descoberta outra conspiração encabeçada por Travassos, que começava a ganhar adesão. A sua estadia não durou muito tempo em terras alagoanas. O governo sergipano conseguiu recambia-lo, e nesse termo foi processado e preso acusado por crime de sedição e incitação à desordem pública.

Prenderam também o vigário paroquial de Santo Amaro, Gonçalo Pereira Coelho, que, feito refém, foi manipulado como objeto para pressionar os insurgidos a entregarem as armas.

Debelada em seu terreno, a resistência, apesar de desprovido de contingente e armamentos, fez tombar, respondendo a fogo muitos da soldadesca inimiga, inclusive deixando sem vida um tenente da tropa do governo[3].

A vila permaneceu por vários dias abafada e mantida sob o domínio de uma guarnição comandada por João Soares da Soledade, codinome *"João Bolacha"*. Este, sentindo-se senhor da situação, em tom de ameaça, verbalizou suas repúdias ao santo, que ele mesmo julgava protetor dos moradores daquela vila, agora se encontrava sob sua mira.

João Bolacha, ao se descuidar da tropa, foi atacado e morto, no que se pode dizer, a pontapés e pauladas por vinte rapazes sublevados que se achavam escondidos num lugar chamado *"Alagoas Seca"*, ou lagoa seca, distante da sede aproximadamente uma légua.

O atentado de vingança praticado pelos intrépidos moços aconteceu sob o testemunho da imagem de Santo Amaro, que ele havia decepado com um tiro a mão destra. Segundo Clodomir Silva, a cena de brutalidade amedrontou os comandados de João Bolacha, que de súbito abandonaram o lugar pelos fundos do quartel, atual Colégio Estadual Esperidião Monteiro, sob pena de ter o mesmo destino.

Nosso contemporâneo José Felix Silva recorda que, quando jovem, o senhor Taciano José dos Santos, há muito falecido, e na época, homem já de idade bastante avançada, mostrou-lhe o local onde acreditava que os restos mortais de João Bolacha estão sepultados, a poucos metros defronte à igreja matriz.

Sabe-se que os vinte rapazes que atacaram João Bolacha foram os mesmos que arriscaram suas vidas confrontando os 400 soldados enviados para atacar a vila. Essa era a reposta do governo pelo assassinato de João Soares da Soledade, o João Bolacha.

Avisados dessa nova agressão, articularam um plano para emboscar a tropa inimiga que já estava a caminho. Desse confronto, saiu sem vida o escrivão do juiz de paz de Santo Amaro, Amphriso de Campos, e com baixas e escoriações de ambos os contendores[4]. Ainda segundo Clodomir Silva, o escrivão havia sido baleado e morto quando Bôtto, com sua horda de 600 praças, no primeiro enfrentamento invadiu Santo Amaro, o que não foi relatado por Travassos em seus apontamentos.

Os rumores que corriam na capital acerca do assassinato de Soledade ressoavam pelos quatro cantos de que um novo levante estava sendo iniciado em Santo Amaro. Como mote de evitar outros confrontos, é confiada ao padre José Antônio Gonçalves de Figueirêdo *(cidadão português, residente em Laranjeiras)*, a tarefa de representar as propostas que o governo, em seu aspecto, julgava de grande proveito para a parte interessada. Uma vez vitimados de uma traição e desconfiados, considerando que tais vantagens tinham como pano de fundo a tentativa de novamente os golpear pelas costas, precavidos, não se fizeram de rogados, rejeitando os argumentos expostos pelo referido padre.

Morte por linchamento

Depois de proferir blasfêmias e atirar no braço da imagem de Santo Amaro, João Bolacha foi linchado e morto em praça pública

Outro excelente trabalho de Alberto Alcosa, mais uma cena da Revolução. Vinte santanarenses lincharam até a morte o chefe da tropa de Bôtto, João Soares da Soledade.

Fracassadas as possibilidades de negociações do padre Antônio de Figueirêdo e fundamentando-se ao fato de que já os havia vencidos antes, quando no auge de sua força mais extrema, humilhá-los em tais circunstâncias seria o desfecho apropriado. Não foi bem o que aconteceu. Avisados em tempo, os "santamarenses", isto é, os 20 rapazes, valendo-se da coragem e sem nenhum receio do que ocorrera, quando atacados por uma força superior, emboscaram os 400 soldados que o governo expedira. Com a notícia sobre esse episódio, dada pela resistência dos corajosos "santamaristas" e pela recusa da negociação, entra mais uma vez em cena a Guarda Nacional. Era então, princípio de 1837. Até aí, as suspeitas de que Travassos articulava uma nova rebelião já era do conhecimento das autoridades.

O cônego Philadelpho de Oliveira, refletindo sobre o assunto, disse o seguinte: *"Assim, mais uma vez o arbítrio e a prepotência venceram a liberdade e o regime eleitoral"*[5].

Com a prisão de Travassos, as tensões tomavam de assalto a tranquilidade do novo presidente da província, o Dr. José Mariano de Albuquerque Cavalcante. Mantê-lo em cárcere por um tempo prolixo significava dizer que os rebeldes, já anistiados pela Lei estabelecida a 25 de fevereiro de 1837, não hesitariam em insurgir-se com o pretexto de libertá-lo. Essa afirmação fê-lo estremecer diante do perigo de novas agitações populares. Não desejava nódoa maior a que se achara na sua lacônica legislatura em Sergipe, como a oposição da câmara de São Cristóvão ao seu governo.

Quanto ao seu antecessor, competia ao império a demissão dos presidentes de províncias. Bento de Mello Pereira foi reconhecido como foco de tantos disparates administrativos, a ver pelas consequências desordeiras de suas atitudes arbitrárias, sendo tardiamente demitido.

Foram incontáveis as discussões que se levantaram em torno da eleição de 1836, que se arrastaram ano após outro, e só seria anulada três anos mais tarde, em 28 de agosto de 1839. Competia à gestão de presidente o Dr. José Joaquim Pacheco, passando, em seguida, no mesmo ano, para o coronel Wenceslau de Oliveira Belo. Nesse ano, fez-se realizar novo pleito eleitoral, de onde celebraram vitoriosos os mesmos candidatos outrora apoiados pelo governo: Sebastião Gaspar de Almeida Bôtto e o cônego Antônio Fernandes da Silveira, sendo empossados no dia 4 de maio de 1840.

Capela São Evaristo: marco da independência de Rosário do Catete-SE

Nada mais devendo aos rebeldes e abrandada a chama da revolta, seguiam-se os acontecimentos sem outros registros que ameaçassem, como se costumava dizer, *"a boa ordem pública"*. Ainda naquele ano, 1840, Bôtto seria acusado pelo assassinato do doutor Manoel Joaquim Fernandes de Barros, mas foi inocentado. Mais e mais, e com grande esperteza, fortalecia seu domínio na política, já sentindo os efeitos na ininterrupta permanência em que se achava na ascensão plena do poder.

Travassos, em seu papel competente às causas de ofício, admirado por sua coragem, chegou a ocupar por duas vezes a cadeira de deputado provincial, nas legislações de 1848 a 1849 e de 1856 a 1857. Entre outras considerações, é a ele creditado o trunfo maior da ação que empreendera para destituir Bento de Mello Pereira e provocar a nulidade do pleito de 1836 – esse movimento ficou conhecido pela denominação de *"Guerra de Santo Amaro"* -, cujo desfecho, mesmo não sendo imediato como se esperava, veio a acontecer nos últimos três anos da década dos anos 30 do século XIX: 1836-1839. Não fosse isso, Santo Amaro, que se impôs à tirania dos poderosos pela habilidade de seus filhos e pelo poder das armas, não teria notoriedade no contexto histórico político do Estado.

A guerra de Santo Amaro, no extremo do choque convulsado pela geografia de tantas mortes, teria durado entre três a quatro meses, provavelmente de novembro de 1836 até fevereiro de 1837.

O desejo de independência dos rosarenses aflorou em circunstancias adversas deflagradas em Sergipe. Esse se verificaria onde teve lugar a morte do soldado Evaristo, no povoado Cipó, em Rosário do Catete, onde foi construída uma pequena capela consagrada a São Evaristo.

Teoricamente, além de Maruim (1835), iriam se tornar vilas independentes de Santo Amaro das Brotas: Rosário do Catete (1836), Nossa Senhora do Socorro (1835), Japaratuba e Capela (1780) elevada à categoria de vila em 19 de fevereiro de 1835.

Artigos e crônicas publicados em jornais e revistas dão para alguns personagens posições inversas às suas reais posturas, como as dos juízes de paz Antônio Luiz de Araújo Maciel e José do Vale Marafuz, apontados como cúmplices do crime eleitoral praticado por Sebastião Gaspar de Almeida Bôtto. Outro equívoco encontrado refere-se ao soldado Evaristo. Alguns autores alegam que o incidente de sua morte teria se dado quando ele se retirou de Santo Amaro *"com um cesto de peixes"* para vendê-los em Rosário.

Na tabela a seguir, listamos as figuras que mais se destacaram entre as facções: Rapina e Camundongo.

LEGALISTAS

Sebastião Gaspar de Almeida Bôtto (comendador) Bento de Mello Pereira (barão de Cotinguiba) José da Trindade Prado (barão de Propriá)	Francisco Muniz Barreto (major) Antônio Fernandes da Silveira (monsenhor) Joaquim Martins Fontes (Capitão-mor)

REBELDES

Antônio José da Silva Travassos (comendador) Manuel Joaquim Fernandes De Barros (médico) Joaquim Marcelino de Brito Vicente Ferreira de Melo Francisco Muniz Teles Barreto Antônio Luiz de Araújo Maciel (coronel) Manuel Cardoso Gonçalo de Faro Rollemberg (barão de Japaratuba) Gratuliano José da Silva Porto (vigário) Maria Porciúncula de Souza (professora) José Lopes de Souza (professor e poeta) José Joaquim de Santana Cardoso (vigário)	José de Góis Torres (vigário) Gonçalo Pereira Coelho (vigário de Santo Amaro) Manuel de Almeida Rego (professor) José Fernandes César (juiz de paz) José Sutério (sacristão da igreja de Santo Amaro) Antônio Carneiro de Menezes João Batista Monteiro (advogado) Eugênio de Melo Rezende (alferes) Luiz de Souza Freire (capitão) José Zacarias da Silveira João Cesário de Campos, etc.

FONTES: Sergipe Provincial I (1820/1840), Maria Thetis Nunes;
A vida Patriarcal de Sergipe, Orlando Vieira Dantas;
Fragmentos de Histórias Municipais e outras Histórias, Sebrão Sobrinho

Caras pretas e caras brancas anunciam nova fase política em Santo Amaro

Era desta maneira que se denominavam os afeiçoados das siglas UDN (União Democrática Nacional), ou "cara preta", e o PSD (Partido Social Democrático) ou "cara branca". Era o suspiro derradeiro dos sinais deixados pelos rapinas e camundongos, como já vimos no capítulo anterior.

Nessa época, enredada por assombro e pressão psicológica, o proletariado de Santo Amaro não podia se abster, e em qualquer das opões, UDN ou PSD, estava imputado o medo, dificultando até diferenciar quem era realmente do bloco de esquerda. Juntamos alguns fragmentos, que apesar de muito afastado do que se pretende contar, destrinchar essa parte da história, com efeito de notarmos a ausência de grupos com postura oposicionista definida, e que mais tarde, supostamente assumiram tendências de direita e esquerda.

Parece adotar o acordo de cavalheiros, e alternam-se na administração pública, trazendo na chapa majoritária uma coalização já conhecida tradicionalmente nas urnas, formada por ambas as agremiações, prefeito apontado por uma e o vice por outra.

A UDN, dos caras pretas, reunia na época o que podíamos chamar de elite política local, vencendo quase todas as eleições que disputou, governando os rumos do município de 1955-1959, quando Helber Ribeiro foi eleito pelo Partido Social Progressista (PSP). Daí em diante, a UDN empreendeu uma sucessão de vitórias.

Os indivíduos remanescentes dos caras pretas e caras brancas ainda trazem na memória toda uma saga de insultos, agressões físicas, psíquica e moral de partidaristas, ou não, que fizeram história por suas características de propagar as ideias de suas siglas. Apesar de ter sido um período não muito distante, não nos possibilitou remontar um ambiente apropriado para ilustrar melhor os embaraços da época. Os dados aqui registrados foram coletados ouvindo pequeno número de testemunhas envolvidas naqueles eventos. No entanto, é uma história a ser escrita detalhadamente. Daí julgamos conveniente descrevê-la em rápido tratado, o que passamos a analisar as prováveis suposições.

Segundo o conceituado historiador Ibarê Dantas, o PSD era um dos partidos que exercia franca influência na legislação de âmbito nacional, alternando-se na liderança do executivo com o PTB.

Numa análise geral, em nenhum desses partidos, no que se refere ao município de Santo Amaro das Brotas, aureolava-se em suas consciências o sentido ideológico, comumente visto nos esquerdistas, tão confundidos pelo eleitor interiorano, respectivamente o desta parte de Sergipe.

O eleitorado de Santo Amaro durante muitos anos assumira caráter situacionista, contemplando com o controle administrativo aos militantes da UDN, visivelmente dominante. Por certo, segundo declarações anônimas, uma das mais acirradas disputas pela prefeitura de entre cara preta e cara branca ocorreu no ano de 1950. De um lado, Joaquim Maynart, representando a UDN, e do outro, o candidato do PSD, Valdemar Sobral. Conta-se a oralidade popular que, Joaquim Maynart triunfou com uma vitória apertada com uma margem de 11 votos de vantagem. Não foi possível confirmar a quantidade de votos obtidos pelo vencedor.

A oposição geralmente enfraquecida, raramente teve respaldo por aqui, e em papéis trocados, em contrário do que ocorria no quadro nacional e estadual, por assim dizer, a UDN tinha postura efetivamente oposicionista na era Vargas.

Teoricamente, os primeiros candidatos a disputar eleição para prefeito em Santo Amaro, foram Fausto Valdemar Dias Sobral e Joaquim de Menezes Maynart, porque antes os dirigentes municipais não eram eleitos pelo voto popular, e sim indicados pelo governo do Estado e chamados nessa época de Intendentes, até chegar ao que é hoje.

É possível que esse dado seja incerto, visto que Fausto Valdemar administrou o município entre 1947 a 1950. Nesse último ano houve eleição direta para prefeito.

A partir do início dos anos 1980, os candidatos de situação intensificaram sua força, buscando prestígio nos meios populares. João Marinho Filho, que antes havia sido vereador eleito pela antiga Arena (Aliança Renovadora Nacional), para o período legislativo de 1973-1977 e de 1977 a 1982, aparece forte na liderança. Ele foi aclamado pelo povo de "pai dos pobres", uma referência feita ao assistencialismo, marca de sua administração, e palmilhou uma marcha política intensa, que os seus adversários demorariam 18 anos para interrompê-la desde 1983, quando eleito, ao lado do vice, Júlio José de Azevedo Filho.

Renes Ferreira de Barros (PMDB), fazendo frente ao seu governo, sendo eleito no pleito de 1996, com 2.517 votos, contra 2.050 de José Ivaldo Costa (PFL), e 1.878 do candidato do PPB, Belmiro Araújo, apoiado por João Marinho Filho, interrompe temporariamente a jornada, vindo a governar o município de 1997 a 2000. A vitória da oposição em 1996 foi cogitada como marco histórico, comparado com a queda da Bastilha, no ápice da Revolução Francesa, em 1789. Muitos indivíduos celebraram a vitória de Renes Barros como a maior epopeia da história política do município. Uma espécie de recompensa por uma suposta evolução nos ânimos populares.

Uma ironia, porém, alinhou-os e, de rivais, passaram à condição de aliados para apoiar a candidatura de reeleição de Albano Franco (PSDB), para o governo, e Jackson Barreto, para o senado. O ato público ocorrido no dia 7 de setembro de 1998 pusera os dois, lado a lado na campanha pró Albano, uma cena nunca cogitada pelo eleitor mais ardoroso.

Em contrário, porém, em pouco tempo na administração do município, o vice-prefeito Antonescu Soares Passos volta-se contra ele, indo a público culpando-o de ter abandonado o programa de governo, considerando a atitude como descaso administrativo. E no pleito de 2000, fez-lhe oposição aliando-se ao pefelista José Ivaldo Costa.

Registre-se ainda que, foi na gestão Renes Barros, o impasse que fechou a porta da Maternidade Diva Ribeiro, perdurando até a sucessão seguinte, com João Marinho Filho, cujo quadro não se alterou até o término desse período administrativo.

Minoritários, ao longo de 21 anos (1983-2004), a oposição só conseguiu duas vitórias significativas. A primeira em 1996, dando causa ao candidato do PMDB, e com Ivaldo Costa, em 2004, que na verdade era candidato dissidente da coalização entre o PFL e o PPS de João Marinho Filho, compondo com isso o grupo de situação.

Em seu primeiro mandato, João Marinho sucedera a João Ferreira da Costa, que, ao passar-lhe a direção do município, prestou contas de sua administração. João Ferreira da Costa governou Santo Amaro provavelmente em dois momentos: 1967 a 1971, e de 1976 a 1982. Nesse último, governou ao lado do vice-prefeito Antônio Pereira da Silva.

No decurso de 28 de anos, 1976 até 2004, temas como educação, cultura, turismo, desporto, indústria jamais ganharam investimentos à altura do seu real papel, como instrumentos reformadores da sociedade. Ainda se praticava um regime de governo comedido, sem planejamento concreto, demonstrando uma atuação social mal disfarçada.

Lembrando o renomado pensador sergipano Tobias Barreto de Menezes, refletindo sobre a relação entre o povo e o poder público, teceu o seguinte pensamento:

> O cidadão é a forma social do homem, como o Estado é a forma social do povo. Onde o povo não é tudo, ele torna-se nada[1]

Essa análise sugere a elaboração de programa com abrangência política que priorize o conjunto de resultados pluralistas, de sorte, como se imagina, povo e governo, interagindo na constante busca da inclusão social menos utópica e mais dinâmica que esteja à altura da carência populacional.

Evolução administrativa
e os proventos partidários

Com o êxodo provocado pelo abandono definitivo, a antiga alfândega, localizada no Porto das Redes, foi transferida primeiro para Laranjeiras, depois, Barra dos Coqueiros; voltou para o Porto das Redes, logo em seguida para Barra dos Coqueiros outra vez, e finalmente para a nova cidade, Aracaju. Os moradores pareciam intuir que, se permanecessem naquele lugar, não alcançariam o progresso tão sonhado. O abandono acentuou em suas vidas profunda consternação em face da mudança da capital, razão de infindáveis embates.

Na sede, o espaço físico apresentava-se pequeno e tendia com o esperado crescimento demográfico, empurrava seu limite contra as cercas de exigentes proprietários de terras. O fato exigia providencias extremas de alargamento. Processo que demorou mais de dois séculos (262) anos, com resoluções apáticas, tímidas e insatisfatórias.

Eleito prefeito pela UDN em 1959, o cidadão Nelson Ferreira Lima, nascido em Santo Amaro, obreiro enérgico e de espírito aventuroso, visionário por excelência, trazia em sua ótica projeto de expansão territorial e implantação de indústria. Antes, porém, desafiou e foi desafiado, e no ronco de um trator, pôs a baixo os farpados limítrofes. Foi sem dúvida o mais empreendedor.

Helber José Ribeiro com atividade no PSP, através da Chesf, e do governo de Leandro Maciel, implantou a rede de energia elétrica no município, sendo inaugurada em 14 de setembro de 1958, conforme grafado na placa comemorativa, não há muito removida e recuperado o simplório monumento.

João Ferreira da Costa, ensaísta da educação, para firmá-la entre os munícipes, construiu módulos escolares tanto na zona rural como na sede do município. Das obras públicas realizadas em sua administração, citamos o Grupo Escolar Municipal Odilon de Souza Teles, que serve a comunidade do povoado Curral do Meio; o Grupo Escolar Municipal

Adélia do Prado Franco, que foi edificado defronte à igreja São Benedito, na Praça Fábio Madureira. Além de ter implantado o serviço de telefonia, inaugurado em dezembro de 1980, no governo de Augusto do Prado Franco, deu ainda a população uma agência do Banco do Estado de Sergipe (Banese), sendo entregue ao público no mês de agosto de 1982, com benção do padre Raimundo e presença do ex-prefeito Helber José Ribeiro, do ex-governador Augusto Franco e do governador na época, Djenal Queiroz.

Podemos enumerar que duas obras públicas, nos anos de 1950, foram vitais para manutenção da vida em sociedade. Ambas tiveram lugar na gestão do prefeito Joaquim Maynart (1951-1954), dotando o município com uma caixa d´água comunitária e um módulo de saúde, cuja gerência ficou por conta da Fundação Sesp.

Em outros casos, alguns prefeitos proporcionaram melhorias quase que sem efeito notório no contracheque dos servidores, e quando se tentou mobilizar a população a prestar concurso público, o resultado além de dúbio foi vexatório. Coube ao Judiciário não reconhecer e, em ultimato, exigiu-se a realização de outro concurso.

Morro do Cruzeiro e o surto epidêmico
do Cólera-morbo no século XIX

Cemitério centenário: guardado por um cruzeiro

Difícil supor que as paisagens na faixa de terra ocupada por Ayres da Rocha Peixoto ocultam histórias que passam por longe do que se concebe a imaginação. À primeira vista, o verde exuberante da nossa flora cumpre o fascinante papel de tonar vistosos os campos e avivar o horizonte sergipano. Mas não é só isso. Elas também disfarçam, em meio ao ambiente sossegado dos lugarejos distribuídos na zona rural, os mistérios que envolvem a crendice popular e o passado insuspeito de sua gente.

Uma das principais características do terreno por onde se estende o município de Santo Amaro das Brotas é a forte presença de protuberâncias apresentadas pelo solo. O fato se comprova por suas ruas que se deitam, alternadas sob o chão nu ou recobertas por paralelepípedos, no alto de uma colina. As trilhas que sobem os morros, abrindo passagens estreitas na mata cerrada, podem levar a lugares inusitados.

São mais intrigantes se observadas como proposta de desafio para desmistificar antigos preceitos.

Distante da sede municipal, no povoado Boticário, existe um cemitério abandonado, que repousa por mais de um século na grimpa do "Morro do Cruzeiro" – nome dado pelos moradores em alusão a uma grande cruz de madeira sustida sobre base de alvenaria. De íngreme acesso, chegar ao topo exige dos ináptos astúcia, habilidade e muito esforço. Dá para medir a dimensão dos sacrifícios enfrentados pelos aldeões ao transpor por um dos lados das encostas quase verticais do morro, quando nele eram sepultados os mortos, submetendo-se aos constantes sustos causados pela vertigem.

Foi através dos depoimentos do historiador rosarense Luiz Ferreira Gomes (Luizinho do Correio), que se possibilizou levantar o nome do personagem que, segundo ele, adotou o lugar. As informações dão conta de um cidadão de nome Manoel Marques, retirante de Alagadiço, município de Frei Paulo. Esse, para o povoado Boticário, suplementou e adaptou as tendências do seu lugar de origem aos costumes locais. Foi no cume desse morro que ele mandou erguer um cruzeiro com o objetivo de santificar a área onde jaziam parentes e amigos.

Ali ainda acompanhou inúmeros cortejos fúnebres, segundo atesta a senhora Roselena Santos, moradora do lugar, acrescentando que também tem um parente sepultado no morro do cruzeiro.

Entregue à própria sorte, o cemitério no morro do cruzeiro resiste ao avanço da vegetação rasteira, que toma conta do lugar e oculta o que ainda sobrou das sepulturas ali espalhadas.

Sua mística também traz à tona o surto de várias doenças infectocontagiosas como a varíola e a cólera, que trouxeram o medo, debilitando quase todos os sergipanos e elevando o registro obituário a uma escala histórica, nos meandros dos séculos XIX e XX.

Nessa época, muitos terrenos ermos e afastados das cidades, inclusive os morros, foram utilizados como cemitérios, ou em casos de varíola, conhecidos como lazareto. Valiam os esforços de todos para o sepultamento dos infectados, hipoteticamente, prevendo-se com essa medida controlar a proliferação da doença. Para tanto, os vestuários dos enfermos eram incinerados como todos os pertences, tamanha era a gravidade da patologia.

Em Santo Amaro, não está fora de cogitação que o lugar denominado popularmente como "Capote" tenha servido para esse fim, um cemitério ocupado pelos vitimados da cólera e/ou da varíola.

Pelo ido do século XIX (1855), a realidade do vibrião do cólera-morbo se abateu na província sergipana, vitimando muitas famílias. O barão de Maruim teve posição fundamental no desígnio de profissionais de saúde, a fim de oferecer assistência médica como via de amortizar aquele mal. Importantes também foram as providências adotadas por Antônio José da Silva Travassos, que, com os recursos de sua "algibeira", fundou um hospital em Santo Amaro. A varíola[1] foi outro terrível mal que também ceifou as vidas de centenas de pessoas no século XX.

Os pontos mais afetados pela cólera foram as cidades que ocupam a região do Vale do Cotinguiba, como Santo Amaro das Brotas, 275 vítimas; Capela, 1.000; Rosário do Catete, 925; Laranjeiras, 3.500[2].

Consta-se em relatório (transição de governo), datado de 31 de outubro de 1856, emitido pelo barão de Maruim ao Dr. Salvador Correia de Sá e Benevides, transcrito no livro Rosário do Catete, de autoria de Maria Lúcia Marques Cruz e Silva, sua tentativa precedida de resultados paliativos e os insucessos para frear o flagelo do cólera-morbo. No relato aparece o nome do Dr. João Ferreira de Britto Travassos, meio-irmão do comendador Antônio José da Silva Travassos, que não aceitou a tarefa de dar assistência aos enfermos de Rosário.

Outros médicos acrescem a relação dos convocados, como o médico maruinense, Dr. José Inácio de Barros Pimentel, que tratou dos doentes de Santo Amaro; Dr. Rozendo Constâncio de Souza Brito; Manuel Nunes Afonso de Brito. O barão segue a narrativa revelando que vários enfermeiros, assim bem como outros médicos que se achavam em atividade em Rosário, já haviam baixado à sepultura vítimas do vibrião colérico.

Na capital, o hospital Santa Casa de Caridade Santa Izabel, antiga construção do século XVII, estagnara os leitos. Providências de emergência teriam que ser tomadas para acudir a população e combater a proliferação da doença. Foi nesse cenário que Antônio José da Silva Travassos fundou e manteve funcionando um hospital em Santo Amaro provido de todo medicamento indicado para o tratamento da doença.

Foto: Edinaldo Santos (em 1994)

Antiga sede da Fundação Sesp, instalada na administração do prefeito Joaquim Maynart, em 1954. Foi reconstruído e ampliado no mandato de João Ferreira da Costa em 1968. Na gestão de Renes Ferreira Barros (1997-2000), foi sede da Secretaria Municipal de Saúde

Cólera: flagelo do século XIX

Ainda não tínhamos estudado intimamente a postura adotada pelas autoridades "santamarenses" contra os efeitos da epidemia do cólera-morbo nessa vila. Partindo da ótica do comendador Antônio José da Silva Travassos, foi a maior crise de saúde pública que a província já havia enfrentado, e do trabalho elaborado cuidadosamente pelo notável historiógrafo Amâncio Cardoso, no artigo que escreveu e que ganhou as páginas da Revista do Instituto Histórico e Geográfico de Sergipe, edição em que se comemorou os 90 anos de fundação da entidade, sob o número 33, período correspondente aos anos de 2000/2002. Descrevendo região por região, as que foram assoladas no roteiro do vibrião colérico, expondo a origem e de que forma irrompeu em Sergipe. É leitura obrigatória aos que vislumbram a historiografia deste Estado.

Do norte até o sul, pode-se ver nas anotações do preclaro historiador, como nos descritos por outros autores, os rastros de mortes que pareciam intermináveis. Na vila de Lagarto, segundo Adalberto Fonseca, autor do livro "História de Lagarto" e na página 49, diz que no ano de 1869 morreram ao todo 415 pessoas, entre 131 homens, 157 mulheres e 127 crianças. A lista obituária deslizava como marolas violentas, sacudidas pelo mar de pessoas doentes, desaguando com brutal violência sob as vistas assombradas do Dr. Frederico Augusto Xavier de Brito, que sem demora passava a relatar ao barão de Maruim, presidente da província, as medidas a serem adotadas para combater a doença.

Muitos profissionais de saúde, designados para o amparo das vítimas da cólera, pediram demissão de seus cargos, como se vê no caso do *"2° suplente da delegacia de Santo Amaro"*, porém, o chefe de polícia da província, Frederico Augusto Xavier de Brito, alegou não ter encontrado *"um motivo razoável para fundamento a demissão pedida"*[1], considerando que a referida solicitação era *"inconveniente"*, por entender que, naquela circunstância, era remotamente difícil recrutar um substituto ou quem o faça livremente em aceitar o cargo.

Na cadeia, onde os encarcerados se achavam confinados, e no hospital de Santo Amaro, ambas as instituições, entregues aos cuidados dos membros da estirpe dos Travassos, contavam com acompanhamento médico do Dr. João Ferreira de Britto Travassos; do professor e jurista João José do Monte, que se multiplicava oferecendo trabalho ambulatorial, dando assistência não só aos atingidos de Santo Amaro, como aos doentes de Japaratuba, onde ocupava o posto de delegado; Francisco da Silva Travassos, e tantos outros, compartilhavam entre os acometidos da doença gestos de compaixão e solidariedade. Todos, sem exceção, igualmente empenhados e voluntários aos zelosos serviços de enfermaria.

O mal, entretanto, aparentemente controlado, voltou a aninhar no leito de morte os assustados moradores da vila. A doença se propagava célere, as condições de higiene eram desfavoráveis e dificultavam o trabalho sanitário. Em outras localidades o caso exigia atitudes rigorosas e imediatas. Laranjeiras apresentou a situação mais alarmante. Haviam mortos insepultos, estendidos nas ruas, quintais e pelos engenhos. A maioria dos habitantes de vários lugares abandonou suas casas.

Na tipografia do comendador Travassos, que se localizava em Santo Amaro, passou-se a imprimir uma receita que ele trouxe do Pará[2], prescrita pelo médico João Florindo de Bulhões, devendo ser distribuída através das câmaras municipais para toda a população sergipana, contendo instruções para o tratamento da doença.

O subdelegado de polícia da vila de Santo Amaro das Brotas, José da Silva Travassos, não confundir com Antônio José da Silva Travassos, o genitor, onde o prenome não se registra. Quando a doença parecia ter sido controlada, pelos incansáveis benfeitores, agentes responsáveis pelo tratamento dos coléricos, a patologia que projetou sua sombra funesta sobre os povos, numa única manhã levou seis pessoas para o túmulo.

Na cadeia e no hospital de Santo Amaro, onde o subdelegado prestava serviços de enfermagem, a situação era desesperadora. A esse respeito, José da Silva Travassos esclarece sobre a retirada do acadêmico encarregado de socorrer a população, registrando a necessidade que se segue:

> Tendo se retirado d´esta villa, por ordem do Governo da Província o acadêmico José Ribeiro Sanches, que aqui estava encarregado de curar os doentes pobres, que foram afetados da epidemia reinante, a qual inda continua fazendo estragos n´esta villa, (...) até ao amanhecer hoje falecerão seis pessoas, e achão-se bastantes doentes, e no hospital, prisão, e varias casas; deliberei avista disto em quanto não são dadas outras ordens pelo governo da provincia[3]

Esse requerimento foi expedido no dia 20 de dezembro de 1855, que das mãos do Dr. Frederico Augusto Xavier de Brito, a 21 do mesmo mês, dá-lhe o destino que lhe é certo, requerendo:

> Junto, por copia, passo ás mãos de V.Excia o officio do delegado de Santo Amaro, a fim de que V.excia se digne providenciar, como melhor lhe approver, á cerca das medidas a tomar para o tratamento das pessoas acometidas ali do cholera, que parece haver recruscidado n´aquella villa n´estes últimos dias[4]

Em começo de 1855, o subdelegado de polícia de Santo Amaro, Antônio Ramos Maia (tudo parece indicar ter sido irmão do oficial da câmara Manoel Ramos Maia), alegando estar com a saúde abalada, solicitou ao Dr. Frederico Augusto Xavier de Brito, uma licença de dois meses, porque deveria ser submetido a tratamento de saúde, a ser realizado na província da Bahia. No documento não se atesta o seu estado clínico, o que nos parece uma medida evasiva. O comunicado foi recebido a 18 de janeiro do referido ano, sendo imediatamente endereçado ao barão de Maruim. O Dr. Frederico, porém, desfaz qualquer sinal de oposição ante o pedido, como o fez anteriormente no outro caso relacionado ao pedido de demissão. E, assim, dando seu apoio, recomenda:

<blockquote>
Cumpre-me ponderar á V. Excia., que não haverá inconveniente em conceder ao dito Maia a licença, (...) se o segundo supplente, (...) assumir a jurisdição da subdelegacia[5]
</blockquote>

Acreditamos que o tratamento tenha durado mais tempo do que o previsto, pois só no dia 8 de dezembro comunicou ao mesmo chefe de polícia da província, Frederico Augusto Xavier de Brito, e demonstrando entusiasmo declarou: *"Tenho a honra de participar á V.excia., que me acho no exercício de meu cargo, e prompto á cumprir as determinações de V.Excia"*[6]. Durante sua ausência, é provável que o capitão José da Silva Travassos, *"único com título"*, tenha ficado à frente da delegacia, continuando a exercer interinamente quando necessário.

Na cadeia de Santo Amaro, ainda vieram a falecer, a 22 de dezembro de 1855, vítimas da cólera, um dos bandidos mais temidos da província, Vicente Cardoso, *"condenado pelo jury de Divina Pastora a galés perpetuas"*, e outro detento de nome Manoel Ferreira. Segundo relatório do dia 25 do referido mês, o fluído da vida desse último indivíduo, não demoraria muito a se desligar, e a patologia logo o fez baixar ao sepulcro.

Em Maruim, a sorte parecia ter desamparado os seus habitantes. Os policiais que deveriam prestar socorro àquela população resolveram abandonar seus postos, temendo o espectro da morte, deixando o lugar sem a devida assistência, e por essa deserção foram demitidos. Por similar circunstância, também foi recolhido no *"quartel do corpo fixo"* da capital o recruta Feliciano Jozé Bittencourt, conduzido preso pelo primeiro suplente da delegacia de Santo Amaro, o qual notificado perante o presidente da província deveria aguardar por punição, a 4 de agosto de 1855.

O caos que se alastrou em Maruim foi denunciado pelos moradores às autoridades. O dedicado Dr. Frederico Augusto Xavier de Brito, optou por afastar os policiais desertores e convocar outros. Nesse interim, os enfermos de Laranjeiras, Rosário do Catete e Maruim eram acolhidos no hospital de Santo Amaro, onde eram tratados, como relatou o comendador Travassos.

No desafio em que o desespero subjugou a fé, a doença desolou muitas crianças, que perderam os pais e outros membros da família, deixando o governo com um sério dilema, sem saber exatamente o que fazer para ampará-las[7]. Grande número de pessoas fugidio de seus lares deixou em abandono os moribundos coléricos. A fome também era crescente e concorria aliada à disseminação da angústia.

Durante o surto da cólera, o ato de sepultar pessoas nas matas foi combatido por alguns vigários. Em 1876, foi aprovada a resolução número 1045, de 2 de maio, em que o governo da província se comprometia na destinação de 1:000$ (um conto de reis) para a continuação da obra do cemitério público de Santo Amaro.

Juruama causa reviravoltas em Santo Amaro

Assim como em São Cristóvão, desde os primeiros momentos de sua história, Santo Amaro das Brotas também parecia fadada às inconvenientes mudanças. A princípio, hipoteticamente, ficou convergida a sua instalação no lugar mais próximo ao estuário do rio Sergipe, no *"Porto das Redes"*, mas a intenção foi estorvada por Martins de Azevedo.

Santo Amaro está incorporada à zona canavieira do Cotinguiba, uma das mais férteis da província, fixada no ponto mais elevado da colina onde está situada.

Veio o século XIX e com ele o malgrado intento de José Pinto de Carvalho, querendo removê-la para o município de Maruim, cujas tentativas ocorreram nos seguintes períodos: 1825, 1828, 1833 e 1835. Nesse último ano o resultado foi favorável.

Quanto ao nome que intitula esta exposição, diziam tratar-se de uma "rapariga" – adequadamente classificada pelos dicionaristas como: "Mulher adolescente; mocinha; moça do campo", etc. interpretada em termo popular, essa expressão ganha a infeliz e vulgar conotação de "mulher mundana; meretriz" – pois ela, Juruama, segundo o que se comentava na época, e que ressoa até os dias atuais, segredava uma relação com o prefeito local. O que nada se comprovou.

O fato é que Alon de Matos Teles, então interventor municipal, estava determinado a mudar o histórico topônimo de Santo Amaro das Brotas para Juruama, nome que Sebrão Sobrinho, conceituado professor e incansável ativista da mídia impressa, a partir de vários artigos publicados em jornais, afirmava ser de uma índia do Amazonas, habitante do município do Juruá. Entretanto, não sabemos precisar a que tipo de grupo etnológico ela pertencia.

Essas mudanças: Santo Amaro das Brotas, Juruama, Santo Amaro, sucederam ensejadas, em sua maioria, não por razões meramente políticas ou capricho de terceiros. Posto que, sabiam que em outros Estados existiam, nessa época, vários municípios com denominação semelhante aos de Sergipe.

O governo do Estado, através do departamento de estatísticas, observando o problema baixou o Decreto-Lei N°. 377, do dia 31 de dezembro de 1943, que objetivava anular as duplicidades de topônimos, e Santo Amaro, que tinha à frente o interventor Alon de Matos Teles, passou a ser chamada de Juruama. Uma vez que tais levantamentos deram conta das seguintes localidades: Santo Amaro da Purificação (BA), Santo Amaro da Imperatriz (SC), Santo Amaro das Brotas (SE) e Santo Amaro do Maranhão (MA).

Evocando padroeiros com similaridades toponímicas, nesse caso, em tese, sobreviveria a denominação do município com mais tempo de existência. No que implicava aos demais a indesejável tarefa de escolher nova identificação, que de certo modo seria sentida numa indigesta ruptura na história, inanimando todo um segmento de tradições de há muito cultivada culturalmente.

Juruama gerou desconforto para os cidadãos "santamarenses", e o mais exaltado contra o ato foi o incansável cel. Jacintho Dias Ribeiro, que se esmerou obstinado para restituir a antiga denominação revogando a resolução do governo, e o resultado do seu feito perdura até o presente século.

Ele empenhou uma campanha difícil por ser solitária, desejoso de fazer quedar aquele decreto que relutou em não aceitar. Na investida inicial, entretanto, amargou sua primeira derrota, enfrentou o contratempo munindo-se de mais recursos. O tempo corria ligeiro até o momento em que o decreto entraria em definitivo vigor, para o quatriênio de 1944 a 1948.

Com essa possibilidade, fez assíduas visitas ao secretário do Conselho Nacional de Geografia, no Rio de Janeiro, que para o bom êxito de sua árdua missão, orientou-o a elaborar um memorial e a ele, por sugestão do próprio secretário, anexasse um recorte de jornal, cujo artigo era uma ofensiva contra o nome de Juruama, assinado por Sebrão Sobrinho.

O processo da mudança do topônimo correu inadiável, e a 1° de janeiro de 1944 Juruama era oficializado como a nova denominação do município, conforme registrado no Diário Oficial de Sergipe, publicado no dia 13 de janeiro. Lamentando o fato, o brioso coronel renitente desabafou inconsolável:

> Quedei-me desiludido e triste, não por mim, mas pela sorte de minha terra órfã, a quem pela primeira vez falhara a minha proteção ou defesa já tantas vezes eficientemente empenhada com devoção e ardor[1]

Contudo, isso proporcionou tempo suficiente para tornar a sua campanha ainda mais forte e persuasiva, que, aliás, dessa vez, estava reforçada por um manifesto assinado por várias lideranças do município, no dia 20 de fevereiro, sendo publicado pelo jornal Folha da Manhã, veiculado em Aracaju, a 5 de maio de 1944[2]. Era a vontade popular que se expressava através dos senhores Alon de Matos Teles – que cedeu à pressão, por estar se sentindo humilhado pela indicação do nome feita por ele mesmo. O padre Aurélio Vasconcelos de Almeida, padre Luiz Gonzaga Passos, o coronel Simião Bastos Sobral e Durval da Cunha Maynart também assinaram o documento em meio a tantos outros com igual repúdio a Juruama.

A angústia antes sentida apenas pelo denodado coronel pairava sobre as cabeças dos apáticos cidadãos como carregadas nuvens escuras, como se anunciasse rigoroso inverno. E o que se cultivou no período fértil não haveria de ser aproveitado durante a colheita, tudo se perderia. Era essa a impressão que a denominação de Juruama causava aos ex-santamarenses.

A custo de incontáveis protestos, o nome de Juruama finalmente foi a declive a 11 de agosto do mesmo ano. No Rio de Janeiro, na igreja dos Militares, Jacintho Ribeiro pediu para que fosse celebrada missa em ação de graças no dia 17 de dezembro, às 11h00. As pessoas presentes se encheram de regozijos pela memorável vitória, numa luta empreendida inicialmente por ele e compartilhada no correr do tempo por todos.

Jacintho Ribeiro concordava com a troca do topônimo desde que Juruama não fosse cogitado e, ante a impossibilidade de manter o de Santo Amaro das Brotas, ele sugeriu os seguintes nomes: Aporã, Tiraporã, Itiquira, Icatú, Pomonga, Cabuçú, Parnamarim, Miradouro, Miramar e Travassos[3].

Bairrista inquieto, Jacintho reprovava altivo que o lugar onde nasceu adotasse por denominação o que acreditava ser uma mulher sem referência alguma na história local – assim o desejava – e a conduta remetia aos ressábios de uma meretriz.

Jacintho Ribeiro percebeu que Juruama causaria grandes embaraços e, se fosse mantido, iria ferir como feriu o conceito da moralidade coletiva de uma comunidade religiosamente católica. Soube ainda, à boca miúda, que Alon de Matos Teles confidenciou a Sebrão Sobrinho que na juventude viveu uma aventura amorosa com Juruama.

Outros municípios que foram apontados à sujeição do respectivo decreto foram: Lagoa Vermelha, que adotou a denominação de Boquim, e Anápolis, que passou a se chamar Simão Dias. Ao todo, o decreto contemplava 20 municípios[4].

José Pereira Filgueiras
(capitão-mor)

Vila de Santo Amaro das Brotas, Comarca de Sergipe Del Rei. Ali, no ano de 1758, nasceu José Pereira Filgueiras, filho de um português chamado José Quesado Filgueiras. Ele, em companhia de seu pai, deixou a terra-berço em 1762, quando ainda era menino, aos quatro anos de idade. Com o passar dos anos, tornar-se-ia a lenda mais cultuada da história cearense. Foi capitão-mor naquela província, vindo depois a presidi-la como membro da junta provisória, assumindo o controle administrativo a 23 de janeiro de 1823. Portanto, sexagenário de 65 anos.

No contar de dois meses, a junta foi substituída por outra, sendo ele designado ao posto de comandante das armas.

O autor do livro "Figuras e Fatos do Meu Tempo", Joaquim Patrício, pseudo que assina a obra do Dr. Agenor Lopes Cançado, acrescenos a dúvida de sua origem: se sergipano, de Santo Amaro, como afirma o Dr. Manoel Armindo Cordeiro Guaraná, autor do "Dicionário Bibliográfico Sergipano", ou se baiano, tal como assinala Joaquim Patrício. Talvez supondo a cidade de Santo Amaro da Purificação como local de nascimento.

A história local nem sempre foi justa em suas memórias. Em alguns casos, vemos a indistinção com que é tratado esse ou aquele personagem, que em outras paragens, longe dos olhos dos cronistas de outrora, transformaram-se em grandes personalidades, cujo reflexo de seus atos abrange toda a nação.

De tudo o que foi apreciado neste trabalho, acreditamos que a história desse homem é o resultado mais valioso de nossos esforços: resgatar do inominável e distante recôncavo do passado a trajetória que o transformou em mito, e aqui o relatamos fragmentando sua passagem nos principais movimentos da história.

Foi no lugar conhecido como Cariri, sertão do Ceará, que se tem notícias contundentes de sua coragem. De onde ainda ressoa célebre a povoar na memória. Alguns tinham por ele verdadeira veneração, enquanto outros, o temiam ou odiavam mortalmente. No início, seu pai tornara-se proprietário de um engenho que construiu na vila de Sant'Anna, próxima de Barbalha. Ali, sua valentia ganhou proporções inimagináveis. Um episódio que ficou na memória dos habitantes daquele lugar se deu quando Filgueiras partiu para socorrer seu sobrinho, raptado por um grupo de cinco elementos. Três deles morreram em confronto com Filgueiras, enquanto os outros dois fugiram tamanha era a valentia dele[1].

Seu nome ficou tão conhecido pelos sertões tanto quanto o fora Virgulino Ferreira da Silva, o Lampião. A lenda que se criou em torno de seus feitos é por si só uma grande aventura, e formando dupla com outro intrépido personagem conhecido por Tristão Gonçalves de Alencar Araripe[2], participariam de várias escaramuças. Os dois se conheceram numa fase política de vários conflitos no Ceará, em 1817.

Quando se achava em marcha para a província de Piauí, a 29 de março de 1823, ao lado do seu companheiro Tristão Gonçalves de Alencar Araripe, durante a expedição, José Pereira Filgueiras foi nomeado, por carta imperial de 16 de abril desse mesmo ano "comandante em chefe". Aquela tropa fora enviada para combater a influência reacionária do major português João José da Cunha Fidié, que dominava os ânimos dos habitantes das províncias do Piauí e do Maranhão, durante o processo da independência do Brasil.

O major Fidié ainda articulou uma reação, mas foi subjugado pela tropa de José Pereira Filgueiras que comandava um contingente de 6 mil soldados. No dia 1º de agosto de 1823, Fidié decidiu se render.

Quando se anunciou a Confederação do Equador, puseram-se de pé, aderindo-se a ela, Filgueiras e Tristão Gonçalves, tendo esse último, com a renúncia do presidente da província, Pedro José da Costa Barros, assumindo a administração do Ceará. Depois, em 13 de outubro de 1824, entregou-a para José Félix de Azevedo e Sá.

Tristão Gonçalves teve um fim trágico, morreu em combate. Depois de vencido, amarraram seu corpo numa árvore, onde ficou abandonado e exposto à própria sorte. Era 31 de outubro de 1824. José Pereira Filgueiras, que nessa fase estava em diligência, ao ser informado do que aconteceu ao seu companheiro de tantas lutas, desvinculou-se da tropa e, dispensando-a, dirigiu-se para a Corte.

O destino, porém, só o permitiu chegar a Minas Gerais, numa localidade denominada São Romão, onde, acometido de malária, veio a falecer. Era princípio de 1825. Entretanto, existe outra versão de sua morte aconteceu por ter sido preso na respectiva vila de São Romão, e, prostrando-se combalido e indignado teria morrido por forte desgosto.

Hoje, seus nomes figuram como patronos de logradouros públicos no Ceará. São homenagens singelas se comparadas aos merecimentos de seus feitos. Os "santamarenses", por sua vez, não conhecem o seu legado.

Na obra "Figuras e Fatos do Meu Tempo", Joaquim Patrício delineou a possível genealogia do capitão José Pereira Filgueiras, que teve quatro irmãos, a saber: Clemência Pereira de Castro, Francisca Teodora da Conceição, Leocádia Pereira de Castro e Romão Pereira Filgueiras, filhos do casal José Quesado Filgueiras e Maria Pereira de Castro. Pereira Filgueiras casou-se com Maria de Castro Caldas no dia 25 de março de 1803, com quem gerou seu único filho Joaquim Alves Filgueiras.

Foto: Roberto

Nesta foto, fizeram pose na manhã de domingo, 18 de fevereiro de 2001, o espontâneo Adérico Filho (ator e auxiliar de enfermagem), Ellen Leslie (professora e poetisa), Carlos Guimarães (historiador), eu, Clóvis Bomfim, e o condutor José Francisco. Serve como pano de fundo a fachada do Museu Histórico de Sergipe, criado no governo de Luiz Garcia, através da Lei 988, do dia 21 de setembro de 1960. Outrora funcionava como sede do antigo Palácio Provincial. Ocasião em que localizamos a sepultura do comendador Sebastião Gaspar de Almeida Bôtto.

Sebastião Gaspar de Almeida Bôtto

Capitão do Poxim, o mais insinuante chefe político de Sergipe do século XIX

No entender do escritor Ricardo Teles Araújo, a disposição hereditária como elemento de análise para a compreensão dos valores humanos ascendentes, só é possível a partir do estudo do conjunto genealógico que ramificada à composição biográfica, converte-se em poderoso subsídio, que, no seu próprio dizer, ajuda a esclarecer *"de onde viemos, o que somos e para onde vamos"*, em reiteração ao pensamento laborioso do professor Francisco Dória em compêndio que titulou *"Os herdeiros do Poder"*[1].

Aqui não se pretende focalizar como regra geral a transição de poder arbitrado aos antepassados do comendador Sebastião Gaspar de Almeida Bôtto. Lembrando Tobias Monteiro, é ele o que se pode dizer de uma "personalidade complexa", acentuada no mesmo paradigma em que se acham a *"Rainha Carlota Joaquina, padre Antônio Feijó, Floriano Peixoto"*[2], e, principalmente, o sintoma de corrupção e crimes políticos praticados por seu avô, numa fase da história em que o desrespeito à lei era algo muito comum.

Os infratores tinham o bafejo de influentes *"autoridades"* e, com raro efeito, esta, a lei, se fez cumprir num fato histórico, quando prenderam pela autoria de vários estelionatos de certidões o *"Escrivam do Cartório da Vila de Santo Amaro das Brotas, o Capitam Sebastiam Gaspar de Almeida Boto"* (sic), ocorrida, provavelmente, no ano de 1761. Avô da personalidade em estudo.

Foto: Roberto

Igreja Matriz Nossa Senhora da Vitória, onde se encontra sepultado o comendador Bôtto

Ele ainda contava com a proteção do ouvidor Miguel de Ayres Lobo de Carvalho. Tudo se deu durante o governo do capitão-mor Joaquim Antônio Pereira da Serra Correia Monteiro, cuja administração findou em 1765[3].

O velho reino concedeu ao comendador Bôtto, centro deste temário, lugar de privilégio no confortável seio da nobreza, da qual sua mãe, Ana Jerônima da Silveira, que se casara com o cel. João de Aguiar Bôtto, filho único do capitão de Ordenança da vila de Santo Amaro das Brotas, Sebastião Gaspar de Almeida Bôtto e de Cirília Maria Eufrásia de Almeida Bôtto, filha de Manoel Rolemberg e de Clara Maria de Lima.

Ana Jerônima da Silveira nasceu em Estância. Eram seus pais Antônio Rodrigues Vieira e Ana Josefa da Silveira. Ela se fazia ascendente da tradicional família dos Távora, de Portugal.

O comendador Bôtto nasceu a partir dessa relação, em 17 de setembro de 1802, em Capela, vindo depois a residir na antiga localidade denominada engenho Maruim de cima, onde foi criado. A área na época, como disse o Dr. Manoel Armindo Cordeiro Guaraná, em seu excelente Dicionário Bio-Bliográfico Sergipano, *"pertencente à vila de Santo Amaro das Brotas"*. Dr. Guaraná defende que Bôtto é natural de Santo Amaro das Brotas.

Depois de receber as luzes da instrução primária, Bôtto mudou-se para Salvador (BA), ficando hospedado em casa do seu tio o Marechal José Inácio Acciáivoli de Vasconcelos Brandão, para continuar os estudos secundários.

Em 29 de novembro de 1828, com 26 anos, instituiu núpcias com a senhora Maria Acciáivoli de Almeida Bôtto. Residiu com ela em Rosário do Catete, onde exerceu a função de juiz de paz. Sua esposa era muito rica e irmã do coronel José de Barros Pimentel, da qual ficou viúvo. A morte dela foi muito sentida nos versos elegíacos do poeta Pedro de Calasans. São seus versos:

> Aquela que do esposo a existência com seus afagos adoçava na terra / aquela / cuja alma benfazeja era o asilo de virtudes raras. A parca ímpia levantando ousada seu negro braço, despediu sedenta o seu golpe fatal, crestou-lhe a vida![4]

Sebastião Gaspar de Almeida Bôtto faleceu aos 82 anos, em São Cristóvão, em seu engenho Poxim, a 31 de maio de 1884. Seus restos mortais encontram-se sepultos na igreja matriz Nossa Senhora da Vitória da referida cidade.

Bôtto casou ainda mais duas vezes, com as viúvas Rosa Benta de Araújo e depois com Ana Dias de Araújo e Melo. Elas eram filhas do abastado coronel Domingos Dias Coelho e Melo, o barão de Itaporanga.

A relação que manteve com o sistema militar foi bastante profícua. E o interesse pela política começou a partir de 1821, ainda moço, contando apenas 19 anos. Naquele ano, Almeida Bôtto já se fazia tenente da 4ª. Companhia do Regimento de Cavalaria de 2ª Linha de Santo Amaro[5], que obedecia às ordens do coronel José Rodrigues Dantas e Melo[6], antigo morador do engenho Lombada. Esse era nascido em 1790, e faleceu aos 62 anos, no dia 1 de agosto de 1852. Está sepultado junto com a filha a senhora Rosa Benta Dantas e Melo (1815-1840), na igreja matriz de Santo Amaro.

Bôtto foi comandante de uma companhia de guardas milicianas durante a crise política que se abateu no Brasil por conta da Guerra da Independência. Tal feito grandemente realçou o brilho do seu prestígio, despertando a admiração e o respeito de ninguém menos que o general francês Pedro Labatut (1778-1849), herói de Pirajá, responsável pelo exército libertador. Labatut foi preso e encaminhado à Corte para responder a processos de caráter militar.

Bôtto foi promovido a capitão por despacho do dia 25 de fevereiro de 1828, e no dia seguinte passou a tenente-coronel. A 7 de março, com 21 anos de idade, foi homologada para receber a insígnia de coronel do mesmo regimento, mas foi negado pelo imperador. Toda essa facilidade se deu sob o protecionismo de seu primo e cunhado José de Barros Pimentel.

A ascensão de Bôtto veio por decreto próprio e o levava a ocupar cargos cada mais importantes na administração pública do Estado. Na medida em que cresciam em paralelo os interesses às questões dessa ordem, que se prolongou por mais de 40 anos. Tomou parte do Conselho Geral da Província até o ano de 1834, quando foi extinto. Seu ingresso nesse conselho concorreu para a falsificação de sua certidão de nascimento, em que se fez passar por um de seus irmãos que havia falecido em 1799.

Desse conselho também tomaram assentos os senhores Joaquim Martins Fontes, o vigário de Santo Amaro Gonçalo Pereira Coelho e João de Aguiar Caldeira Bôtto, dentre outros. Bôtto elegeu-se deputado para Assembleia Provincial Legislativa, ininterruptamente, 1842. Também representou o Estado de Sergipe nas seguintes legislaturas: 1838, 1841, 1844, na Câmara dos Deputados, onde, por diversas vezes, se fez ouvir na tribuna e citado no meio político como grande possuidor do dom da oratória. Essa observação foi feita pelo senador Teófilo Benedito Otoni (1807-1869), que se notabilizou na vida pública pela eloquência de retórica.

De impecável influência, Bôtto sempre perseverou no alto escalão do poder nos dois períodos da Regência, tomando o assento por quatro ocasiões no cargo de vice-presidente da província, em que se teve registro nos anos de 1835, 1836, 1838 e 1839. Sua nomeação efetiva para o cargo de presidente aconteceu através da carta imperial, datada de 16 de novembro de 1841. Com 40 anos de idade, ele assumiu pela quinta vez as rédeas do governo, no dia 19 de dezembro do mesmo ano, salientando-se até o dia 28 de dezembro de 1842, ano em que chegou ao fim a segunda fase da Regência (1836-1842). Tempo considerado demasiadamente curto para os acertos da pasta administrativa. Mas, segundo o Dr. Armindo Guaraná, era suficiente para fazer impulsionar a arrecadação de impostos e

Fotografia da lápide da sepultura de Bôtto, onde lê-se: "Aqui ficão os restos mortaes do Comendador Sebastião Gaspar de Almeida Bôtto, nascido a 17 de setembro de 1802, falecido a 31 de maio de 1884. Colaborou para a Independência da Pátria. Foi Deputado Geral da Província"

abrandar o colapso da dívida pública. Não foi bem o que aconteceu. A província sergipana estava enterrada na mais evidente bancarrota, e as opiniões sobre sua administração estavam divididas.

As vilas de Divina Pastora, Maruim, Itabaianinha, Propriá e a cidade de São Cristóvão estavam a favor de que ele continuasse no governo, mas enfrentavam resistências das autoridades de Nossa Senhora da Piedade do Lagarto, Nossa Senhora da Conceição do Porto da Folha, Santa Luzia e Itabaiana[7]. Nesse mesmo ano, 1842, Bôtto demitiu o major Antônio Martins Fontes do cargo vitalício do corpo da polícia da vila de Nossa Senhora do Socorro da Cotinguiba[8].

Em 1840, o Dr. Manoel Joaquim Fernandes de Barros, declarado desafeto político e eminente liderança do partido liberal, foi assassinado no dia 2 de outubro, num local denominado "Ladeira do Cemitério", próximo da propriedade do desembargador Joaquim José Pinheiro de Vasconcelos[9].

O crime ocorreu às 7h53 da manhã no Estado da Bahia. Tal fato levou a extremo a acepção pública quando apontaram Bôtto como legítimo suspeito. Nos tribunais da Bahia, mesmo sob contundentes protestos de acusação imputada pelos adversários, a altivez da sua conduta permaneceu inabalável, dissolvendo a nódoa da culpa que ora lhe era creditada, de ser, senão o autor ou mandante. Ao final, foi absolvido. A dúvida fez com que o julgador recorresse ao veredicto da absolvição e a aplicasse em conformidade com a seguinte observação: *"É preferível absolver um culpado do que condenar um inocente"* (Nocentem absolvere satius est quam innocentem condemnare). Grifo nosso.

Contudo, os militantes do partido conservador suscitaram a hipótese de que o ato criminoso em torno do assassinato do Dr. Fernandes de Barros, a julgar pela infeliz coincidência, em face de acirrada conjuntura política, tratava-se de uma trama articulada pela oposição. Os adversários de Bôtto prevaleceram-se do fatídico episódio para mover-lhe o asqueroso golpe, do qual ele dificilmente se desvencilharia ileso, sem expor seu nome ao constrangimento nos autos processuais sem ser depreciado em todos os segmentos da sociedade.

O caso foi apurado pelo promotor público Domingos José Gonçalves Ponce de Leão, requerido pela viúva Maria S. José de Barros, que antes havia sido consorciada com José de Barros Pimentel, o que só fez aumentar a cisma do comendador Bôtto por Fernandes de Barros. O leitor deve lembrar o laço de parentesco, mencionado anteriormente, entre Sebastião Gaspar de Almeida Bôtto e José de Barros Pimentel.

Num todo, a história não foi tão somente de regurgito maledicente. Fora, de fato, um incansável serventuário da pátria. Sebastião Gaspar de Almeida Bôtto foi agraciado com a comenda imperial da Ordem de Cristo por Decreto de 18 de maio de 1841. Mais tarde, 1863, ano em que deixou a militância política, manifesto assinado em seu engenho Lombada, em Santo Amaro. A declaração que escreveu de próprio punho no referido engenho, quando anunciou o seu afastamento da política, foi publicada pelo jornal Correio Sergipense[10]. Antes de passar o governo para Antônio Dias Coelho, barão de Estância, havia liderado em 1841 o partido liberal, após a morte do Dr. Fernandes de Barros.

O Dr. Armindo Guaraná, referindo-se ao comendador Bôtto, aludindo-se à memória das mais reluzentes personalidades da história de Sergipe – o que se tornou com méritos em fonte indispensável de consultas para os pesquisadores. Dedicando eloquentes elogios e reconhecimento, com palavras lapidares, tributando-lhe o trono real como se fosse a própria figura do imperador, a exaltar suas qualidades de respeitável chefe político dos corcundas, e de notável tribuno que o fora. Como forma de fazer justiça de quão imensurável foi sua contribuição para o aprimoramento da vida pública de Sergipe.

José da Trindade Prado
(Barão de Propriá)

O decreto do dia 14 de março de 1860 fez barão um indivíduo de 56 anos, que outrora por sua condição financeira, autoridade de comando militar e uma bravura soberba que extravasava a idade ainda imatura, fez-se austero voluntariando-se aos primeiros sergipanos no Exército Brasileiro na Guerra da Independência, aos 18 anos. O sergipano José da Trindade Prado, que ora nos ocupamos a tratar, ao tomar conhecimento da abdicação de Dom Pedro I, a 7 de abril de 1831, não deteve a insatisfação, solicitando licença da atividade militar e foi muito cedo reformado, aos 35 anos, exercendo a função de major, através do decreto do dia 2 de dezembro de 1839. Recebeu por ordem imperial o título de barão[1] de Propriá, o quinto mais importante na escala nobiliárquica.

Ele nasceu em Santo Amaro das Brotas, em 1804, e tinha por batismo o nome de José da Trindade Prado, que herdara do pai o capitão-mor José da Trindade Pimentel, semelhante propensão à carreira militar. Sua mãe se chamava Mariana Francisca de Menezes[2]. Pertence pelo lado paterno à estirpe de tradicional família sergipana, a do ex-governador Albano do Prado Pimentel Franco. José da Trindade Pimentel era, provavelmente, filho de Albano do Prado Pimentel, nascido em 1736, e casado com Joana Maria de Deus.

Em ordem cronológica, o nome de José da Trindade Prado lista a terceira posição no conjunto do Baronato Sergipano, figurando no mesmo ano, junto ao barão de Itaporanga, Domingos Dias Coelho e Melo (1785-1874), também da mesma linhagem, e Gonçalo de Faro Rolemberg, barão de Japaratuba. Como ele, muitos outros são remanescentes do império aristocrático, percebidos no primeiro e no segundo ciclos da regência, comumente distinguidos pelos elevados cargos oligárquicos ocupados em diversos segmentos político, militar, econômico.

O zelo com que sempre se propusera à manutenção da segurança pátria, fê-lo marchar em diversas missões chefiando os comandados do general Pedro Labatut. Numa dessas ocasiões, 2 de julho de 1823, unificaram as forças José da Trindade Prado pelo Exército Pacificador ou Libertador – como queiram – e Maria Quitéria de Jesus (1792-1853), pelo Batalhão dos Periquitos. Esse detalhe escapou à observação de alguns autores. Ela figurou na história como um dos maiores nomes na guerra pela emancipação dos laços de Portugal. Aliados ambos os personagens, expulsaram com suas tropas as forças lusas do coronel Inácio Luís Madeira de Melo, que a esse tempo resistia à Proclamação da Independência do Brasil, mantendo a Bahia sob forte sitiamento. O país se deparava com uma indissolúvel crise política que abastecia a insatisfação dos nacionalistas e dos lusitanos.

Entre outras campanhas em que prestou continência, citamos a Guerra da Cisplatina, que resultou em vários conflitos deflagrados entre Brasil e Argentina, decorridos entre os anos de 1825 e 1828. Como capitão "voluntário" (1825 a 15 de fevereiro de 1827), ficou à frente da 6ª Companhia do Exército do general Lecor. As lutas acarretaram seguidas derrotas para as tropas brasileiras enviadas pelo imperador Dom Pedro I. Desejoso e ainda defensor declarado do interesse de Portugal em expandir seus domínios, assim demonstrou ao ordenar a tomada da Cisplatina.

A fim de impedir o acesso dos soldados expedidos pelo governo de Buenos Aires a Montevidéu, trajeto que só poderia ser feito através do leito do rio da Prata. Ambas as nações instigavam interesses de assumir não só o controle de navegação como arrematar todo o comércio da bacia da Platina.

Enquanto o Brasil tentava mantê-la como província, a Argentina lutava pela recuperação do controle político. O impasse só durou até a intervenção diplomática da Inglaterra, a quem coube o desígnio de "convencer" os dois países a reconhecerem a independência do Uruguai. Esse território quando tornou-se livre da Espanha em 1816 foi anexado ao Brasil em 1821 onde recebeu a denominação Província Cisplatina. Dando a conclusão desse episódio, o capitão José da Trindade Prado serviu com ardor à causa do seu país, sem o menor sinal de chauvinismo, sintoma muito notado naqueles dias.

Com o próprio dinheiro, deu sustentabilidade no suprimento de combustível, montaria, armas e munições para sua unidade de comando. Por seu empenho, recebeu de Pedro Labatut a patente de capitão, cargo que ocupou na 3ª Companhia do Exército Pacificador. Seus inúmeros serviços foram reconhecidos quando retornou coroado de vitórias ao seio da pátria sergipana. Recebeu, além da patente de coronel, as seguintes condecorações: comendador da Ordem da Rosa, cavaleiro da Imperial Ordem do Cruzeiro e comendador da Ordem de Cristo.

Em Capela, comandou uma tropa armada contra os camundongos sediosos na vila de Santo Amaro (seu torrão natal), na revolução *"santamarista"* de 1836, serviu ao governo de Bento de Melo Pereira, emprestando dinheiro para subsidiar o recrutamento de soldados, armamentos e outros tantos gêneros.

Na política, ocupou por um largo espaço de tempo a vice-presidência da província, e no governo interino, repassou a administração sem nunca ter se afastado. Primeiro, para o barão de Maruim, em 25 de setembro de 1855; em seguida, para o Dr. João Dabney de Avellar Brotero, em 5 de agosto de 1857; ao Dr. Evaristo Ferreira da Veiga, em 27 de novembro de 1869; e por último, para o Dr. Luiz Alves de Azevedo Macedo, a 17 de fevereiro de 1872[3].

Não fora um político que possuísse grande envergadura, mas era dono de um caráter incorruptível. Representou seu partido na Assembleia Provincial por sete biênios, fase em que presidiu em inúmeras ocasiões os exercícios de plenário. Acumulou por isso outras menções, como a de comandante superior em vários municípios.

Foi *"membro da diretoria imperial do Instituto Sergipano de Agricultura e sócio benemérito do Gabinete Literário"*. Engendrou na imprensa como introdutor tipográfico, em 1841, responsável pela impressão de jornais como 'O Triumpho' (sic), 'Guarany' e 'O Telegrapho'[4].

Faleceu com 71 anos de idade em sua propriedade engenho Várzea Grande, hoje denominado Usina Santa Clara, no dia 5 de julho de 1875. Está sepultado no cemitério Nossa Senhora da Trindade, que ele mesmo construiu na cidade de Capela (SE), localizado na praça Mauricéia, provavelmente junto à sua esposa, a baronesa de Propriá. Conforme descrito na lápide, a baronesa nasceu no Rio de Janeiro, no dia 7 de dezembro de 1814. Casou-se com o barão a 20 de agosto de 1831, e faleceu muito jovem, aos 46 anos de idade, no dia 7 de fevereiro de 1860.

Em 1861, José da Trindade Prado pleiteou com 360 votos uma cadeira no Senado, perdendo a vaga para o barão de Maruim, seu primo, por 380 votos. Além do candidato escolhido pelo imperador, a vaga foi também disputada por Alexandre Pinto Lobão, que angariou 340 votos[5]. Segundo a célebre historiógrafa Lilia Moritz Schwares, um dos maiores nomes a estudar a vida do imperador Dom Pedro II, diz em sua obra que, na época, para concorrer ao senado, o indivíduo deveria ter idade mínima de 40 anos e possuir uma renda de 800 mil réis por ano. Esporádicos eram os casos das pessoas que permaneciam por mais de 30 anos no cargo.

Em relatório expedido ao Dr. Evaristo Ferreira da Veiga, que o sucedera na administração pública, o barão de Propriá, apontou os problemas vigentes no país, quando se achava em guerra com o Paraguai, e as questões internas que desafiavam seu governo. No conflito contra a República paraguaia, o barão de Propriá chegou a expedir uma força militar de 2.637 soldados, que estava sendo esperada por outra tropa. Com a chegada desse contingente, elevou-se para 2.681 sergipanos que derramaram seu sangue pela pátria.

Para atender a essa convocação, José da Trindade Prado não omitira para o sucessor os sacrifícios. A província, durante sua gestão, não passou imune ao flagelo do cólera-morbo, inanimando vidas e debilitando *"o elemento servil"*, principal agente da indústria agrícola que era a *"única fonte de receita"*. Os escravos já livres pelos movimentos abolicionistas rareavam nos campos, cada vez mais se encaixando aos moldes de liberdade. *"D'ahi a lenta e incompleta substituição dos braços escravos pelos braços livres"*[6].

Foto: Sílvio Rocha

Resquícios da Usina Santa Clara, no passado Engenho Várzea Grande, antiga propriedade do barão de Propriá. Localiza-se a poucos quilômetros da sede do município de Capela (SE)

Antônio José da Silva Travassos:
rebelde conciliador

De agricultor em Japaratuba ao comando de uma revolução em Santo Amaro

Como (seria possível) conciliar os dois modelos de comportamento amplamente contraditórios do homem, enquanto cidadão, senão pela analogia sedimentar, onde começa um e termina o outro. No primeiro caso, pode ser tomado como parte do que preceitua a psicologia como o bom rebelde, podendo ser descrita como pessoa iluminada, envolvida ao extremo quando do direito coletivo é imolado, e suas ações, por vezes, se chocam com determinados regimes de repressão.

O segundo pode-se dizer a partir de sua percepção visionária, não muito diferente do primeiro, quando se pretende apaziguar os conflitos entre facções que brigam pelas mesmas coisas, ignorando o usufruto igualitário dos mesmos benefícios sem que haja contendas.

Creio que Travassos empreendeu isso quando instalou em Santo Amaro a sede do jornal "Conciliador", um instrumento que usou para divulgar o programa do governo imperial que objetivava mostrar:

A necessidade de acabar com o partido e influências nocivas à Província, a fim de cuidar-se dos melhoramentos materiais que ela tanto precisava[1]

Porém, mal compreendidos, alguns indivíduos se sentiram incomodados com essa ideia. Num de seus livros, Sebrão Sobrinho diz que Travassos tinha pretensões escusas por trás desse programa, e que não demoraria muito para demonstrá-las. Avesso ao comendador, Sebrão Sobrinho fala de uma dívida pública contraída por ele, que o levou a uma possível ruína. A Resolução N° 389 mostra que no dia 22 de maio de 1848 Travassos devia para a província uma soma de "3:547$775, de principal e juros", cujo valor poderia ser recalculado e abatido[2].

Vemos o comendador Travassos tal como a história nos habituou. No melhor de suas performances, sempre muito hábil, cuja disposição não admitia barreiras. Tanto no jornalismo ou no parlamento, o certo é que sua visão de cidadão em pleno exercício da consciência não se fundamentava em reações impulsivas ou sem critérios.

Humanista como era, foi útil para sua província quando o Estado se debatia pranteando a perda de seus filhos, assolados por um inimigo microscópico: o cólera-morbo. Ele ainda nos dá notícia de seus dois filhos, o capitão José da Silva Travassos e o tenente Francisco da Silva Travassos.

Não dizem em contrário os historiadores mais afamados, referindo-se ao comendador Antônio José da Silva Travassos, afirmando ter sido ele quem primeiro escreveu sobre os acontecimentos sócio-políticos de Sergipe. É ele o que podemos considerar, um caso raro "expoente" da autodidaxia, cuja verve fez-lhe facultar valioso entendimento da arte de advogar, mesmo sem possuir diploma que lhe habilitasse o exercício da função, tornando-o rábula de muito prestígio, respeitado e admirado nas questões forenses sob seu patrocínio.

Convertera-se ao dinamismo dessa atribuição, emérito instrumento dessa ordem, leal aos brocardos jurídicos que regem, por assim dizer, a disciplina dos advogados e de onde citamos o seguinte termo: *"Os advogados devem atuar apenas em boas causas"* (Oport ut bonas causas et veraciter a gant advocat). E apesar de tudo, sobressaía-se humilde, autodefinindo-se como *"fazendeiro rústico"*. Dele, alguns cronistas ainda dizem não ter encontrado *"trabalho de maior fôlego"*, e, a partir dessa atividade, como afirma o autor do artigo publicado na Revista de Aracaju, Ano IV, 1951, edição número 4, equacionar o seu valor como causídico.

Na atividade jornalística, como proprietário de uma tipografia, publicou em Santo Amaro das Brotas, torrão natal, dois jornais de caráter político, a saber: A Voz da Razão, que circulou durante 1854 a 1856, e o Conciliador, de 1856 até 1857. Com o primeiro periódico, atuou em companhia dos senhores João Batista Monteiro (advogado) e Felix José de Mello e Silva (redator).

Um dos seus maiores ideários a ganhar corpo editorial, o qual – salvo a versão em manuscrito -, entregou pessoalmente ao imperador Dom Pedro II, quando este se fez presente na plaga sergipana, em 1860, foi *"Apontamentos Históricos e Topográficos sobre a Província de Sergipe"*, o manuscrito virou um livro de 96 páginas, impresso no Rio de Janeiro. Este trabalho ganhou publicação em 1875, três anos após sua morte, aos 68 anos de idade, por seu neto, o Dr. João José do Monte, bacharel em direito. Sendo depois, em 1907, veiculado nas páginas dos jornais Correio de Sergipe e O Estado de Sergipe, na edição de 25 de julho de 1912, conforme citação do Dr. Armindo Guaraná em sua aclamada obra "Dicionário Bibliográfico Sergipano".

Conquanto, ele pretendia apresentar a Dom Pedro II imperador Constitucional do Brasil, com as informações do lugar onde nascera, tudo o que lhe coube anotar, valendo-se do próprio recurso.

Conta-se também como de sua autoria outra obra de grande valor, o manuscrito que deu como título *"Memorial Histórico da Política da Província de Sergipe"*. Esses dois trabalhos foram reeditados e publicados num único livro, por iniciativa da Secretária de Estado da Cultura, em virtude do seu segundo centenário de nascimento (1804-2004).

Segundo Liberato Bitencourt, autor do *"Dicionário Homens do Brasil"*, disse que um traço marcante de seu caráter era o desapego ao dinheiro. Por esta característica, presumimos que Travassos não acumulou fortunas, pois quando recebia dinheiro, não se importava em gastar com os pobres e dar execução aos seus projetos.

O potentado tronco familiar do qual faz parte advém de argentinos de origem açoriana/portuguesa, instituído de fidalgos elementos da nobreza, que ainda se ligam ao parentesco do lendário navegador Pedro Álvares Cabral, primo de sua avó Violante Velho Cabral [3], consorte de Dom Diogo Gonçalves de Travassos.

Pedro Álvares Cabral nasceu em Belmonte, a 1467, filho de Fernão Cabral e de Isabel Gouveia. De retorno para Portugal, depois das incursões que fez ao Brasil e outros continentes, contraiu matrimônio com Isabel de Castro, mulher muito rica. Diz-se que se criou profunda aversão ante a Corte de Portugal, porque se negou a capitanear a Esquadra da Vingança e, circunstancialmente, se colocar em porfia contra Calicute, na Índia. Morrera em Santarém no ano de 1526, então aos 59 anos de idade, desgraçadamente apagado da memória dos seus contemporâneos.

Diogo Gonçalves de Travassos está sepultado no Convento de Batalha[4], perto de Coimbra, em Portugal. É filho de Martim Gonçalves de Travassos e de Catarina Dias de Melo (bisavós do personagem em perfil). Dona Violante nasceu no ano de 1391, era irmã do Frei Gonçalo Velho Cabral, cujo legado de descobridor e donatário das ilhas de Santa Maria e São Miguel[5] bem o dizem na história. Eram seus pais Fernão Velho, senhor de Valhada e cavalheiro da Ordem de São Thiago, em Portugal, e dona Maria Álvares Cabral.

Com Diogo Gonçalves de Travassos, duque de Coimbra, ela deu à luz a cinco filhos: Nuno Velho Cabral de Travassos e Melo, nascido em 1451(?), *"um dos primeiros habitantes da ilha de Santa Maria, descoberta por seu tio"*; Pero Velho de Travassos, em 1420, Rui Velho Cabral; Catarina Velho Cabral; e Leonor Cabral.

José Francisco da Silva Travassos casou por duas vezes. Do primeiro consórcio com Anna Hippolyta da Conceição, nasceu Antônio José da Silva Travassos, a 5 de julho de 1804, na vila de Santo Amaro; do segundo casamento com Maria Antônia da Porciúncula, nasceu o doutor João Ferreira de Britto Travassos. José Francisco da Silva Travassos faleceu no dia 12 de maio de 1832.

Outros que aparecem com esse sobrenome é o alcaide Francisco da Costa Travassos, que nasceu no ano de 1692 – cinco anos antes da elevação da vila -, e até o dia 11 de novembro de 1739 residia em Santo Amaro das Brotas. Porém, sobre ele nada sabemos, e o cidadão Daniel de Travassos, também domiciliado na citada vila, cujo nome engrossava a lista das pessoas que protestaram contra o ato de José Pinto de Carvalho.

Jovem e irrequieto, Travassos começava uma vida de trânsito. Primeiro, foi ser agricultor em Japaratuba; depois, dedicando-se ao tabelionato no cartório de Santo Amaro, o que lhe motivou a engendrar-se com vigor no meio causídico, e logo em seguida enfrentou o seu maior desafio, lutando contra a prepotência dos poderosos, chegando a liderar um movimento revolucionário.

Hábil, em 1855, Travassos encaminhou para a Comissão de Orçamento de Obras Públicas da Província um plano detalhado para abertura do canal que ligaria o rio Pomonga ao rio Japaratuba:

> Illmos. Senr.es Antônio José da Silva Travassos vem representar a esta illustre Assembleia que tendo-se projetado a abertura de hum canal de comunicação entre os rios Japaratuba e Pomonga, medindo-se na planta dessa obra 1933 braças, foi encarregado as supp.e fazer 887 braças medindo hum contrato que firmou na Thesour.a de Fasenda desta Província, (...) o plano q' offerece / Docum.to N° 1/ estipulando-se nesse contrato ser o

supp.e obrigado a seguir a direcção que fosse dada
pelo Dr. engenheiro ao serviço da Província [6]

O presidente da província, Cincinato Pinto da Silva, através da Resolução N° 706, do dia 13 de julho de 1864, autorizou que se firmassem contratos com empresas que administrassem a navegação dos rios Pomonga e Japaratuba. No artigo 2°, está previsto que:

> O contractante será obrigado a desobstruir o canal, que communica os ditos rios, a cuidar de sua conservação e limpeza do rio Japaratuba, edificando trapiches, e apresentando o número de barcas necessárias para os transportes, tudo a sua custa e sem auxilio algum dos cofres provinciaes[7]

Com 51 anos de idade e usufruindo de plena prerrogativa, Travassos requereu ao Ministério do Império uma licença para prestar juramento por procuração, para obter o título de comendador e oficial da Imperial Ordem da Rosa[8]. Recebeu também o de cavalheiro da Ordem de Cristo.

A memória desse admirável "santamarense", a quem Liberato Bitencourt chamou de *"um dos maiores sergipanos de todos os tempos"* conseguiu sobreviver ao tempo. Em sua homenagem foi criada em Santo Amaro a Escola noturna *"Comendador Travassos"*, mantida pela *"Liga Sergipense contra o analfabetismo"*.

Ocupou ainda outros cargos públicos, o de procurador fiscal da Tesouraria, exercendo interinamente, em 1855, tendo sido ainda deputado nos períodos de 1848 a 1849 e de 1856 até 1857. Faleceu no dia 24 de março de 1872, aos 68 anos de idade, em Santo Amaro das Brotas, onde está sepultado.

Para a época que viveu, Travassos estava muito à frente do seu tempo, desenvolvendo os meios mais eficazes que pretendia usar em favor da coletividade. Mesmo com a estagnação econômica da província, profetizava com ações as mudanças pelas quais passaria estas terras.

João Gomes de Melo
(Barão de Maruim)

Tríplice gentílico

Homem de posição, muito respeitado nas camadas sociais, agricultor de muitas posses, João Gomes de Melo contribuiu para a economia, sendo um dos maiores produtores de açúcar do Cotinguiba, era um autêntico representante da aristocracia sergipana. No seio político foi citado como uma das mais espontâneas personalidades do seu tempo. Arrematou com sagacidade os prestígios dos destacados líderes políticos, dos quais, segundo alguns cronistas, usufruiu oportunamente quando cogitou a mudança da sede da capital sergipana.

João Gomes de Melo era natural de Santo Amaro das Brotas, nascido no antigo engenho Santa Bárbara a 18 de setembro de 1809. O engenho estava localizado em terras que outrora pertenceram ao referido município, antes de ser desmembrado de Rosário do Catete, segundo conta a competente historiógrafa e escritora Maria Lúcia Marques, em seu trabalho sobre a história de Rosário do Catete. Embora, em seu Dicionário Biobliográfico Sergipano, Armindo Guaraná, intelectual de renome, sustente a afirmação de que o barão tenha nascido em Maruim (SE).

O gentílico ou a naturalidade desse importante sergipano ainda é tema de profusas discussões que estão longe de terminar entre os estudiosos. Sendo ele "santamarense", maruinense ou rosarense, o papel que exerceu ao longo de sua vida pública só dignifica os nativos da gleba de Serigy.

Ele é filho do casal Theotônio Corrêa Dantas e Clara Angélica de Menezes. Foi consorciado com a senhora Maria de Faro Rolemberg Melo, a baronesa de Maruim. Nessa família houve o embaraçoso caso de homicídio por envenenamento de sua enteada, a senhora Maria de Faro Rolemberg (Sinhazinha do São Joaquim) moça a quem o barão de Maruim queria ver matrimoniada com seu primo, o também barão José da Trindade Prado. Ela morreu na vila de Santo Amaro, onde esteve hospedada em casa de sua irmã, a senhora Ana Acioli de Madureira, consorte de Luiz Barbosa de Madureira Rollemberg, nasceu em Maruim e faleceu no dia 12 de dezembro de 1892, em Santo Amaro.

O fato ganhou as páginas dos jornais da época, além da má repercussão em diversas províncias. A conduta disciplinar do barão, por muito pouco não veio a declive, àquela altura era ocupante de uma cadeira na Assembleia Legislativa do Rio de Janeiro, onde residia. Tratava-se de uma figura influente, acusado de ter assassinado a enteada a fim de herdar os bens. Era o que se pensava na época. Cônscio da relação paterna que mantinha com a enteada, ele não custou para perceber que estava sendo alvo de um complô articulado por um advogado, que dele queria se vingar.

No dia 12 de fevereiro de 1862, em Maruim, o barão prestou o depoimento que lhe coube. Foi ouvido por Francisco Antônio de Oliveira Ribeiro, chefe de polícia interino da Província[1].

Seus serviços tiveram imensa notoriedade como comandante Superior da Guarda Nacional. Tornou-se também líder militante dos partidos conservador e liberal, além de ter criado com o seu primo, o barão de Propriá, o partido "Bagaceira", um grupo incorporado por membros dos dois partidos rapina e camundongo.

Ainda ocupou a vice-presidência da província, foi deputado em três legislaturas, e senador do Império, em 1861. O barão de Maruim chefiou o Estado de Sergipe na condição de presidente no período de 27 de setembro de 1855 a 27 de fevereiro de 1856, no segundo reinado. Historiadores afirmam que, a participação dele foi decisiva no momento do móvel da sede do governo da província[2], que teve registro em 1855, ainda como vice-presidente, cuja titularidade da pasta era do Dr. Ignácio Barbosa.

A transferência realizou-se sob convincente argumentação de transformar o Estado mais competitivo dentro dos padrões portuários, para a exportação de produtos, pelas condições e vantagens geográficas oferecidas pela cidade que se acabara de formar. A nova sede era situada à margem esquerda do rio Sergipe, visando, assim, assegurar a sobrevivência econômica.

Foi em sua propriedade, o engenho Unha do Gato, localizado em Rosário do Catete, que no dia 25 de fevereiro de 1855, esteve reunido com os deputados. Ali, assinaram o termo que oficializou definitivamente a mudança da capital: da histórica São Cristóvão para a recémformada Aracaju, antigo povoado Santo Antônio do Aracaju. A Resolução 413, de 17 de março de 1855, foi sancionada pelo então presidente da província, Dr. Ignácio Joaquim Barbosa, nomeado através do ato imperial de 7 de novembro de 1853.

A mudança provocou dissabores dos sancristovenses. A Câmara de vereadores reagiu na tentativa de revogar o decreto perante o Imperador Dom Pedro II. Os protestos perderam força quando o governo imperial havia aprovado a transferência. Decepcionado, João BebeÁgua o entusiasta mais fervoroso contra a mudança, esboçou provocar uma rebelião, mas a ideia foi infecunda.

Ignácio Barbosa morreu logo depois, em Estância, vítima da "febre do Aracaju"[3], em 6 de outubro do mesmo ano, 1855. Contra esse plano de mudança protestaram os deputados Antônio José da Silva Travassos, Dr. Martinho de Freitas Garcez e o vigário José Gonçalves Barroso.

Sebastião Gaspar de Almeida Bôtto, por sua vez, indicou que a capital fosse instalada em Laranjeiras, como já o quisera seu primo José de Barros Pimentel, ainda em 1832, 23 anos antes da consolidação do ato. Apesar de que Bôtto preferisse que a nova capital fosse trasladada para Maruim, era sua intensão agradar ao seu cunhado, o português José Pinto de Carvalho. Além dessas cidades, ainda foram citadas Estância e Barra dos Coqueiros.

Muitos diziam que a cidade de São Cristóvão já ostentava sinais claros de declive: ruas ainda por pavimentar engordava a lista dos que apoiavam a mudança da capital para outra localidade. Ali, nada inspirava progresso. Nem seu porto, principal fonte de alimentação de sua economia, estava seguro. Cogitava-se a construção de um novo porto tão logo se concretizasse o traslado que parecia inevitável. Debatiam-se no mais completo desespero os sancristovenses.

Sua condição hidrográfica desprivilegiada, por se localizar por detrás do rio Paramopama, impróprio para navegação, denunciava, inclemente – aos intentos daqueles que simpatizavam a transferência. Assim, procedeu-se no ano de 1855, que se apresentara turbulento para os sergipanos. Perplexos, não de todo, deparavam-se indefesos de argumentação que lhes advogassem a causa da decadente São Cristóvão.

Dom Pedro II, por fim, entendeu em relatório que fez, quando esteve visitando Sergipe, em fevereiro de 1860. Ressaltou que melhor que a remoção da sede da capital para outra localidade, onde inutilizaria dezenas de prédios, seria fazer, através de abertura de canais, a comunicação dos rios Vaza-Barris e Cotinguiba. Isso, segundo o imperador, resolveria o problema da condição geopolítica de São Cristóvão.

Além do título de barão com grandeza, conferido a 11 de outubro, por força do Decreto de 1848, deve-se acrescentar o de comendador da Ordem de Cristo e Cavaleiro das Ordens do Cruzeiro, da Rosa e de São Gregório Magno. Essas condecorações foram provavelmente concedidas pelo Papa Pio IX.

Data também de 1848 o início da obra de construção da igreja matriz de Maruim, cujo término se deu 14 anos depois. Viúvo do primeiro casamento com Maria de Faro Rolember Melo, o barão de Maruim foi às segundas núpcias com uma irmã do Visconde do Uruguai.

Pagou do próprio bolso, a construção da matriz de Maruim, edificada numa de suas propriedades. É nessa igreja que jaz seus restos mortais, trasladados para aquele município em 21 de janeiro de 1937. Ele faleceu no Rio de Janeiro no dia 23 de abril de 1890, com 81 anos.

O vigário José Joaquim de Vasconcelos recebeu do próprio barão a escritura de doação da igreja à freguesia de Maruim, passada no dia 17 de março de 1862. O tabelião Chrispin de Souza Vieira deu o ato por reconhecido, sobre o qual testemunharam o capitão Antônio Coelho Barreto Júnior e o tenente Gregório de Araújo Brasiliense. No texto consta: *"a reserva de sepulturas em qualquer lugar dentro da matriz para si, sua mulher e filhos (...) Disse ele o outorgante"*[4].

Além do templo, o vigário ainda foi contemplado com *"um missal rico, chapeado de prata"*, ornamentos, *"tela de retroz"*, e de outros tantos objetos sacros, sendo essas e outras condições aceitas e respeitadas pelo padre. O ato foi consolidado em presença do coletor Francisco Felix de Moura e do escrivão Emiliano José Pereira.

Para coroar a vida pública, faltava-lhe, como disse o professor José Luiz da Costa Filho, o cargo de senador do Império, disputado entre ele, José da Trindade Prado (barão de Propriá) e mais dois concorrentes. O barão de Propriá angariou 360 votos a favor contra 380 conquistados por ele. A carta imperial do dia 21 de maio de 1860 dava ao barão de Maruim o cargo de senador por Sergipe, e nele se manteve por 28 longos anos.

Na cidade de Maruim, o antigo trapiche, construído em 1844, onde atualmente funciona o Mercado Municipal Domingos Vieira, pertenceu ao citado barão, e, em Rosário do Catete, construiu a Capela Nossa Senhora de Nazaré, em 1862.

Coronel Jacintho Dias Ribeiro:
defensor perpétuo

Foto reprodução: Clóvis Bomfim

Última pose tirada no Rio de Janeiro, durante temporada em que passou lá, no decurso da Segunda Guerra Mundial

Referenciado por ser homem de fibra. Jacintho Dias Ribeiro dedicou-se devotamente em favor das benfeitorias de sua terra, defendendo-a com extremo fervor das condições lamuriosas a que eram submetidos os seus conterrâneos. Ele soube, como poucos, honrar o lugar onde nasceu. Não há vestígios de dúvidas de que Jacintho Ribeiro, se é que é possível, herdara o perfil genioso - na boa acepção da palavra -, e aguerrido do comendador Travassos. Nunca em sua época, mesmo acometido de complicado estado de saúde, houve alguém afeito as nobres causas pelas quais sempre intercedeu com tamanha veemência em contraponto a tudo aquilo que atentava contra a ordem pública. "Santamarense" dos mais vibrantes, em 1919, evitou que sua cidade natal fosse anexada a outro município, por apresentar uma renda irrisória na arrecadação, e principalmente pelo insignificante contingente eleitoral, que naquela época era inferior a 40 de votantes. Fatores como esses já eram tema de discussão entre as autoridades governistas, que planejavam extinguir a vila, como já o fizera outrora.

Ajuizado do grave problema que ameaçava a autonomia da cidade, Jacintho Ribeiro convocou as lideranças políticas do lugar, entre as quais Ascendino Araújo, Odilon de Souza Teles, dentre outras, com efeito de revitalizar a receita em caráter emergencial e ampliar o cadastro eleitoral[1]. Para tanto, foi mobilizado o maior número de cidadãos entre os que ainda estavam na ameaçada vila. Os ausentes foram exortados a voltar e ajudar a salvar a terra em que nasceram, ora indefesa e entregue à própria sorte.

Jacintho Ribeiro sempre fez questão de deixar transparecer que seu envolvimento com a causa cívica era "rigorosamente apolítica", e que não rezava em sua cartilha pretensões partidárias futuras.

No cômputo de poucos meses, o inexpressivo número de 40 votantes foi elevado para mais de uma centena, e aumentava com o empreendimento da campanha de alistamento eleitoral.

Em outro episódio, que se desenvolveu no ano de 1945, no trecho concernente à linha divisória entre os municípios de Santo Amaro e Rosário do Catete, desencadearam-se amplas perspectivas de protestos, encolerizando os ânimos dos dois lados da fronteira com o avanço indébito no setor limitativo provocado pela leitura incorreta nos dados cartográficos fornecidos pela comissão técnica responsável pelo levantamento da Divisão Administrativa e Judiciária do Estado. Esse limite de território era sugerido pela vazão do riacho Canabrava[2], localizado nas cercanias da Fazenda Caraíbas, cujo leito não constava nos dados dos apontamentos geográficos como faixa fronteiriça.

Depois de notada a incoerência nos termos técnicos que acarretou consideráveis prejuízos econômicos para o município, que por direito deixava de recolher os foros receituários, impedindo de regularizar sua situação ante os cofres públicos. Jacintho Ribeiro junto ao prefeito Agenor Martins Fontes, recorreram ao auxílio do ex-interventor federal Eronides Ferreira de Carvalho, que não tardou em efetuar a revisão dos laudos, reintegrando a autonomia sobre aquela parte do território.

O casal Maria Diva e Jacintho Ribeiro no Rio de Janeiro

Jacintho Dias Ribeiro casou-se com a paranaense Maria Diva de Souza Ribeiro. Nasceu a 18 de agosto de 1874, na vila de Santo Amaro das Brotas e viveu até fins dos anos 40, quando faleceu às 3h00 da madrugada do dia 24 de novembro de 1947, no Hospital de Cirurgia de Aracaju, aos 73 anos. Foi sepultado às 16h30 do mesmo dia, no cemitério de sua terra natal, *"conforme o seu desejo manifestado poucos dias antes de morrer"*.

Eram os seus pais o capitão Ernesto Dias Ribeiro e Maria Sobral Ribeiro. Como literato, publicou vários sonetos em algumas revistas da capital federal e nos periódicos de maior circulação da cidade de Manaus. A poesia encontrou em seus versos um aliado de grande poder.

Ingressou na carreira militar[3] a 25 de setembro de 1890, contando 16 anos de idade. Obteve mais tarde as seguintes promoções: alferes, a 3 de julho de 1894; primeiro tenente, a 27 de agosto de 1908; capitão, a 14 de setembro de 1911; major, a 7 de setembro de 1922; tenente-coronel, a 15 de dezembro de 1927; e, coronel, a 15 de agosto de 1929, com 55 anos de idade. Em 1918, serviu como capitão do 41° Batalhão de Caçadores de Aracaju.

Os últimos anos de vida da República Velha, que instalara-se com a proclamação, em 1889, avançaram até o governo de Washington Luís (1926 a 1930). Necessariamente no período de 1922 a 1924, o Brasil registrou em sua história situações conflitantes com a chamada Revolta dos Tenentistas, cujo lema era moralizar o Brasil, no que empreendeu forte rebelião que andou por quase todo o país. Em São Paulo, o levante foi encabeçado pelo general Isidoro Dias Lopes, que tinha como pretexto enfraquecer a força da oligarquia e provocar a renúncia do então presidente da República, Arthur Bernardes. A rebelião fracassou com a retaliação poderosa das tropas federais que tinham sob seu comando contingente superior ao da força contrária. Mas outras colunas de soldados da rebelião achavam-se em progressão e percorrendo outros Estados.

Em Sergipe, no dia 13 de julho de 1924, os sublevados do 28° Batalhão de Caçadores, chefiados pelo capitão Eurípedes Esteves de Lima e pelos tenentes Augusto Maynard Gomes, João Soarino de Melo e Manoel Messias de Andrade, pretendiam depor o presidente do Estado, Maurício Graccho Cardoso. Para alcançar este objetivo, a tropa dos revoltosos tenentistas dividiu-se em grupos, e, numa das investidas, tomaram o Palácio do Governo.

Uma das tropas, denominada como o 5° grupo, era comandada pelo sargento João Salles de Campos, autor de *"Dados Históricos Sobre Santo Amaro das Brotas, 1972"*, que invadiu o quartel da polícia, provocando violento tiroteio. Nesse momento de agitação, o então major Jacintho Ribeiro acabou sendo detido e, com ele, os doutores Cyro Cordeiro de Farias[4], chefe de polícia, Galdino Martins Misael de Mendonça e o capitão Augusto Pereira. Eles foram presos por não aderir a rebelião, que ainda conseguiu, astutamente, mobilizar a cidade de Aracaju e fazer de Graccho Cardoso seu prisioneiro.

Foi no livro de 158 páginas editado por ele mesmo, em 1945, na cidade do Rio de Janeiro, que publicou suas memórias. Nele, descreve suas benfeitorias e faz alusões ao dileto amigo, padre Aurélio Vasconcelos de Almeida, demonstrando seu apreço nas várias citações que faz no livro.

Para mantê-lo vivo na memória popular, o padre Luiz Gonzaga Passos, junto aos cidadãos, encomendou uma belíssima efígie do busto de Jacintho Ribeiro, para ser afixada em praça pública que também recebe seu nome.

Dr. João Ferreira de Britto Travassos:
Tributário da medicina

*Além de médico, João Ferreira de Britto Travassos
também foi político e agricultor*

Incorre em considerável equívoco os que creem que as maiores personalidades concebidas nas terras de Santo Amaro das Brotas definiram-se restritamente ao legado dos personagens até agora perfilados neste trabalho, como Jacintho Dias Ribeiro, comendador Travassos, entre tantos outros. Esses homens singraram por suas capacidades as mais variadas vocações. Seja no militarismo dos Ribeiros e Filgueiras, na advocacia dos Travassos e Monteiros, etc., tendo eles locupletando-se em grande conceito na projeção política do Estado e – porque não afirmar – no cenário nacional.

Na medicina também não se passaram despercebidos os estudiosos dessa ciência que obtiveram valor igual, e como se fosse por sina, enveredaram-se pelos mesmos caminhos políticos. É o caso desse médico e que nos reportaremos nas linhas seguintes.

É descendente da família Travassos, assegurado na condição biológica de meio-irmão, pelo lado paterno do comendador Antônio José da Silva Travassos. João Ferreira de Britto Travassos[1] nasceu em Santo Amaro das Brotas a partir do segundo enlace de Francisco José da Silva Travassos com a senhora Maria Antônia da Porciúncula, no dia 29 de agosto de 1820. Seu pai faleceu em maio de 1832, poucos meses antes de ele completar os 12 anos de idade.

Aos 25, Britto Travassos concluiu o curso de medicina na Faculdade da Bahia, no dia 1 de dezembro de 1845. Depois de formado, resolveu clinicar em Santo Amaro, onde estabeleceu moradia provisória. Havendo aí, nesse curto período voltada a atenção para a prática da agricultura. Porém, não tardou muito tempo para seguir os mesmos passos do irmão mais velho, e logo transferiu-se para Japaratuba (SE). Lá, confirmou a sua filiação ao Partido Liberal, onde percebeu também possuir fácil inclinação para os assuntos ligados a política. Nesse interim, consolidou-se como representante do partido na Assembleia Legislativa Estadual. Sua dedicação lhe valeu a citação para uma vaga na Câmara dos Deputados, o que não chegou a se concretizar face as eminentes prerrogativas do candidato oficial do partido, que não era as dele.

Concorreu, então, para ocupar outros cargos, como promotor público adjunto e o de "comissário vaccinador", e tendo sido posteriormente nomeado diretor geral do ensino público, sob resolução do ato de 1° de maio de 1885, e efetivando-se membro do Comício Agrícola Sergipense.

Casou-se duas vezes, primeiro com a senhora Clara América da Silva Travassos, e dessa união, nasceu o médico Cezário Ferreira de Britto Travassos; e depois, com Rosa de Viterbo de Britto Travassos, com quem teve outro filho, o cirurgião-dentista e farmacêutico Francisco Soares de Britto Travassos. Ambos os filhos nasceram no município de Japaratuba (SE).

João Ferreira de Britto Travassos, tomou parte da Junta de Higiene Pública da Província, em 24 de dezembro de 1859.

Antes de morrer, aos 65 anos, no dia 25 de junho de 1885, em Japaratuba, Britto Travassos deixou escritos trabalhos de grande valia tanto para o desenvolvimento da agricultura como para a medicina. Na área médica, ele escreveu sobre *"Orientações adequadas para o tratamento do Colera-Morbus"*, doença que vitimou milhares de pessoas nos últimos dois séculos. Esse trabalho foi publicado pelo Jornal Correio Sergipense, na edição do dia 1° de abril de 1863.

Sizínio Ribeiro Pontes

Conheçamos agora em ligeiros traços já biografados pelo autor do Dicionário Bibliográfico Sergipano, o Dr. Armindo Cordeiro Guaraná, um pouco da vida do Dr. Sizínio Ribeiro Pontes, que iniciou a Faculdade de Medicina da Bahia, em 1869, quando tinha 18 anos. Ele é filho do padre Manoel Ribeiro Pontes, de quem já falamos em outros capítulos, e de dona Ana Joaquina de São José.

Assim como acontecera ao grande regente Antônio Diogo Feijó, criado e educado pelo vigário Fernando Gomes de Camargo, e filho de pais que a história ora mantém incógnitos, Sizínio Pontes, que nasceu no dia 24 de outubro de 1851, sendo natural de Santo Amaro das Brotas não optou pelo sacerdócio. Não se deixou permear pela influência sacerdotal como modelo definitivo para os caminhos que pretendia percorrer.

Graduado em medicina, em 1880 com 29 anos tornou-se farmacêutico em Aracaju, onde viveu até migrar para o Estado de Minas Gerais. Ali, ocupou no exército a vaga de segundo cirurgião, cargo provavelmente exercido a partir de 1883, quando estava com 32 anos, até o dia 9 de janeiro de 1888.

Residindo em Ouro Preto, havia sido antes inspetor de higiene até o mês de julho de 1887. Adaptara-se com notável facilidade ao ambiente aprazível e à receptividade dos mineiros. Logo, o ilustre sergipano de Santo Amaro das Brotas se fez ascender em Belo Horizonte, exercendo entre uma atividade e outra, no decurso de 20 anos, os cargos de professor da Escola de Farmácia, em Ouro Preto, e Odontologia, na respectiva capital.

A partir de 1912, já sexagenário, suspendeu o magistério para ocupar a cadeira de Física dessa mesma escola. Seis anos depois de ter se aposentado, Sizínio Pontes faleceu no dia 3 de maio de 1918, aos 67 anos, no Rio de Janeiro, outrora capital Federal.

Para o meio a que foi instruído, o Dr. Sizínio Pontes deixou escritos importantes artigos, como *"gangrena, sua etiologia e variedade"*. Para receber o grau de doutor na Bahia, defendeu a seguinte tese: *"Qual a ação do sulfato de quinino nas febres intermitentes?"*. Além desses artigos, deu várias outras contribuições na área da medicina.

Nada mais se pôde coletar sobre ele. A não ser o que foi escrito pelo Dr. Guaraná. Assim, não vai ser possível relatar o continuo de seus exercícios, se constituiu família ou se antes de morrer retornou para Sergipe. Contentemo-nos por enquanto com o fluido do conhecimento, cuja sede do saber foi satisfeita na fonte assinalada do Dicionário de Armindo Guaraná.

Joaquim Marcelino de Brito

O passado político de seu pai não negaria quão notório seria o filho nos caminhos da medicina. Joaquim Marcelino de Brito, que recebeu o nome do pai, nasceu em Santo Amaro das Brotas, a 29 de julho de 1830. Seu pai foi um influente estadista baiano, com passagem na administração pública de Sergipe, o conselheiro Joaquim Marcelino de Brito[1] casado com Senhorinha Acioli Madureira de Brito. O pai, nasceu no dia 2 de junho de 1799, em Salvador, Bahia. Estudou direito na cidade de Coimbra, Portugal, onde graduou-se no ano de 1822 e faleceu no Rio de Janeiro, no dia 27 de janeiro de 1879.

Aos 17 anos, Joaquim Marcelino de Brito, o filho, despertou para os estudos médicos, matriculando-se na Faculdade de Medicina da Bahia. Diplomou-se a 18 de dezembro de 1852, estava com 22 anos. Na faculdade escreveu: *"Breve dissertação sobre Hypochondria"*, tese defendida para obtenção de grau.

Em abril de 1853, por decreto do dia 2, incumbido do cargo de segundo cirurgião do Corpo de Saúde da Armada, embarcou no navio de guerra Brigue Escuna Guararapes. Cinco anos mais tarde, foi promovido a primeiro cirurgião, por decreto do dia 2 de dezembro de 1858. No dia 21 de dezembro de 1868, foi a cirurgião-mor, e viajou para a Europa abordo do navio Corveta Baiana, e regressou em outubro do ano seguinte.

Abordo do navio Vaso de Guerra, o Dr. Joaquim Marcelino de Brito fez diversas incursões pelo Brasil.

Como médico da tripulação da embarcação Corveta Magé visitou o rio da Prata em três ocasiões.

Combalido, estava com 48 anos quando pediu reforma dos desígnios militares, a 23 de fevereiro de 1878, sendo condecorado por seus préstimos com o Hábito da Ordem de Cristo.

Antônio Nogueira da Silva:
Um poeta santamarista do século XIX

A literatura em seu pedestal de maior destaque, já nos falava através dos escritos de Oyama Teles, Josefina Braz e Carlos Guimarães, entre outros nomes, que a aspiração para a poesia se fazia tanger desde o passado mais remoto e nos deixou como testamento a herança valiosa de duas antologias assinadas pelo sentimento lírico do poeta "santamarense" Antônio Nogueira da Silva, que iniciara o trabalho de garimpar sua inclinação literária ainda no desabrochar da mocidade. A maior parte de seus versos foram inspirados na cidade de Itaqui, situada no lado oeste do Rio Grande do Sul, fronteira com a Argentina. Ele steve por lá em curto espaço de tempo, em 1882, abordo do Monitor Alagoas, onde pôde dedicar-se com grande entusiasmo na elaboração de suas obras: "Ensaios Poéticos" e "Cantos do Exílio". Esses trabalhos, pelo que se sabe, são inéditos, e o confinamento ao anonimato já transcorreu pouco mais de um século, mais de 121 anos.

De 1882 até 1885, ele esteve em Maceió, Alagoas, como secretário da capitania dos portos daquele Estado, na Escola de Aprendizes de Marinheiro.

Sua mãe, Ana Amélia da Silva, dera-lhe à luz no dia 25 de setembro de 1863, no sítio Porto das Pedras, em Santo Amaro das Brotas, local onde residia com o marido, que também tinha o mesmo nome do filho.

Antônio Nogueira da Silva também se fez notabilizar pelas ocupações de confiança exercidas na Tesouraria da Província, em Aracaju, como contínuo. Um golpe da imprensa investido contra ele acabou provocando sua demissão. Provavelmente, sob suspeitas de ato ilícito? A despeito do seu afastamento da tesouraria, essa informação, por falta de clareza, não configura caráter oficial.

Depois do suposto escândalo, ele retirou-se de Sergipe para recomeçar a vida no Estado do Rio de Janeiro, onde, por meio de concurso, efetivou-se no posto de oficial do Corpo da Fazenda da Armada da Marinha, sob vigência no termo de 17 de fevereiro de 1878. Após um ano de vivenda na antiga capital federal, retornou para Aracaju, onde prestou serviços na Escola de Aprendizes de Marinheiros, indicado ao assento de Secretário da Capitania, no período de três anos, entre 1879 e 1882.

Manteve-se no exercício da função por sete anos, percorrendo os Estados de Pernambuco (1886), Paraíba (1887 a 1889); e Piauí, onde faleceu, aos 26 anos, a 3 de fevereiro de 1889, na cidade de Parnaíba, localizada ao norte do referido Estado. O que temos em nota sobre Antônio Nogueira da Silva são informações vagas, que não oferecem margens para o traçado de um perfil à altura dos seus merecimentos. De "Ensaios Poéticos" transcrevemos, preservando a escrita original, a obra Recorda-te de Mim![1], uma composição em sextilha com três estrofes. São estes os versos:

RECORDA-TE DE MIM!

Recorda-te de mim, se um dia a sorte
de novo me lançar na negra senda
de solitário esílio! Quando minh'alma,
vivendo do passado imersa em mágoas,
enbalde procurar a mão amiga
que a dor lhe suavize e o pranto enxugue!

Recorda-te de mim, mas nunca saibas
quanto é triste viver do luar ausente
sem alvoradas de amor, sem lenitivo
ao acerbo pungir d'agra saudade;
Oh! Nunca o saibas tu, qu'as dores
abrem no coração profundos sulcos!

Recorda-te de mim quando alta noite
scismares ao luar; e se a lembrança
das horas venturosas que gosamos
vier te anuviar a fronte meiga,
deixa livre correr o morno pranto,
Balsamo qu'alma tem pra infindas penas e Recorda-te de Mim!

Aracaju, 25 de setembro de 1881 – Antônio Nogueira da Silva

Dr. Esperidião Ferreira Monteiro

Um político vocacionado para a educação

Poucos foram os cidadãos nascidos na cidade litorânea de Santo Amaro das Brotas que se projetaram nos elevados degraus da vida pública e se destacaram com igual grandeza como o renomado professor bilíngue, deputado federal e jurisconsulto, Dr. Esperidião Ferreira Monteiro.

Desde cedo, assumiu sua inclinação para as causas cívicas. Primo carnal, como se diz, do coronel Jacintho Dias Ribeiro. Esperidião Monteiro nasceu da união entre Francisco de Paula Monteiro, um oficial da câmara local, e Rosa Amélia Monteiro, a 16 de julho de 1868. Faleceu às vésperas do seu natalício quando completaria 50 anos, no Distrito Federal de Brasília, no dia 15 de julho de 1918.

Os esforços que empreendeu nos estudos lhes afirmaram importantes posições, não apenas no âmbito da educação, mas também na carreira jurídica.

Foi conferido em Humanidades no Colégio Estadual Atheneu Sergipense, em Aracaju, quando havia completado 18 anos. Mudou-se para Recife, onde bacharelou-se em Direito, no ano de 1889, aos 21 anos, na cidade de Limoeiro, localizada a poucos quilômetros da capital pernambucana.

Tornou-se mais tarde, com altaneiros méritos, em notável professor bilíngue, com aspiração para os idiomas francês e inglês, aplicando as disciplinas nas escolas particulares onde lecionou. O domínio que ele tinha sobre esses idiomas eram predicados sobressalentes, face a elegância com que se expressava e redigia.

Muito se deve a Esperidião Monteiro o avanço educacional que promoveu em Limoeiro, lugar onde ele fundou uma escola de ensino secundário.

Naquela ocasião, chegou a ser intendente municipal e, posteriormente, ocupou o cargo de promotor público daquela Comarca. Vindo após ser titular das comarcas dos municípios de Bezerros e Gravatá, em Pernambuco.

A magistratura efetivada em Pernambuco reservou-lhe ainda a nomeação de juiz de Direito da Comarca de Glória e de Goitá. Entretanto, recaiu sobre ele uma inobservância do governo estadual, o que lhe custou a exoneração da atividade. A investida do governo resultou por revogar a pasta judiciária que ele tinha posto em ordem e que se achava em exercício.

Esse episódio não lhe fulminou o entusiasmo e, em pouco tempo, constituiu seu próprio escritório de advocacia na cidade de Vitória, partindo daí para a capital pernambucana, onde trabalhou ativamente em vários processos até o dia em que deixou o Brasil, indo para os Estados Unidos.

Em 1899, com 31 anos, tomou o rumo para a França, pretendendo dar continuidade aos trabalhos forenses. Porém, o regimento francês não considerava legal o exercício de advocacia de estrangeiros no país.

Enquanto permaneceu na Europa, limitou-se apenas em transitar os assuntos concernentes aos interesses do Brasil e de Portugal. Retornou ao Brasil necessariamente em 1907, aos 39 anos. Foi na capital federal que Esperidião Monteiro, através de suas atividades forenses, conseguiu viabilizar junto a uma organização norte-americana que fossem exploradas as riquezas minerais de três Estados brasileiros: Minas Gerais, Sergipe e Bahia. Nos dois primeiros foi possível encontrar grande depósito natural de manganês, e na Bahia, registrou-se volumosa quantidade de cobre.

Por conta do falecimento do Dr. Felisbelo Firmo de Oliveira Freire (1858-1916) - nomeado primeiro governador de Sergipe -, efetivado em 21 de novembro de 1889 a 17 de agosto de 1890, e eleito deputado federal por cinco vezes, que Esperidião Monteiro teve a difícil incumbência de ocupar a cadeira vaga deixada por ele, durante o período legislativo de 1915 a 1917. Além da relação causídica, Esperidião também gozou de prerrogativas junto à impressa, publicando artigos entusiastas.

Ascendino de Araújo e o movimento revolucionário de 1906

Ascendino de Araújo: foi professor que lutou ao lado de Fausto Cardoso

De agruras após agruras, as terras de Ayres da Rocha, em lugar onde está situado o município de Santo Amaro das Brotas, tem sido berçário inconteste de caudilhos apaixonados pela causa santa da liberdade e pelo desejo de contínuo progresso. Sem o falso preciosismo sensacionalista que disseca até o último argumento da insignificância de pequenos atos. Ascendino de Araújo singrou as páginas da história na modéstia de suas ações, estritamente evocada ao estertor do cidadão honesto e otimista, e que o deixamos levar pelas asas sombrias de um desmerecido anonimato.

Ascendino nasceu neste mesmo município, no dia 5 de maio de 1887, filho de Amélia Celecina de Pina e do alferes José Dionísio de Araújo, que pegou em armas no exército de Duque de Caxias, naquele que foi o maior conflito da América do Sul, a Guerra do Paraguai, decorrida no período de 1864 a 1870, contra as forças do marechal paraguaio Francisco Solano López.

Ascendino instituiu núpcias por três vezes. Do segundo casamento com a senhora Etelvina América Guimarães, nasceram dois filhos: América de Araújo Guimarães e Carlos de Araújo Guimarães.

Tinha apenas 19 anos quando tomou partido do movimento revolucionário do dia 28 de agosto de 1906, em companhia do Dr. Fausto de Aguiar Cardoso e do padre Antônio Leonardo da Silveira Dantas, seu amigo. Era o alarido da inconformidade dos republicanos, pleiteando o poder.

Desse tumultuado episódio, desencadeado pelos partidos Peba e Cabau, Ascendino fugiu para Alagoas, em face do assassinato de Fausto Cardoso, escondendo-se na cidade de Penedo, em domicílio do senhor Manoel Eleotério, amigo comum e conterrâneo, ora de passagem por aquelas terras. Depois do perdão concedido pelo governo sergipano, ele retornou para Santo Amaro onde reencontrou velhos amigos, entre eles o padre Dantas.

Com 23 anos prestou continência no corpo da Polícia Militar, chegando ao posto de 1° sargento e depois alferes. Na ocasião, contava 28 anos de idade. Em 1915, ele deixou a polícia para assumir a liderança de Santo Amaro como intendente municipal.

No ano de 1919, após o falecimento do padre Dantas, a direção do município ficou a cargo de uma junta governista encabeçada pelos cidadãos Ascendino de Araújo, Odilon de Souza Teles e o proeminente professor Rogaciano Mágno de Leão Brazil.

Com grande proveito, dedicara-se ao papel de educador e como tal, ministrou aula particular durante anos, sendo professor na Escola Pública Municipal coronel João Gomes Cardoso, instalada pelo intendente Manoel de Souza Teles, a 19 de novembro de 1929. A iniciativa foi de essencial importância na preparação dos cidadãos mais conscientes de seus valores e da necessidade do saber.

Houve, em 1931 um leve incidente que parecia insignificante, mas que iria comprometê-lo seriamente com a justiça. Para não ser pego em diligencia, privou-se por 16 anos do convívio familiar – metade dos quais teria que cumprir em cárcere. Ocupava, entretanto, o cargo de escrivão de paz e oficial do registro civil do cartório de Santo Amaro, função que passou a exercer desde 1 de setembro de 1914, por intermediação do padre Dantas, junto ao governo do general Manoel Presciliano de Oliveira Valadão. Contava ele com 44 anos.

Em face de uma correição, realizada nos cartórios, onde se deram conta do extravio de documentos de habilitação de casamento, sobre o qual foi inquerido e, por isso, condenado a oito anos de prisão, acusado pelo crime de destruir documentação pública. Escondendo-se aqui, ora acolá, conseguiu, com esperteza, e com a ajuda de alguns amigos, como Durval da Cunha Maynart, Amael Azevedo Alves, Lili, Mário Cardoso, o sargento Moisés Gois, manter-se longe da rede da justiça.

Sua mãe, a senhora Amélia Celecina de Pina, sem compreender a importância daqueles papéis, e pela má conservação, atirou-os ao fogo. Depois da prescrição do processo, aposentou-se na mesma função, em dezembro de 1962.

Alquebrado de tantas lutas, ora em defesa própria, ora pela autonomia do seu torrão, prostrara-se com a saúde debilitada, quando veio a falecer aos 80 anos, a 23 de fevereiro de 1967. Seu legado retrata a obstinação de um homem pela causa justa da cidadania, que fora perfeitamente ajustável ao seu caráter ilibado. Não ficou alheio ante a possibilidade de testemunhar a anexação de Santo Amaro a outro município. Juntou-se a outros nomes de realce e deu posicionamento firme pela sobrevivência da terra que o gerou.

O presente tema teve como principal fonte os textos escritos pelo historiador Carlos Araújo Guimarães (in memoriam), intitulado *"Um centenário Obscuro"*.

Nelson Ferreira Lima:
O desbravador do século XX

Nelson Lima aos 20 anos

Reportar-se ao histórico político da cidade de Santo Amaro das Brotas sem mencionar o nome do ex-prefeito Nelson Ferreira Lima seria, sem exagero, um atentado contra a memória popular ou, em última análise, uma inútil tentativa de ocultar da disciplina escolar a realidade da Independência do Brasil, e por tudo aquilo que a trouxe a lume.

Homem de provocar impacto, aflorado pelas expressões rígidas que se inspirava no seu discursar patriótico e desabusado, esse notável personagem exortava os filhos dessa terra para o despertar do trabalho, resistência às inoperâncias da realidade severa que comprimia as potencialidades, desfigurando o sorriso da massa e degenerando sua condição de cidadão livre por lei, com direitos e deveres a cumprir.

Hei de Vencer - embarcação fazia a travessia Santo Amaro/Aracaju

Não era seu costume retroceder ante os obstáculos. Calibrava as ideias com atitudes desvencilhadas dos receios que nos casos distintos levaram muitos homens de fibra ao infortúnio do insucesso. Ele sempre se fez valer das ações extremas, sem as quais Santo Amaro não teria avançado sequer um palmo de terra. A sua coragem e caráter coroados pelo discernimento já se observavam desde o período em que prestou sua destreza ao Corpo da Marinha do Brasil.

Entre tantos aspectos que elevaram o moral desse "santamarista" ao mais alto conceito da admiração popular, o respeito conquistado da maneira que lhe era imposto frente às manifestações contrárias foi o arrojo das ações. Não temeu por ter sido *"abandonado numa ilha"*, obrigando-o ao convívio com a solidão.

Foi eleito prefeito pela primeira vez para o período entre 1959 e 1963. A segunda vez governou entre 1972 até 1976. Nesse último mandato, Nelson Lima, determinado a suprir as necessidades do município, deu vazão para a criatividade, demonstrando raro empreendimento – fator importante registrado em sua administração, que sempre o distinguiu dos demais dirigentes. Principalmente quando a questão a ser tratada orbitava o birô do judiciário, e o fazia com grande desenvoltura e invejável disponibilidade.

Estava com 71 anos quando disputou, ao lado de Renes Ferreira Barros, a sua última eleição, no dia 15 de novembro de 1988. Eram seus adversários: Belmiro Araújo e José Ivaldo Costa (eleitos).

Nelson Lima nasceu a 17 de maio de 1917, filho de Luiz Ferreira Lima e Edite Ferreira Lima. Ele faleceu aos 79 anos no Hospital de Cirurgia, em Aracaju, por volta das 6 horas da manhã do dia 31 de dezembro de 1996, vítima de insuficiência respiratória.

Sua morte assinalou um ponto final na dinastia dos grandes revolucionários em Santo Amaro. Seu nome é sinônimo de trabalho e superação. O faroleiro que se tornou o prefeito mais dinâmico da história, ainda pelos seus feitos, foi cognominado *"desbravador do século XX"*. As ideias que mais tiveram corpo no desenvolvimento socioeconômico do município, seguramente, foram o Cine Ayres da Rocha, localizado na Avenida Comendador Travassos; o abrigo rodoviário na praça São José. Aí ainda teve lugar uma escola profissionalizante; a embarcação fluvial denominada por ele "Hei de Vencer". Além de ter introduzido e impulsionado a indústria; e, é claro, o Brotas Hotel. O turismo teria nele um dos sustentáculos da economia. O hotel foi demolido e, em seu lugar, foi erguida a Unidade Pré-Escolar Irmã Amábile Caovilla, na gestão Renes Barros.

Ele construiu e fez manutenção nos vários faróis espalhados em quase todo solo brasileiro. Esse bravo sergipano está eternizado pelo brio de suas ações e será lembrado como hino de coragem, destemor e abnegação.

Padre Aurélio Vasconcelos de Almeida:
O emancipador de Nova Odessa

Advogado, professor e autor de importantes trabalhos literários

O ilustre "santamarense" padre Aurélio Vasconcelos de Almeida, nascido a 16 de junho de 1911, foi biografado coerentemente na proeminência da professora Salime Abdo, confirmando seu gentílico e o seu legado. Filho do casal José Balbino de Almeida e Anna Elias de Vasconcelos. Ele redigiu e assinou vários artigos publicados na Revista do Instituto Histórico e Geográfico de Sergipe. Notável historiador, deixou escritas obras monumentais como "A história da Companhia de Jesus no Brasil", dividida em nove volumes. Também assinalou outros trabalhos que tratam da transferência da capital e sobre o estadista Ignácio Barbosa, publicado também em fascículos em 2004 pela Secretaria de Estado da Cultura.

Conforme conta a biógrafa, padre Aurélio encarnou com absoluta convicção o perfil do advogado escudeiro da classe proletária, no cumprimento do ofício e no correto uso da justiça gratuita como determina a Constituição. Em instância alguma se absteve dos deveres eclesiásticos. Foi um batalhador laborioso, inspirado pela benevolência do caráter, alicerçado pela firmeza das atitudes a que não se permitia inclinar-se ante os propósitos insensatos.

Foi conferido em Ordens Sacras no dia 26 de agosto de 1934, na Catedral de Aracaju, pelo bispo Dom José Tomás Gomes da Silva, ainda mancebo, contando vívidos 23 anos de idade. Padre Aurélio, além do curso de Teologia, era formado em Direito pela Faculdade de Niterói e em Pedagogia pela Pontifícia Universidade Católica de Campinas, em São Paulo.

Em princípio da década de 1950, dirigiu por 28 anos até junho de 1979, a paróquia de Nossa Senhora das Dores, no município de Nova Odessa, em São Paulo. Durante esse período, o dinâmico sacerdote trabalhou construindo igrejas, entre as quais listamos: Igreja Nossa Senhora Aparecida; a Capela de São Benedito; e Capela de Santo Amaro. Ergueu também as paredes do salão paroquial e a nova matriz de Nossa Senhora das Dores. Ainda nos anos 50, precisamente em 1958, fundou a Associação Vicentina Assistencial de Nova Odessa.

O emancipador

Nova Odessa ainda era distrito judiciário de Americana quando padre Aurélio lá chegou. Tão logo, constituiu a Comissão de Emancipação e, como seu presidente, elevou Nova Odessa à condição de Município. O termo foi assegurado pela Lei Estadual N° 5.121, de 31 de dezembro de 1958, instalado em janeiro de 1960.

Em reconhecimento pelos extraordinários préstimos endereçados para aquela população, coube à Câmara local conceder-lhe o Título de "Cidadão Novaodessense", datado de 24 de dezembro de 1964.

Padre Aurélio faleceu no Centro Médico de Campinas, no dia 29 de janeiro de 1999. Foi sepultado com todas as honras que lhe eram devidas, no cemitério daquela cidade, às 16h00 do dia 30, aos 88 anos. Coincidentemente, quase o mesmo horário em que foi sepultado seu grande amigo, o coronel Jacintho Ribeiro, com uma diferença de trinta minutos a mais, 52 anos antes.

Em comemoração ao primeiro centenário de nascimento do padre Aurélio, a vice-prefeita Sulime Abdo, através da prefeitura de Nova Odessa, em ação conjunta com a Empresa Brasileira de Correios e Telégrafos (ECT), lançaram, durante a 2ª Exposição Filatélica de Nova Odessa (Expofino), o selo e o carimbo comemorativos em alusão aos 100 anos do natalício do referido sacerdote. O evento aconteceu no dia 16 de junho de 2011.

Américo Quirino de Melo

Foi notável articulador político

Américo Quirino de Melo foi morador da antiga rua do Coqueiro, atual Padre Dantas, onde nasceu, a 16 de julho de 1911, e viveu com os pais e mais sete irmãos.

Filho do pescador José Quirino de Melo e de Leonídia Maria dos Santos. O casal teve ao todo 8 filhos, 7 do sexo masculino e uma do sexo feminino. Apresentamo-los: Adelson, Antônio, José, Américo, João, Otacílio, Maria e Pedro. Com exceção de José, hoje cidadão fluminense, e do octogenário Otacílio Quirino de Melo, os demais repousam o sono divino.

Os relatos contidos nesta exposição foram colhidos através dos depoimentos de cidadãos contemporâneos ao personagem central deste tema. As informações se tornaram úteis no momento em que se evocou sua memória nestas linhas, laconicamente dispostas como objeto de estudo, através do qual será visto como um homem que, apesar de semiletrado e de regular condição econômica, se transformou no mais notável e brilhante articulador político de seu tempo, e ainda hoje é mitificado.

Apesar de nunca ter pleiteado cargo eletivo, ele convertia cidadãos anônimos em respeitáveis lideranças da massa. Com bom trânsito na vida pública, foi primeiro contratado pela prefeitura, e como funcionário, era imbuído de, antes do cair da noite, acender os lampiões que iluminavam as ruas de Santo Amaro. Acesas a partir das 18h00, os moradores se recolhiam às 20h00.

Menino pobre, portador de uma lesão na região interna de um dos braços na altura das costelas, pouco abaixo das axilas, ambos juntados por grave queimadura responsável por inibir o movimento do braço. Por isso, ficou incapaz de auxiliar a família nas atividades braçais e que dele exigissem continuados esforços. Emudecida a voz da puerícia, por circunstâncias sabidas ser de dificuldades, e desassistido de quaisquer serviços sociais que o amparasse, para não perder de vista o benefício que ele poderia gerar enquanto cidadão, pois, o pequeno município encolhia-se a um estado melancólico e decadente, conservando ainda a sua característica de vila administrada por reacionários inocentes.

Atento para as oportunidades, visivelmente raras, abraçou com firmeza a primeira que lhe surgiu como atividade remunerada. Logo deixou o chambre para trajar terno de puro linho, gravata e, em ocasiões distintas, não dispensava o chapéu confeccionado em camurça. Era assim que Américo Quirino de Melo apresentava-se nas repartições públicas, agora como secretário da prefeitura, na gestão de Alon de Matos Teles, seu futuro compadre.

A infância fora tragicamente marcada por uma enfermidade que, mesmo cicatrizada, carregou no corpo até a fase adulta, época em que teve princípio de complicações mais serias. Orientado pelo Dr. Alcides Pereira, Américo Quirino de Melo foi internado no Hospital de Cirurgia de Aracaju, por três meses, sem alcançar o resultado que esperava.

O quadro clinico era de real delicadeza, e para um tratamento eficaz, precisou recorrer à própria expensas. Após ter vendido alguns imóveis, pôde viajar para a cidade do Rio de Janeiro, hospedando-se na residência de seu cunhado. Os bens acumulados ao longo de tanto tempo foram disponibilizados para venda, e o dinheiro arrecadado serviu para cobrir as despesas do hospital. Mas, todo esse esforço não foi suficiente para reabilitá-lo.

Casou em primeiras núpcias com a senhora Maria de Lurdes Melo, irmã de sua futura esposa, e com ela vieram os filhos Alon Américo de Melo – nome com o qual homenageou o amigo e compadre Alon de Matos de Teles -, Adérico Quirino de Melo e Abérico Quirino de Melo (in memorian).

Viúvo da primeira consorte, unira-se em casamento pela segunda vez com Rosa Maria da Conceição Melo, sua ex-cunhada e filha de Antério e Cezartina da Conceição. Dessa união que durou oito anos, nasceu Américo Quirino de Melo Filho. Foi o único que o casal concebera e que ele jamais tivera a felicidade de conhecer, pois morrera na antiga Capital Federal, a 19 de junho de 1955, aos 44 anos. Seu filho nascera um mês após sua morte.

Sobre dona Cezartina sabe-se que gerou 8 filhos: 4 do primeiro marido, que formava um conjunto de 3 imãs e 1 irmão: Menenita, Lurdes, Rosa e Emerentino; os outros quatro pertenceram ao segundo casamento, que tinha ordem inversa, 3 homens e uma mulher: Laurindo, Edson, Waldemar e Beliza.

Américo foi comerciante bem sucedido para o tempo em que viveu. Muito ovacionado tanto pela classe de proletários, para a qual dava assistência, quanto pelos pressupostos figurões da elite. Possuía largas porções de terras, casas e ponto comercial, onde vendia tecidos, massas, utensílios de montaria e tantos outros gêneros.

Na política, atuou contundente, no bom sentido da palavra, representando os ideais do partido da União Democrática Nacional (UDN), conhecido pelos cidadãos de Santo Amaro como "Cara Preta", fazendo linha oposta aos agremiados do Partido Social Democrático "Cara Branca". E na era getulista, durante o golpe do Estado Novo, e a eclosão do movimento integralista, manifestação sufocada pelo governo. Abriu-se nesse período uma campanha de repressão contra os líderes que propagavam essa ideia.

Estranhamente, Américo Quirino de Melo foi detido, acusado de ser membro sergipano dos Camisas Verde, numa situação completamente dissociada aos seus princípios políticos.

O integralismo no âmbito nacional até o ano de 1938 tinha um nome: Plínio Salgado. Atendia por ele o chefe maior e escritor paulistano, cuja linha de raciocínio orbitava a filosofia de Antônio de Oliveira Salazar um ditador português, e alicerçava suas ideias evolutivas às de outros escritores, entre eles o sergipano Jackson de Figueiredo Martins.

Em Santo Amaro, o movimento dos Camisas verde, disseram os populares, tinha respaldo na verve de João Balbino de Almeida - provavelmente irmão mais velho do padre Aurélio Vasconcelos de Almeida -; e Américo Quirino de Melo. Porém, não se pode comprovar a participação dos dois.

Os que caíram nas mãos das autoridades em Santo Amaro eram ridicularizados em público e rotulados como propagadores de ameaça à nação, como aconteceu a um indivíduo identificado apenas pelo nome de Augusto. Ele foi surpreendido em sua residência por um capitão e mais três policiais. Ao receber voz de prisão, colocaram-no defronte ao edifício da prefeitura, onde foi humilhado perante as pessoas e apontado como indivíduo nocivo e degenerado.

Padre Dantas no Governo de Sergipe

Imagem de padre Dantas foi retratado a lápis por autor desconhecido

Em função da instabilidade nos primeiros momentos da vida republicana, provocada pela queda da monarquia, as autoridades no sul do país já articulavam nova proposta de administração. Os capítulos finais do império até o início do novo regime foram marcados por uma sucessividade de acontecimentos anarquistas. Um deles, e crucial na história, foi a mensagem que o governo provisório endereçou a Dom Pedro II, através da qual solicitava que ele e sua família se retirassem do Brasil, o que o fez imediatamente no terceiro dia após a Proclamação da República.

Em Sergipe, enquanto província, como em todo o país, a direção do governo era submetida a juntas e presidentes provisórias. No dia 27 de julho de 1896, o coronel Manoel Presciliano de Oliveira Valadão havia renunciado ao cargo. Como presidente da Assembleia Legislativa, assumia o Governo do Estado o padre Antônio Leonardo da Silveira Dantas, que permaneceu até o dia 4 de setembro, quando foi destituído como resultado da revolta proveniente do 1° Corpo de Segurança contra ele investida. Curiosamente, tão logo se procedia a semana, no dia 6 do mesmo mês, padre Dantas foi reposto sob os protestos dos que lhe fazia oposição. Cumprindo determinação do presidente da República, o 26º Batalhão de Infantaria reconduziu o padre ao governo, quando esse se achava refugiado em casa do colega de batina padre Diôgo de Santana. A permanência estendeu-se até o dia 24 de outubro, quando entregou o comando de Sergipe ao governador eleito, o bacharel Martinho Cesar da Silveira Garcez.

Ao passar por Santo Amaro, onde foi acolhido e adotado por filho, deixou, porém, a tarefa de registro, ante a relevante participação exercida no cenário político sergipano. Desse modo, mesmo fadado à incompreensão alheia, imprimiu uma filosofia arguível e evolucionária, como pouco se costumava ver do cidadão despolitizado do interior do Estado.

Não foi só um obreiro por influência da batina. Em Maruim, padre Dantas ainda fundou o Hospital Nossa Senhora da Boa Hora, em 1896. Como vigário daquele lugar, combateu com firmeza o culto maçônico ali instalado.

Em sua homenagem foi construído o Grupo Escolar Padre Dantas. Nos anos 1970, a escola foi desativada e o prédio demolido. Não se sabe a razão de as autoridades terem optado pela amortização daquela unidade de ensino, fazendo um desfavor para a educação e falência patrimonial.

Acredita-se que teria levado uma vida inteiramente dedicada ao sacerdócio, fato que mudara quando entendera as necessidades que privara o povo de identificar-se com a liberdade. De início, fez política em Gararu, ocupando a intendência municipal. Daí, a deputado estadual por dois mandatos: o primeiro de 1894 a 1895, e o segundo de 1896 a 1897.

Foi amigo dileto do seu conterrâneo, Dr. Fausto de Aguiar Cardoso. Arvorados ao mesmo idealismo estiveram lado a lado no movimento revolucionário do dia 28 de agosto de 1906, pois pretendiam assumir o controle do Estado contra o governo de Guilherme de Souza

Campos. Dado esse desfecho, o Dr. Fausto Cardoso caiu sem vida. Com isso, padre Dantas recolhera-se ao anonimato paroquial em Santo Amaro das Brotas até o dia de sua morte.

Estudou Teologia na Bahia em 1876. Antes disso, estivera matriculado no Colégio do Amparo, em Capela. Foi pároco nos municípios de Gararu, durante oito anos; de Maruim (1894-1912) e de Santo Amaro (1912 a 1919). Com 18 anos, celebrou Missa Nova no convento das Mercês, na Bahia.

Pela imprensa, publicou artigos nos jornais: "O Lidador e Leituras Religiosas (AL)" e "O Pão de Santo Antônio (RS)"; "Jornal de Penedo (AL)" e "O Farol (SE)". Tribuno de admirável inspiração, inflamou o orgulho dos maruinenses com discursos eruditos, contribuindo para a evolução cultural daquela cidade.

Padre Antônio Leonardo da Silveira Dantas era natural do município de Divina Pastora. Nasceu no povoado Engenho do Forno, a 1° fevereiro de 1858, filho do capitão João Félix Correia Dantas e de Joanna Maria S. José e Mello.

Por muitos anos fixou residência em Santo Amaro das Brotas, onde faleceu, aos 61 anos, na Fazenda Pipa, a 15 de fevereiro de 1919. Encontra-se sepultado na igreja matriz de Santo Amaro. Foi o próprio padre Dantas que deu notícia do seu estado de saúde, fazendo a seguinte declaração:

> Por motivo de grande moléstia (diabetes) e com licença, retirei-me da séde parochial em 16 de agosto de 1915 indo ao sertão de Gararú donde regressei em 3 de setembro deste mesmo anno fui substituído pelo Rv.mo Vig.o do Rosário, Pe. Serapião Meneses[1]

Entre outras declarações feitas por ele, há a do dia 23 de abril de 1913, quando dirigia-se até o povoado Porto das Redes, onde, com o auxílio de uma professora local, *"instalou a aula de catecismo à cargo da respectiva docente"* (sic).

O historiógrafo Costa Filho dá a ele o perfil de *"o mais típico e completo caudilho do espírito e da têmpera sergipana, na luta pela liberdade e pelo comando"*.

Oyama Brandão Teles

Oyama, o grandiloquente

É comum o indivíduo interiorano iniciar-se na vida de estudante em sua terra até o conhecimento cobrar-lhe instruções técnicas mais elaboradas. E daí a buscá-las nos estabelecimentos que melhor possa oferecer, abrindo uma dezena de outras possibilidades. Foi o que aconteceu ao brilhante Oyama Brandão Teles, autêntico "santamarense", nascido a 13 de abril de 1923. Despois de feito o ensino primário – ensino fundamental -, nas Escolas Reunidas Dr. Esperidião Monteiro, concluiu a fase ginasial – ensino médio -, no colégio Tobias Barreto, em Aracaju. Com sua obstinação e a exemplo do que fizeram muitos jovens de seu tempo, Oyama migrou para o Estado do Rio de Janeiro, e ali se radicou.

Veio a idade militar e serviu ao Exército até o anúncio do fim da Segunda Grande Guerra, em 1945. Nessa época, já estava com 22 anos. Dando baixa dos desígnios do uniforme verde-oliva, pôde, enfim, exercitar sua verdadeira vocação: a arte de escrever. Dom, aliás, que o acompanhou desde a mais tenra idade. Chegou a figurar em jornais como "A Manhã", "A Noite", Diário de Notícias", "Correio da Manhã", "Última Hora" e na "Agência Nacional".

Oyama bacharelou-se em jornalismo e ciências jurídicas. Escreveu e assinou os seguintes títulos: "O caos", "A liberdade dos Mares", "Direito Internacional" (ensaio) e "A menina das Rosas" (ensaio).

Atuando no serviço público, dirigiu e foi redator da Divisão de Jurisprudência e Documentação do Tribunal Marítimo. Trabalhou também no Senado Federal para os senadores Auro Soares de Moura Andrade, Gilberto Marinho e para o ex-governador Dinart Mariz. Com ele, trabalhou como redator de anais e documentos parlamentares.

Oyama faleceu aos 61 anos, em 1984. Foi sepultado no cemitério Jardim da Saudade, no Rio de Janeiro. É filho do ex-intendente municipal Odilon de Souza Teles e de Nimfa Brandão Teles.

GALERIA DOS PREFEITOS

A busca de material fotògráfico para restituir a galeria dos ex-prefeitos municipais só permitiu recuar até o ano de 1915. Nessa época, era intendente o senhor Ascendino de Araújo.

Por certo, outros documentos de valor semelhante se dispersaram e foram extraviados por conta do que se acredita ter sido uma manutenção desprovida do zelo necessário, privando, assim, os futuros cidadãos da singela oportunidade de conhecê-los.

A galeria dos ex-dirigentes municipais foi instalada pelo ex-prefeito João Ferreira da Costa, a 14 de dezembro de 1968, e desativada na gestão de João Marinho Filho, na década de 1980. Jamais houve quem a recuperasse novamente. É o que se tentará fazer aqui.

Ascendino Araújo
intendente (1915)

Odilon de Souza Teles
intendente (1919)

José Soares de Melo
intendente (1920)

Evário Hércules da Silveira
intendente (1925)

Fábio Rollemberg Madureira
intendente (1926)

José Gonçalo dos Santos
intendente (1927)

Manoel de Souza Teles
intendente (1928/30)

Abílio Gomes Dantas
intendente (1930)

Matias Curvelo de Mendonça
interventor (1930/31)

Alon de Matos Teles
interventor (1931/35/41/44)

Abílio Maynart
interventor (1936)

Júlio José de Azevedo
interventor (1936?37)

Agenor Martins Fontes
interventor (1935/38/45/47)

Lázaro de Souza Teles
interventor (1947)

Fausto Valdemar Dias Sobral
prefeito (PSD-PR) (1947/50)

Joaquim José de Menezes Maynart
prefeito (UDN) (1951/55)

Helber José Ribeiro
prefeito (PSP) (1955/59)

Nelson Ferreira Lima
prefeito (UDN) (1959/63/72/76)

Júlio José de Azevedo Filho
prefeito (UDN) (1963/1967)

João Ferreira da Costa
prefeito (UDN) (1967/71/77/83)

Carlos Correa Dantas
prefeito (1971/1972)

Odilon Teles Filho
prefeito (1972/1973)

João Marinho Filho
prefeito (PDS) (1983/88/93/96/2001/2004)

Belmiro Araújo de Andrade
prefeito (PDS) (1989/1992)

Renes Ferreira de Barros
prefeito (PMDB) (1997/2000)

José Ivaldo Costa
prefeito (PFL) (2005/2008-2009/2012)

Luís Herman Mancilla Gallardo
prefeito (PSL) (2013/2016)

Genivaldo dos Anjos Costa Santos
prefeito (PSB) (2017/2020)

Sede do Poder Executivo

Sede do governo municipal, em janeiro de 1994

O prédio onde fica a sede do governo municipal de Santo Amaro das Brotas começou a ser construído pelo interventor Júlio José de Azevedo, no ano de 1937, mas não foi concluído, ficando apenas, as paredes, com 1,20cm de altura. Júlio Azevedo passando a administração pública para o seu sucessor Agenor Martins Fontes, em 1938, que mesmo aplicando naquela obra os recursos necessários, também não pôde defini-la em seu governo. O que só foi possível na gestão de Alon de Matos Teles, em 1941 quando foi inaugurado.

Devidamente instalados, todos os prefeitos tiveram passagem por aquela casa, de onde iniciaram e concluíram seus mandatos. As reformas viriam em 1982, com João Ferreira da Costa; em seguida por João Marinho Filho, em 1993, e ele outra vez em 2000.

Eleito em 2 de outubro de 1996, para o período de 1997 a 2000, Renes Ferreira de Barros decidiu não passar seu tempo como gestor sob aquele teto. Diante da decisão que havia tomado, trocou de endereço, mudando a sede da administração para a Rua Egídio Figueirôa, deixando a população intrigada. Durante o seu mandato, o edifício construído para esse propósito foi utilizado como Secretaria Municipal de Transporte.

Poder Legislativo Municipal

Câmara Municipal de Vereadores Antônio Carlos Leite Franco, construída em 1986 na administração do prefeito João Marinho Filho. Eram vereadores na época os senhores Manoel Marcos dos Santos (presidente), James da Silva Santana (vice-presidente), Luiz da Silva, Simeão dos Santos, José Matos Oliveira e Carlos Mota

A Câmara Municipal de Vereadores, presidida, na época, pelo vereador Luiz da Silva, constituída por dez indivíduos além do presidente, a saber: José Matos Oliveira (vice-presidente), Alberto de Souza Maynart (relator), Carlos Simeão de Jesus (1° secretário), Maria Aparecida Santos Santana (2ª secretária), Simião dos Santos, João José da Cruz, Arnaldo Andrade da Silva, José Teles da Silva e João Ferreira de Aragão. Reunidos em assembleia constituinte a 3 de abril de 1990, a Câmara aprovou e promulgou a Lei Orgânica do Município de Santo

Amaro das Brotas, em cumprimento aos dispositivos descritos a partir do Capítulo IV, Artigos 29 a 31, da Constituição Federal.

Nela estão inseridas as normas de ordem jurídica e orçamentária, a fim de gerir e estabelecer de modo amplo e inteligível os projetos e proposituras, e com a especial incumbência de levar ao conhecimento do cidadão os termos concernentes aos esclarecimentos dos problemas da comunidade.

Antiga sede do Poder Judiciário

Fachada do antigo Fórum Promotor Luiz Garcia, em janeiro de 1994

O Fórum Promotor Luiz Garcia pertencia à Comarca de Maruim. Os trabalhos eram presididos por um magistrado e um representante do Ministério Público. Quando em audiência, achavam-se em atividade quatro advogados. O prédio foi construído no ano de 1966 pelo prefeito Júlio José de Azevedo Filho. Em 1970, a estrutura foi totalmente reconstruída e aparelhada pelo prefeito João Ferreira da Costa. A última reforma ocorreu na gestão de Belmiro Araújo de Andrade, em junho de 1990. Já no mandato de Renes Ferreira Barros (1997-2000), Santo Amaro passou a ser incorporado como Distrito Judiciário da Comarca da Barra dos Coqueiros, o referido edifício foi desativado e o Fórum, transferido para aquela cidade.

Atualmente, o prédio do antigo Fórum abriga o acervo da Biblioteca Professor Manoel Messias dos Santos, sendo designado para esse fim durante os mandatos do prefeito José Ivaldo Costa (2005/2008 e 2009/2012), que ainda disponibilizou uma área para a construção da nova sede do Poder Judiciário.

Foto divulgação: Google Maps

Fórum Desembargador Luciano França Nabuco, em Santo Amaro das Brotas, localizado na Rua do Reservatório, 72. Foi construído na gestão do prefeito José Ivaldo Costa e inaugurado a 11 de janeiro de 2011

O folclore de Santo Amaro

Reisado: referência da cultura popular de Santo Amaro. Na foto, figuram, da esquerda para a direita as senhoras Dêda, Maria (Sônia) e dona Zinha

O Brasil sempre foi um grande laboratório de miscigenação de nossas raízes, entremeadas desde a religiosidade dos brancos, dentre outros aspectos sociais; a culinária e as variações dos remédios caseiros dos afro-brasileiros, até a agricultura cultivada pelo índio. As associações desses valores influenciaram beneficamente os costumes dos povos em quase todo o mundo.

A cultura popular em Santo Amaro, num pretérito não muito distante, teve no samba de coco, de dona Zefinha, já falecida, um referencial de grande significado. Segundo os pesquisadores, a dança nasceu a partir das aculturações dos aborígenes africanos, e surgiu no Brasil no século XVIII, na fronteira entre os Estados de Alagoas e Pernambuco. Esse "saber popular" destacava-se com excelente representatividade nos meios compatíveis em todo Vale do Cotinguiba. Aí está um exemplo das aspirações étnicas.

Em Santo Amaro das Brotas, essa manifestação foi introduzida por intermédio do senhor João Batista dos Santos, o "Batistinha", na época com 68 anos de idade. Segundo ele, em entrevista à Secretaria de Estado da Educação e Cultura (SEEC) *"quando era menino já brincava o samba de coco"*. Disse também que aprendeu observando a evolução da dança na performance dos tocadores alagoanos.

Em um levantamento realizado sobre o folclore no município, foi constatada a existência de seis grupos folclóricos: Reisado (dois grupos), Batalhão, Chegança, Guerreiro e o já citado Samba de coco. O trabalho de pesquisa foi elaborado pela Secretaria de Estado da Educação e Cultura, sob a coordenação da folclorista Aglaé Fontes de Alencar, uma das mais importantes autoridades do assunto no Estado. Entretanto, não foi possível determinar o período em que se processaram os apontamentos.

Através desses dados, foram reveladas as circunstâncias que levaram os grupos a provável extinção. Dentre os vários casos que concorreram para esse saldo negativo, estão o desenvolvimento da industrialização e o aperfeiçoamento das sociedades. Há três fatores predominantes gerados: a inobservância dos órgãos do governo, a falta de recursos e o afastamento dos seus líderes, impulsionados pela idade avançada ou por falecimento, que causaram danos irreversíveis para a cultura local. Recriá-los sob pretexto de condicioná-los meramente ao usufruto turístico, fatalmente tende a ignorar o sincretismo religioso, do qual se originou, e que é passado de geração a geração. A dissociação desse preceito, o folclore fica fadado à insignificância de uma expressão apática, por interromper todo um ritual de preparação estabelecido por tradição.

O samba de coco de dona Zefinha é destacado pelo pioneirismo, e por ela própria, como sua maior divulgadora, que se manteve à frente do grupo por quase quatro décadas. Quarenta e três pessoas, incluindo os dois tocadores e os cantadores – que a maioria das vezes tiravam os versos de improviso -, integravam o elenco do grupo. A participação de dona Zefinha no meio cultural foi de real importância para a vida artística de Santo Amaro, não apenas pela função folclórica, mas também, pela contribuição em favor da defesa da cultura do barro que evidenciou o município no campo artesanal. Grande parte da literatura oral difundida em Santo Amaro desapareceu com o falecimento de dona Zefinha.

A despeito do que se herdou do misto dessas culturas, pode-se afirmar que o folclore é verdadeiramente a enciclopédia das tradições, onde se pode verificar as crendices e todos os costumes populares.

O Batalhão de Santo Amaro era representado no período junino especificamente nos dias de Santo Antônio, São José e São Pedro. A organização dos participantes competia a dona Filomena (falecida). O grupo era composto de 40 pessoas, divididas por dois cordões, isto é, duas filas de pessoas (20 homens e 20 mulheres). A temática da dança era fornecida por 5 tocadores que tiravam o ritmo de instrumentos como o tambor, cavaquinho, tamborim e violões. Os homens trajavam camisas azuis e chapéu de palha, ornado em crepom. As mulheres vestiam saia azul e blusa branca, e sobre a cabeça usavam o mesmo modelo de chapéu dos homens. Nessa dança merece destaque a figura da porta-estandarte, de vestido longo de cor azul ou branca. O grupo extinguiu-se face a idade avançada da organizadora.

Antes de se tornar um auto do ciclo natalino, apresentado por jornadas, a Chegança foi proibida em Portugal em maio de 1745, século XVIII, por Dom João V, que considerava a dança libidinosa e por ferir os conceitos morais apregoados naquela época. A ação punitiva em caso de desobediência era a prisão.

A Chegança, em Santo Amaro das Brotas, era comandada pelo senhor Manoel Paciência Cardoso. A formação do grupo era de 25 homens em idades que variavam de 12 até 60 anos, entre eles participavam quatro crianças. Apenas dois pandeiros davam o toque da dança. Os participantes fantasiavam-se de marinheiros e empunhavam espadas de madeiras.

Esse folguedo revive os combates entre mouros e cristãos. Nesse conflito, os mouros são derrotados e submetidos ao batismo imposto pela igreja católica. Tal como no enredo da Chegança que simboliza os conflitos religiosos vividos pela igreja no combate ao paganismo, curiosamente, no tocante ao que se refere à extinção do grupo, foi o resultado da nova opção religiosa do líder, trocando o catolicismo pelo protestantismo, rompendo com isso o laço com o grupo que em pouco tempo se desfez.

Foto: Clóvis Bomfim

O autêntico Reisado de dona Roselina, no povoado Boticário em uma performance na Avenida Lourival Batista, no ensejo da III Mostra Cultural de Santo Amaro das Brotas, nos dias 27 e 28 de outubro de 2001

Os Reisados do senhor Brás e o de dona Laudelina – ambos atuaram por muito tempo em Santo Amaro – foi outro folguedo que chegou às vias da extinção. Essa manifestação folclórica tem sua origem fundamentada nas tradições portuguesas, onde os praticantes pediam esmolas enquanto dançavam. O Reisado chegou ao Brasil através dos colonizadores no século XIX, com as seguintes denominações: Reisado e Reiseiros. Tem caráter religioso e profano e celebra o nascimento de

Jesus Cristo e a festa de Reis. Do "Reisado de Brás", como era conhecido, participavam 25 pessoas: 10 homens e 15 mulheres, divididos em dois cordões: verde e vermelho ou encarnado.

Pastoril Mirim Aprendizado Agrícola, organizado pela professora Adely Caldas, apresentado em 27 de outubro de 2001, na III Mostra Cultural de Santo Amaro das Brotas

A principal característica do Reisado é a farsa do boi que, quando em cena, empreende rodopios, brincadeiras e muita dança. Depois é morto e ressuscitado em seguida. Os personagens mais conhecidos são: o caboclo ou Mateus, a dona do baile ou dona Deusa, o boi, o contramestre, a cigana, a baiana, a cabocla e o Jaraguá, entre muitos outros.

Atingida a terceira idade, o senhor Brás ficou impossibilitado de dá continuidade aos seus trabalhos. A falta de um sucessor associada à desistência da figura que encarnava a personagem dona Deusa, que trocara de religião, fez com que o "Reisado de Brás" desaparecesse. Do mesmo modo aconteceu com o "Reisado de dona Laudelina", que contava 15 pessoas no elenco, eram 9 mulheres, 4 tocadores, o boi e o caboclo. As mulheres trajavam vestidos verde e vermelho, de cintura, rodado, franzido, curto com short, com fitas coloridas. O chapéu era todo recoberto com o mesmo tecido do vestido, com flores de papel crepom e fitas. O calçado era alpercata de couro cru.

A linha melódica do Guerreiro dá a nítida certeza de que se trata de uma extensão do Reisado, tanto na definição do trajar quanto no perfil de alguns personagens. O guerreiro surgiu no Estado de Alagoas e tem como tema central a história de um romance enunciado entre a rainha Genoveva e o corajoso índio Perí. O adultério da rainha é descoberto pelo rei Severino que é morto em combate contra Perí. O grupo de Guerreiro de Santo Amaro das Brotas tinha como líder o casal Moacir e Antônia. Com a separação do consórcio, o grupo foi desfeito. Dele participavam 21 pessoas, 17 mulheres e 4 homens. A faixa etária das mulheres compreendia entre 15 e 17 anos.

Um artigo publicado em Londres, na Inglaterra, na revista "The Atheneum", no ano de 1856, assinado por Willian John Thoms, criava o termo Folk-lore, que o definiu como "saber tradicional", (FOLK), "do povo"; (LORE), "sabedoria". Esse saber popular, como definiu bem o autor, manifesta-se por meio de suas cantorias, na trama de suas estórias, por suas lendas, pelo entoar dos refrãos, pelos ditos populares, usos, suas crenças, cerimonias tradicionais, trajes e costumes.

Os últimos anos do século XX em Santo Amaro foram marcados pelo desaparecimento desenfreado desses grupos folclóricos, desfavorecendo toda uma tentativa de implementar e fortalecer a preservação das raízes do respectivo município.

Artesanato

No cenário cultural, o município de Santo Amaro das Brotas havia se portado como uma das vertentes pela exteriorização dos seus valores. Como exemplo disso faz-se necessário reportar ao período em que tinha participação ativa no processo de produção de peças artesanais, incluindo-se aí desde a confecção dos bordados e dos objetos feitos de barros. Por causa da argila que abunda no seu solo, Santo Amaro ficou conhecida como "cidade do barro". O material produzido aqui concorria de igual para igual com as maiores potencialidades no ramo de comercialização do artesanato no Estado de Sergipe.

Todo material comercializado em Aracaju era oriundo do interior sergipano, como Santo Amaro das Brotas, Neópolis, Carrapicho, Divina Pastora, Itabaianinha, Tobias Barreto, Pirambu, Estância, Propriá, estas, entre tantas outras cidades, tinham maior destaque.

O ciclo do barro foi em outra época, extensivamente explorada pelos proprietários de olarias, detentoras de importante papel de produtoras de tijolos e telhas, destinado para construção civil, face a facilidade na extração da matéria-prima disposta na formação do terreno rico em argila que sustentavam as bases de suas estruturas.

Os pequenos produtores, com suas oficinas de fundo de quintal, optaram pela evolução da linha artística diferenciada, dominando a arte e desenvolvendo traços mais expressivos, subtraindo os formatos geométricos.

O artesanato verificado com barro era tutelado pelas cinco olarias existentes no município, de propriedade dos senhores Louro, José Xavier (Zé meu tio), Áureo, Neco e Zé Cabôco, a deste último sobreviveu em meio à estagnação. Esmeram-se ainda na produção artesanal as senhoras Wanda, Marinalva, Gedalva, Sofia, entra tantas outras ainda anônimas.

Igreja matriz de
Santo Amaro das Brotas

Igreja matriz de Santo Amaro das Brotas, segundo acredita-se, de ter sido projetada por um engenheiro militar

O templo católico foi construído em 1728. O território administrativo do qual se constituiu o município de Santo Amaro das Brotas compreende a rica e produtiva zona canavieira do Cotinguiba, a região mais importante do Estado, enquanto província.

A área onde está elevada a majestosa matriz foi doada aos frades carmelitas pelo coronel Pedro Barbosa Leal e a esposa dele, a senhora Mariana de Espinosa, em 1721[1]. Os frades também construíram um convento, que se localizava na antiga Rua Eronides Carvalho, atual Avenida Sales de Campos. Além de disseminar os ministérios da catequização dos índios, também desenvolveram a arquitetura religiosa com operosas construções de templos monumentais, traduzindo as formas de edificação europeia.

Notadamente, os altares-mores, em geral paramentados em prata e ouro, como todo espaço interno, denotam suntuosidade e riqueza. Ostentam o poderio e a dominação da igreja temporal, que chegou a exercer soberana influência sobre a monarquia, tanto quanto assenhora-se das relações materiais e a dogmática espiritual.

A religião em seu amplo aspecto, como já dissera o professor da "Faculdade de Direito do Recife José Antônio de Figueiredo", quando se referiu à criação de uma determinada irmandade, disse:

> Só a religião oferece uma verdadeira e real garantia à ordem e tranquilidade pública de que só ela pode sancionar de uma maneira positiva e dogmática a moral social, e prevenir e acautelar crimes cuja alçada e investigação escapam às leis humanas[2]

O advento dos jesuítas, no Brasil, data de 1549. Nesse caso, liderado por Manoel da Nóbrega nas várias expedições realizadas originalmente de Portugal. Também foi marcado pelo declínio da igreja católica. Naquele momento, a instabilidade do catolicismo ganhava formas desproporcionais, já que o protestantismo se fazia cada vez mais forte e presente em quase todos os países da Europa, abalando as bases da igreja que se viu forçada à exploração de novos continentes, culminando, definitivamente, na cisão da igreja católica.

Dos países europeus não insuflados pelo avanço protestante restaram apenas três: França, Portugal e Espanha, desde 1054. Dividindo-se nessa ordem: Igreja Católica Apostólica Romana e a Igreja Católica Apostólica Ortodoxa. Inácio de Loyola foi o criador da Ordem dos Jesuítas, 1534, reconhecida pelo papa no ano de 1540.

A partir do ano de 1880, a cidade de Laranjeiras divulgava um novo modelo de religião: era o protestantismo que aparecia pela primeira vez em Sergipe, através da Igreja Presbiteriana baseada na doutrina do teólogo francês João Calvino (1509-1564).

Voltando para Santo Amaro das Brotas, a matriz[3] principal monumento católico, por exemplo, ao longo de sua existência, talvez até por intervenção da igreja nos anos em que se sucederam as revoltas dos cidadãos viventes daquele lugar, e, nas decisões adotadas em reuniões que aconteceram em seu interior, que era de capital importância política, e depois de laboriosa apreciação em conselho, irrefutavelmente, também esteve presente participando ativamente um representante do clero, hipoteticamente, o padre revolucionário Gonçalo Pereira Coelho.

Numa dessas reuniões clandestinas, presume-se ter se estabelecido as negociações finais, voltadas para revitalizar o bom senso dos sequiosos membros dos partidos totalitaristas, com efeito de promover a paz, ora ferida no pleito de 1836, culminante da revolta dos "santamarenses", que se instalou até os primeiros momentos de 1837. Nesse ano houve a anistia dos rebeldes. O referido prédio foi saqueado, tendo, teoricamente, o acervo de imagens e outras peças sacras destruídos e/ou extraviados para as mãos gananciosas e profanas dos mentores da invasão.

A igreja tem a fachada que se assemelha com outra que existe na cidade de Salvador, Bahia, a da Ordem Terceira de São Francisco, construída pelo sargento-mor Domingos Pires de Carvalho[4]. Possui, inclusive, uma das mais belas portadas do Estado, obra em cantaria, tendo um nicho esculpido por artistas inspirados, e, ao centro, no alto, a imagem do padroeiro.

Edifício da igreja, tombado pelo Patrimônio Histórico Nacional, representado nessa foto em 1919, ainda sem a torre sineira

Em 1919, foi submetida a sérios serviços de restauração, coordenados pelo padre Luiz Gonzaga Passos[5]. A esse sacerdote coube a autoridade de propor a criação de três comissões responsáveis pela canalização de donativos para o andamento das obras, que perdurou até janeiro de 1920 (vide Ribeiro, Jacintho Dias. Memórias de um santamarense).

O velho altar-mor, peça centenária trabalhada a mão em madeira de cedro, foi substituído por outro de cimento armado. A antiga estrutura, segundo Jacintho Ribeiro em sua obra, estava comprometida pelas infiltrações causadas por goteiras e ainda servia de banquete para cupins. O campanário foi erguido por último, em meados de 1941.

A reforma correu registrando o incidente com o desabamento do forro da capela-mor, que, ao cair, arrastou consigo parte do altar e, por muito pouco, não atingiu o padre Luiz Gonzaga Passos.

No projeto de recuperação do templo constava também erguer outra torre lateral. A ideia, nesse caso, não passou da altura do alicerce, parcialmente encoberto pelo terreno.

Jacintho Ribeiro, que integrava uma das comissões, fez publicar na imprensa o balanço contábil, listando o custeio das obras de manutenção, calculado em torno de quatrocentos e cinquenta e dois mil réis ou em sua ordem numérica, 452$000.

Benfeitor, um vigário da época fez a seguinte consideração sobre ele:

> Santo Amaro, o grande padroeiro desta terra, observou as disposições de sua alma e manifestou a sua graça. Almas generosas não recusaram contribuir para a realisação (sic) de tão nobre empreendimento e, em poucos dias observamos a marcha regular da obra restaurada de nossa matriz (...) É digno de nota o apoio que sua Rv.mª encontrou na pessoa do Ilm° Cel. Jacinto Dias Ribeiro, filho dedicado desta terra, espírito cooperador nas causas do bem[6]

O padre disse ainda que, para celebrar a revitalização da igreja, programou-se uma *"semana eucarística"*. Registre-se ainda que os santamarenses são historicamente ortodoxos à igreja católica.

O padroeiro Santo Amaro, ou São Mauro, é a entidade sacrossanta que dá nome ao município. Trata-se de um jovem monge beneditino, ordenado por São Bento de Núrsia, a quem os pais confiaram a educação monástica do filho para que tivesse oportunidade de se dedicar inteiramente à vida religiosa. Apesar de ser francês, a estirpe de São Mauro, ou Santo Amaro, como é conhecido no Brasil e em Portugal, advém da cidade de Roma, capital italiana. Para alguns teólogos católicos, São Mauro operou muitos milagres, inclusive o de andar sobre as águas. O pai de Mauro, Equício, ocupou lugar no senado romano.

Fachada lateral e frontal da Igreja Matriz de Santo Amaro, em 17 de novembro de 1943

(Igreja Matriz)
DESCRIÇÃO DA FACHADA

Composta por um campanário sineiro, uma cúpula em forma de pirâmide encimada por um para-raios. Tem ao seu redor sobre a cimalha quatro pequenos adornos, também assumindo formas piramidais. Um frontão simples sem ornamentos exuberantes, no seu topo uma cruz que o complementa. Três janelas, todas com ombreiras compõem o coro da igreja pelo lado externo, entre essas, avista-se o nicho com a imagem do santo padroeiro. O portal é uma verdadeira obra de arte, toda em pedra-sabão originária de Portugal, possui portas com folhas em almofadadas.

DESCRIÇÃO DO INTERIOR

As paredes laterais internas possuem duas tribunas sobre "putti", uma para cada lado. Próximo ao altar, observa-se um nicho lateral do lado esquerdo (para quem adentra o edifício), dedicada ao Senhor Morto (a baixo), Nosso Senhor dos Passos (acima), Nossa Senhora do Perpétuo Socorro e São Benedito.

Altar-mor: Restaurado pelo padre Luiz Gonzaga Passos, em estrutura de cimento armado

"Ostensório de prata lavrada. Século XVIII. Hoje integra o acervo do Museu de Arte Sacra de São Cristóvão. Doado pela Paróquia de Santo Amaro das Brotas. O museu está instalado nas dependências da Ordem Terceira do Convento de São Francisco de Assis"

"Nossa Senhora da Conceição: imagem de madeira policromada, procedente da Fazenda Caieira, em Santo Amaro das Brotas. Foi doada para o Museu de Arte Sacra de São Cristóvão por Joaquim José de Menezes Maynart "

Foto: Fernando Seixas

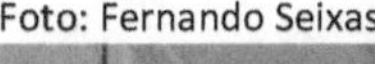

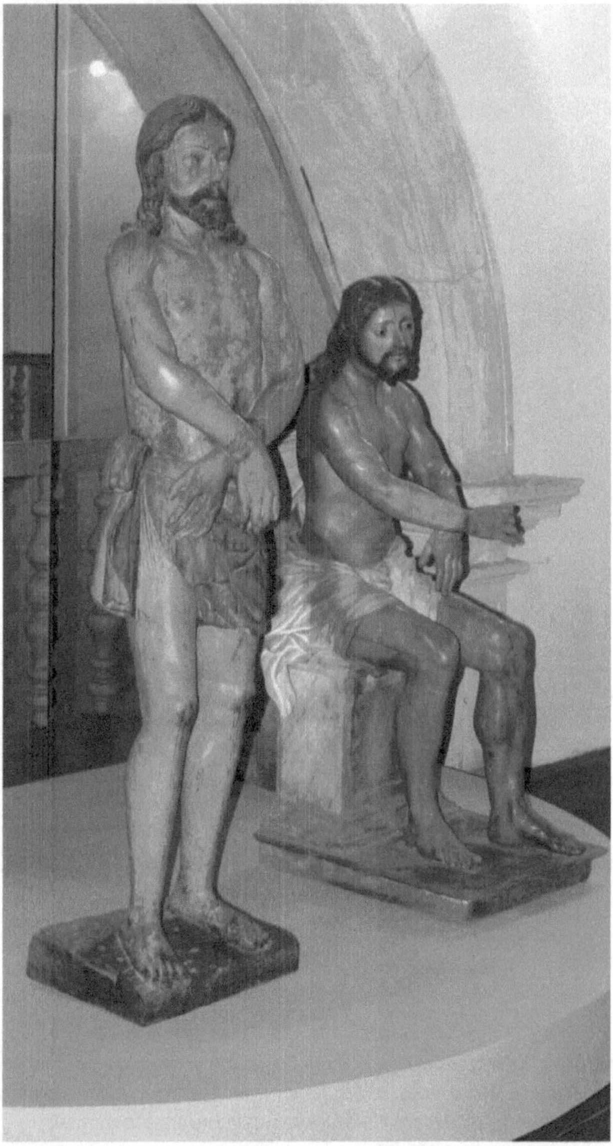

Senhor Atado (de pé) e Senhor da Pedra Fria (sentado): são imagens doadas ao Museu de Arte Sacra de São Cristóvão. Pertenceram ao conjunto imaginário da Igreja Matriz de Santo Amaro das Brotas. De estilo rococó, os estudiosos atribuem a concepção das duas peças a um artista anônimo a quem preferem chamar de Mestre de Sergipe

Cristo da Coluna: imagem até então pouco conhecida pela maioria dos católicos de Santo Amaro. Soube-se que integrava o acervo da matriz, quando se descobriu que estava listada no inventário do Livro de Tombo, 1912. Entretanto, hoje ignora-se onde possa estar. A autoria dessa peça é atribuída ao escultor Manoel Inácio da Costa

Igreja consagrada a São Benedito

Fachada principal da igreja de São Benedito, possui frontão com volutas encimadas por uma cruz, com três janelas sem ombreiras e um vão também sem riqueza de detalhe

A igreja Nossa Senhora do Amparo dos Homens Pardos foi erguida num misto de pedra calcária com tijolo de barro cru. Acredita-se que a construção date do longínquo século XVIII. E foi durante muito tempo dirigida pela irmandade desse nome.

Em princípio de 1910, o abandono fechara-lhe as portas. Para evitar possíveis furtos, as imagens foram transferidas para a igreja matriz. É o que rege a oralidade popular, que ainda revela que nela foi sepultado o comendador Antônio José da Silva Travassos, falecido a 24 de março de 1872.

Hoje, o pequeno templo está consagrado a São Benedito. A maioria dos historiadores acreditam que o santo nasceu no ano de 1526, oriundo de uma família de escravos. Seus pais se chamavam Cristóvão e Diana Lercan, que ao todo tiveram quatro filhos.

Benedito, além de lavrador, ocupava-se como pastor de ovelhas. Foi declarado santo pelo Papa Pio VII e 27 cardeais em maio de 1807. Sua igreja está presente quase em todo o Brasil.

Capela rural de Nossa Senhora da Conceição

Foto: Clóvis Bomfim, em 1999

Quatro motivos lhes dão características singulares: o alpendre, o velho altar-mor, o afresco no forro da nave e o sino 1877

A partir do século XVII, os padres jesuítas iniciaram as construções de várias capelas rurais, que eram edificadas à base de taipa (pau-a-pique), assim como a do engenho Penha, localizada no município de Riachuelo (SE). Em geral, essas igrejas não eram dotadas de abóbadas, mas se destacavam pelos alpendres verificados na maioria delas. Esses abrigos inspirados nas basílicas de Roma obedeciam aos costumes da época. Eram adotadas para o abrigo de pessoas proibidas de ter acesso ao interior dos templos pela mera condição de não ter sido batizadas.

A capela de Nossa Senhora da Conceição[1] foi construída no século XVIII (1750) e está localizada no antigo engenho Caieira, hoje fazenda Santa Maria, em propriedade particular do senhor Gilberto Maynart de Oliveira.

Duas vezes por ano, suas portas são abertas para a peregrinação religiosa procedentes de Santo Amaro e da cidade de Maruim, em louvor às padroeiras Nossa Senhora da Conceição, celebrada no dia 8 de dezembro, e de Santa Luzia, no dia 13 do mesmo mês.

No interior da capela há um afresco executado no forro da nave. É uma representação da mesma Nossa Senhora da Conceição de autoria ignorada. O sino foi fundido na Bahia no ano de 1877 pelo sineiro M. de Vargas Leal.

O templo foi destituído, por furto, desse artefato, o sino, na madrugada de sexta-feira, 4 de fevereiro de 2005. O Ministério Público Federal solicitou da Polícia Federal a instauração de inquérito para apurar o caso.

A restauração da parte física da igreja, como todos os objetos portáteis, aconteceu no ano de 1996. Além de ser protegida por lei patrimonial, ela é a única capela no município que contém pintura artística em sua nave que lembra as obras do renascentismo e, que ainda, se pode contemplar o altar-mor em madeira de cedro talhado a mão. Não se sabe, porém, se o altar preserva a característica original.

Do lado direito do pequeno templo, localiza-se, envolto à vegetação poeirenta, um antigo cemitério utilizado pelos moradores da região, hoje está entregue ao silêncio do abandono.

Altar-mor trabalhado a mão e o afresco que lembra as obras do Renascentismo

De masmorra a Escolas Reunidas
Dr. Esperidião Monteiro

Imagem extraída do livro Memórias de um Santamarense de Jacintho Dias Ribeiro

Na cidade, onde houver um grupo escolar ou qualquer outro prédio público encimado por uma águia, entenda-se como a simbologia do governo de Maurício Graccho Cardoso

O legendário prédio das Escolas Reunidas Dr. Esperidião Monteiro, no município de Santo Amaro das Brotas, foi construído sobre os alicerces seculares de uma das mais temíveis masmorras do Estado. Foi descrita por Jacintho Ribeiro em seu opúsculo "Diário de um santamarense" e foi construída nos tempos áureos da doação de terra feita por Antônio Martins de Azevedo Cidade. A respectiva prisão, segundo os relatos do coronel Jacintho Ribeiro, tinha o piso verificado em terra batida sobre volumosa camada de sal e exalava fétido odor, o que supunha ser do incalculável número de pessoas ali encarceradas, compreendidas entre presos comuns, meliantes de alta periculosidade, como, em tese, pode ter ocorrido ao sargento-mor Bento José de Oliveira, preso em 1806, e Vicente Cardoso, e até cidadãos de bem, trancafiados injustamente.

Dr. Maurício Graccho Cardoso, então presidente do Estado sergipano, baixou o Decreto N° 783 de 24 de fevereiro de 1923, determinando que oito prisões públicas do interior fossem transformadas em escolas, entre as quais achava-se relacionada a de Santo Amaro.

Inspirado pela legitimidade do ato deliberativo expedido pelo chefe do Estado, Jacintho Ribeiro, ainda major, solicitou para que os santamarenses fossem os primeiros beneficiados. Concluída a obra, em outubro de 1923, Graccho Cardoso só a inaugurou nove meses depois, com grande festividade, em 15 de junho de 1924.

Duas salas foram instaladas e receberam os nomes de duas grandes figuras nascidas em Santo Amaro, como o tenente-capitão da armada Roque Ribeiro, irmão de Jacintho, e o senador do império Antônio Diniz de Siqueira e Mello. Cada sala foi destinada para atender as classes masculina e feminina separadamente.

De Intendência Municipal a Cine Ayres da Rocha

Dissemos, na primeira edição deste trabalho, que o Cine Ayres da Rocha tinha sido inaugurado pelo famoso cantor Ítalo-brasileiro Vicente Celestino. Aproveitamos, nesta ocasião, para retificar o equívoco e esclarecer que tal evento jamais aconteceu. As músicas do saudoso cancioneiro eram tocadas pelo operador do sistema externo de alto-falante. Pedimos desculpas pela falha inconveniente

No local onde foi erguido o Cine Ayres da Rocha, funcionou, por muito anos, a Intendência Municipal (prefeitura). De acordo com as anotações do preclaro historiador e pesquisador Carlos Araújo Guimarães, a construção se deu pelo ano de 1798. Acontecimentos memoráveis sucederam nesse lugar, como o discurso inaugural pronunciado pelo então Presidente do Estado, Dr. Graccho Cardoso, onde ficou hospedado, no ensejo do ato público que entregou a população o novo prédio das Escolas Reunidas Esperidião Monteiro. O coronel Jacintho Dias Ribeiro fez as honras de recepção para o ilustre visitante e toda a comitiva do governo.

Depois de demolida, a antiga intendência, Nelson Ferreira Lima, transformou a velha estrutura em um cinema majestoso. O operador de projetor naquela época foi o eminente senhor Milton Vieira Santos, competente fotógrafo que mais tarde empreendeu a obra do seu sonho, o Cine e Teatro Diana, inaugurando-o a 12 de outubro de 1983, com benção solene do padre Carlos Alberto dos Santos. A área onde está construído o referido Cine Diana, mede 240 metros quadrados, suas acomodações ainda contam com uma lanchonete, bomboniere e 250 cadeiras.

Durante a inauguração (12/10/1983), foi exibido o filme "Na trilha da Justiças", estrelado pela dupla Teixeirinha e Mary Terezinha. No ensejo, muitas figuras ilustres compareceram ao ato inaugural.

Já o Cine Ayres da Rocha foi inaugurado num domingo, às 18h00, do dia 14 de setembro de 1958, na mesma data em que teve lugar o fornecimento de energia elétrica do município, era então prefeito o senhor Helber José Ribeiro. A programação teve início às 8h00, e se arrastou até bem mais que as 19h00 com movimentado festejo na única unidade escolar do município, as Escolas Reunidas Esperidião Monteiro.

Certamente, por conta do final de seu mandato, Nelson Lima não iria inaugurá-lo em sua gestão. O roteiro anunciava um dia inteiro de comemorações. Começou com missa ministrada pelo padre Afonso Chaves, e às 14h00 recepção ao governador do Estado Leandro Maciel, às 17h00, representantes da CHESF e o prefeito, finalmente, de modo oficial deram início ao fornecimento de energia elétrica no município.

Vila Diva Ribeiro

Diva Ribeiro: Nome da vila é uma homenagem de Jacintho Ribeiro à sua esposa

A vila Diva Ribeiro é a antiga denominação atribuída pelo proprietário e idealizador Jacintho Ribeiro. Simbolizava a expressão de amor à sua esposa e à terra natal. A referida vila, que começou a receber os primeiros traços de edificação em setembro de 1931, transformou-se em maternidade suprida de instrumentos hospitalares afins e adequadas instalações, como salas de pré-parto e partos, berçário, incubadora e enfermaria. Tinha ambulatório anexo. Todos os serviços da maternidade eram geridos pela fundação do mesmo nome: Fundação Diva Ribeiro.

Uma curiosidade: quando em funcionamento, na condição de casa de parto, para homenagear os antigos proprietários, ficou determinado pelos dirigentes da referida instituição que a primeira criança do sexo masculino ou feminino que ali nascessem, em comum acordo com seus pais, receberiam o nome de Jacintho ou Diva.

Com a municipalização da saúde, ocorrida em 26 de fevereiro de 1997, no governo de Albano Franco, a prefeitura, na gestão de Renes Ferreira Barros, assinou um convênio para administrar os serviços prestados naquela casa de partos. No dia 20 de julho do mesmo ano, a maternidade foi fechada, e deveria passar por uma reforma na estrutura física, o que não aconteceu.

A mansão ostentava um modelo colonial e foi no passado a residência do coronel Jacintho e Diva Ribeiro, que a inaugurou em grande estilo, com benção do cônego Antídio Teles de Menezes, em 30 de janeiro de 1932. Com o falecimento do marido, dona Maria Diva de Souza Ribeiro facultou o imóvel para Arquidiocese de Aracaju. A transferência foi feita, sob o olhar da legalidade, e passada a escritura em cartório do único ofício de Santo Amaro, que na época, ficava na Rua Antônio José do Vale Marafuz, a 20 de janeiro de 1962. Foram testemunhas o industriário Joaquim José de Menezes Maynart, Agenor Martins Fontes, e o representante da parte beneficiada, Dom José Vicente Távora, arcebispo metropolitano. O documento foi lavrado pela tabeliã Margarida Pereira de Azevedo. O casal possuía ainda outra propriedade na cidade de Aracaju.

Conforme atesta a escritura pública, o valor fiscal do patrimônio correspondia a Cr$ 20.000,00 (vinte mil cruzeiros), moeda corrente da época. Foi manifestado pela distinta senhora o desejo de não desligar-se de Santo Amaro, podendo veranear quando assim o quisesse. A segunda casa, localizava-se na praça São José, também foi doada para Arquidiocese para o funcionamento da Colônia de Férias São José, da Juventude Operária Católica. A área media três tarefas, e o valor fiscal avaliado era de Cr$ 12.000,00 (doze mil cruzeiros).

Um ano e oito meses depois, já residindo em Fortaleza (CE), e saudosa do tempo que convivera ao lado do falecido esposo, Diva Ribeiro, como sucessora universal, a pretexto de visitar o túmulo onde o seu marido repousa o sono eterno, regressou a Santo Amaro. E no mesmo cartório, a 20 de setembro de 1963, foram pagas por ela 46 títulos de apólices da dívida pública. Ela dizia que a distância não a tornaria indiferente às benfeitorias praticadas por seu marido quando em vida. Diva, alegando que, de algum modo, daria continuidade às ações dele. No ensejo foram testemunhas os senhores Joaquim José de Menezes Maynart e Júlio José de Azevedo Filho. O ato foi registrado pela tabeliã Elisabete Alves Costa.

Na escritura pública de doação "inter vivos" consta que Diva Ribeiro comprou o imóvel que se situa na praça São José do casal João Balbino de Almeida e sua consorte, a senhora Nivalda de Faro Almeida, e passada no cartório de imóveis de Maruim, no dia 22 de abril de 1948, pela tabeliã Elze Soares Torres.

Em 1991, a Rede Globo de televisão, em parceria com o governo do Estado de Sergipe, promoveu pequenas reformas na parte física do prédio para as filmagens da minissérie "Tereza Batista Cansada de Guerra", uma adaptação da obra do escritor baiano Jorge Amado, dirigida por Paulo Afonso Grisolli, e exibida em abril de 1992. Pelo menos seis cidades sergipanas serviram de locação para os sets de filmagens, eram elas: Aracaju, Maruim, Laranjeiras, São Cristóvão, Santo Amaro e Estância. Os trabalhos tiveram início em maio, terminando no dia 31 de junho de 1991. O porto Agenor Martins Fontes, também serviu de cenário a céu aberto nas cenas externas.

Os moradores de Santo Amaro foram aproveitados pela produção e atuaram como figurantes.

Carlos Araújo Guimarães,
"Sr. Dominguinhos"

Foto: Clóvis Bomfim

Memória viva de Santo Amaro das Brotas

Historiador e notável sonetista, nasceu no dia 2 de agosto de 1914, no município de Santo Amaro das Brotas. Ele fazia questão de salientar o antigo status de vila do seu torrão de origem, representada outrora por homens de personalidades sobrepostas sobre a lividez que fazia sucumbir a ausência de atitude, pelo dinamismo e altivez.

Carlos Guimarães, ou "Sr. Dominguinhos", como se costumava chamar, é filho do ex-intendente municipal Ascendino Araújo e de Etelvina América Guimarães, já falecidos. Ele teve na figura paterna seu mais dileto amigo e confidente.

Como se dizia, ele iniciou e concluiu o estudo primário, hoje ensino fundamental, nas Escolas Reunidas Dr. Esperidião Monteiro, na presente década: Colégio Estadual Esperidião Monteiro, em companhia dos seus contemporâneos mais distintos e colegas de classe: Nelson Ferreira Lima, Gerson Cardoso da Silva, Odilon Teles Filho, Oldemar Brandão Teles, João Ferreira da Costa, dentre tantos outros que em tão diminuto espaço não caberia citá-los.

Do seu tempo e de outros mais remotos, conseguia com admirável habilidade, tal qual talentoso maestro que com sua batuta rege uma orquestra, destrinchando os aspectos mais pitorescos da história local. Remontava o pretérito da antiga vila de Santo Amaro, cujo correr das décadas se processam num ritmo similar ao de um duelo de ávidos repentistas, pondo-se a versejar datas e episódios de maior realce, lembrados por ele.

No ano de 1936, o interventor Alon de Matos Teles, nomeou Carlos Araújo Guimarães a Secretário-tesoureiro da prefeitura. Subsequente a esse ano, foi indicado para o posto de agente municipal de estatísticas, no mandato do prefeito Júlio José de Azevedo. Permaneceu no cargo até o governo de Agenor Martins Fontes, em 1939. Trinta e cinco anos depois foi requisitado pela administração de Neslon Ferreira Lima para outra vez assumir a pasta de secretário-tesoureiro, em 1974.

Na atividade jornalística teve seus artigos publicados nas páginas dos mais conceituados órgãos de comunicação do Estado e de outros periódicos do país, como: Jornal da Cidade (SE), A Voz do Estado de São Paulo (SP), Correio do Povo (SP), A Estância (SE), Folha Trabalhista (SE), El Sergipense (SE) e Folha de Neópolis (SE).

Foi reverenciado pela imprensa sergipana ao receber o Título de Sócio Benemérito conferido pela ASI – Associação Sergipana de Imprensa, em setembro de 1997, no salão de festas do Iate Clube de Aracaju, em alusão às comemorações ao Dia da Imprensa.

Influenciado pelo pai, Carlos Araújo Guimarães, dedicara-se efetivamente às pesquisas e a escrever relatos sobre a história de sua terra-berço. Tarefa, aliás, que abraçou com grande entusiasmo. Tem,

inclusive, assinalado uma expressiva folha de serviços inteiramente dedicados à comunidade da qual faz parte, desde 1932.

Cronista de incontestável estilo, escreveu verdadeiras obras de
cunho literário. Tais trabalhos ainda esperam por uma publicação con-
digna.

HOMENAGEM

Josefina Cardoso Braz,
"Zifa"

Álbum de família

Josefina: dedicação à literatura infanto-juvenil

Josefina Cardoso Braz é autora de quatro livros de literatura infanto-juvenil. A eles atribuiu os seguintes títulos: "As Formiguinhas
Amigas", "O Patinho Bonitinho", "Vamos fazer uma brincadeira engra-
çada? " e "Cantiga de ninar". Zifa, como é chamada por parentes e pessoas mais próximas ao seu ciclo de amizade, tinha apenas onze meses

quando sua mãe faleceu. Josefina é filha do casal Euphrazina Santos Cardoso e José Cardoso da Silva.

Josefina nasceu em Santo Amaro das Brotas, a 28 de abril de 1926. Coincidentemente a data é indicada no calendário como Dia da Educação, e a ela devotou-se ostensivamente. A relação com a causa educacional teve relevante respaldo para a carreira que abraçou como educadora. Eis os objetivos alcançados: Licenciou-se em Língua Portuguesa pela Universidade Federal de Sergipe – UFS, pós-graduando-se em Língua Portuguesa-Redação, pela Pontifícia Universidade Católica – PUC/MG -, e como literata publicou as obras citadas acima.

No currículo ainda consta o curso que frequentou em Telaviv, em Israel; outro de leitura dinâmica, educação programada e língua francesa, sendo este último feito no Centre de Lengues A Louvain-la-Neuve, na Bélgica, entre vários outros cursos ligados à educação.

Atuou em seu Estado como professora no conceituado Colégio Jackson de Figueiredo e na Escola Técnica Federal de Sergipe, que passou a ser: Centro Federal de Educação Tecnológica – CEFET - foi quando veio a aposentadoria.

O livro que titulou como "As formiguinhas amigas" tem como enredo uma história real. Josefina relata o laço fraterno compartilhado intensamente com a holandesa Elizabeth Huidekoper que, com o fim da Segunda Grande Guerra, mudou-se para o Brasil, fixando residência no Estado de Minas Gerais, e tempos depois decidiu morar em Sergipe.

Outra vez Elizabeth teve que se mudar, indo morar em Salvador. A distância, porém, não causou infortúnio e fez com que as duas amigas fortalecessem ainda mais esse laço por meio de cartas e telefonemas, até ela retornar definitivamente para o seu país de origem.

Decidida, Josefina resolveu empreender a viagem de seus sonhos: foi visitar Elizabeth na Holanda. Essa ocasião demonstrou que a distância nada significa quando há um elo mútuo e verdadeiro entre as pessoas. Elizabeth Huidekoper já faleceu e Zifa guardou na caixa da memória todos os instantes vividos por elas.

Maria Amábile Caovilla,
a "Tia Bela"

Foto: Divulgação

Tia Bela dos Paulenses: patronesse da Unidade Pré-Escolar que leva seu nome

Simplesmente irmã Amábile. Maria Amábile Caovilla há décadas acolheu a todos os santamarenses sob a luz da generosidade, desde a sua mudança em 1969. Muito cedo, porém, ainda criança, quando chamavam-na pelo nome de Bela, que se sentira vocacionada para a vida religiosa. A autora de sua biografia, de onde estas linhas foram inspiradas, soube com muita clareza e razão interpretar o anúncio futuro que já acenava em sua idade prematura: a bondade que lhe aflorava os anseios se estenderia ao longo dos anos.

Irmã Amábile nasceu aos 19 dias de fevereiro de 1929, no município de Monsenhor Paulo, antiga Nossa Senhora da Conceição da Ponte Alta, no Estado de Minas Gerais. Seus pais Adamo Caovilla

(1891/1955), era um fazendeiro de renome, e Adélia Baldim Caovilla (1893/1967), eram de linhagem italiana. Essa família deu ao município os primeiros traços de evolução.

Tia Bela conviveu com sua irmã mais velha Filomena Caovilla por um período de dez anos dedicando-se aos estudos. Na família ainda se destacou um outro irmão, Virgílio Caovilla, que, como o pai, se enveredou efetivamente pela vida de fazendeiro. Em Monsenhor Paulo, Virgílio elegeu-se vereador para o período legislativo de 1953 a 1955.

Enquanto aluna das Escolas Reunidas, jamais poderia deixar de mencionar os nomes de suas professoras do ensino fundamental (curso primário), as senhoras Alice Brasilina de Souza e Maria Totti.

Catequista de candura expoente, dedicou parte de sua vida a auxiliar crianças a descobrirem na religião os conceitos que regem a filosofia humana. Esta e outras atividades ligadas à religião lhe rendeu a secretaria da Pia União das Filhas de Maria, onde dera maior impulso ao seu compromisso religioso.

Aos 28 anos, postulou na Congregação de Nossa Senhora de Sion, a 7 de setembro de 1957. Recebeu aos 30 anos, a Cruz de Petrópolis. Os primeiros votos vieram no ano de 1962, e só em 1968 recebeu os Votos Perpétuos. Esteve em São Paulo e no Rio de Janeiro como professora. Nesse ano de 1968, ela foi transferida para Santo Amaro das Brotas, onde viveu por mais de 50 anos.

Das visitas que fez à Europa, entremeando as congregações feitas em Paris e aos seminários realizados em Roma, ela se sentia ainda mais convicta de sua caminhada de fé.

A Câmara de Santo Amaro das Brotas a agraciou com o Título de Cidadã Santamarense, na solenidade do dia 30 de julho de 2005.

Ela faleceu na região sul do Brasil, aos 90 anos de idade, no dia 29 de novembro de 2019.

ANEXOS

DIÁRIO OFICIAL

DO ESTADO DE SERGIPE

ANO XX — 50.º da República — N. 7.476 — Aracajú, Quinta-feira, 22 de Dezembro de 1938

EXPEDIENTE DA INTERVENTORIA

DECRETO-LEI N. 150

DE 15 DE DEZEMBRO DE 1938

Fixa a divisão territorial do Estado, que vigorará, sem alteração, de 1.º de Janeiro de 1939 a 31 de Dezembro de 1943, e dá outras providências.

O Interventor Federal no Estado de Sergipe, usando das suas atribuições,

considerando que o Decreto-Lei nacional n. 311, de 2 de Março de 1938, que dispõe sôbre a divisão territorial do Paiz, estabeleceu que somente por leis gerais quinquenais poderá ser modificado o quadro territorial-administrativo e judiciário — de qualquer Unidade da Federação, tanto na delimitação e categoria dos seus elementos, quanto na respectiva toponímia (art. 16);

considerando que, pelo Decreto-Lei n. 522, de 28 de Junho último, o Govêrno Federal prorrogou até 31 de Dezembro próximo o prazo concedido ao Govêrno de cada Unidade Federada para fixar, de acôrdo com as instruções baixadas pelo Conselho Nacional de Geografia, em primeira lei quinquenal, o novo quadro territorial respectivo, ao qual será apensa a descrição sistemática dos limites de todas as circunscrições distritais e municipais que nêle figurarem;

considerando, entretanto, que a Assembléa Geral do Conselho Nacional de Estatística, em sua Resolução n. 108, de 19 de Julho último, sugeriu normas para a fixação da nova divisão territorial, encarecendo a expedição da lei estadual prevista no § 1.º do art. 16 da lei n. 311 até 31 de Outubro, afim de ser possibilitado o preenchimento das formalidades e providências indispensáveis à efetiva e solene inauguração do novo quadro territorial no dia 1.º de Janeiro de 1939;

considerando que, pelo decreto estadual n. 123, de 20 de Agosto de 1938, fôram adotadas as referidas normas sugeridas pelo Conselho Nacional de Estatística;

considerando, também, que o decreto estadual n. 69, de 28 de Março de 1938, dando execução à lei nacional n. 311, constituiu uma Comissão especial para elaborar o novo quadro territorial a que essa Comissão, desimcumbindo-se do encargo, forneceu elementos seguros ao Govêrno para resolver o assunto;

considerando, ainda, que a efetiva instalação do novo quadro territorial do Estado, ora fixado, exige múltiplas medidas administrativas e que essa instalação será parte integrante de um notavel acontecimento nacional, porquanto no dia 1.º de Janeiro de 1939 entrará em vigor, em todo o Paiz, a nova divisão territorial brasileira, constituindo-se a data uma importantíssima eféméride nacional, que cumpre ser enaltecida por atos públicos solenes;

considerando, finalmente, à conveniência de serem adotadas as sugestões formuladas pelo Instituto Brasileiro de Geografia e Estatística, no sentido de que a legislação relativa à divisão territorial obedeça a normas uniformes e orgânicas, em toda a República, na forma pactuada na Convenção Nacional de Estatística e dentro do espírito sistematizador da lei n. 311,

DECRETA:

Art. 1.º A divisão territorial do Estado, que vigorará de 1.º de Janeiro de 1939 a 31 de Dezembro de 1943, é afixada nesta lei.

Art. 2.º A referida divisão, dentro do mencionado prazo de 5 anos, não sofrerá qualquer modificação, não se entendendo como tal, porém, os atos interpretativos de linhas divisórias que vierem a se tornar necessários.

§ 1.º Constituem as únicas exceções à inalterabilidade da presente divisão territorial:

a) a anexação de um município a outro, motivada pelo fato do respectivo Govêrno não haver apresentado o mapa do seu território, na forma estabelecida no art. 13 do Decreto-Lei nacional n. 311, de 2 de Março de 1938;

b) a recondução de uma circunscrição à situação anterior, motivada pelo fato de não haver ela preenchido os requisitos legais indispensáveis a sua efetiva instalação § 1.º de Janeiro próximo.

§ 2.º A anexação ou a recondução, previstas no parágrafo anterior, serão objéto de ato do Govêrno do Estado que, além de determinar uma ou outra das providências, fixará a data e as formalidades para a sua efetivação.

Art. 3.º A divisão administrativa e judiciária do Estado, para o período quinquenal citado, compreende 11 Comarcas, 39 Têrmos, 42 Municípios e 52 Distritos, êstes como categoria única de circunscrições primárias do território estadual para todos os fins da administração pública e da organização judiciária.

§ 1.º No anexo n. 1, parte integrante dêste decreto, consta a relação apresentando, sistemática e ordenadamente, os nomes de todas as circunscrições administrativas e judiciárias, bem como a categoria das respectivas sédes, todas com a mesma denominação da própria circunscrição.

§ 2.º Em observância ao dispósto no § 1.º do art. 16 da Lei nacional n. 311, e de acôrdo com as instruções gerais baixadas pelo Conselho Nacional de Geografia (Res. n. 2 do Diretório Central), em virtude do mesmo dispositivo, fica tambem apenso a êste decreto-lei, como parte integrante dêle, o anexo n. 2, (*) contendo a descrição sistemática dos limites circunscricionais, onde se define, para cada Município, o perímetro municipal e cada uma das divisas inter-distritais, quando houver.

Art. 4.º As autoridades estaduais e municipais competentes, sob pena de responsabilidade, tomarão as medidas administrativas apropriadas para que, em cada cidade (séde municipal), no dia 1.º de Janeiro de 1939, em ato público solene, se declare efetivamente em vigor o quadro territorial fixado nesta lei, no que concernir:

a) às circunscrições (distrito, município, têrmo e comarca) que tiverem séde na mesma cidade;

b) aos demais distritos que integrarem o respectivo município.

§ 1.º A solenidade prevista nêste artigo será presidida:

a) sendo a cidade séde de comarca, pelo juiz de direito;

b) sendo a cidade apenas séde de têrmo, pelo juiz respectivo;

c) sendo a cidade séde de município sem fôro, pelo prefeito municipal.

§ 2.º No caso de impedimento eventual das autoridades referidas, a substituição delas se fará automaticamente na seguinte ordem:

a) a do Juiz de Direito pelo Juiz do Têrmo;

b) a do Juiz do Têrmo pelo Prefeito Municipal;

c) a do Prefeito Municipal pelo Secretário da Prefeitura Municipal, cabendo a substituição dêste, se tambem impedido, à mais alta autoridade policial que se encontrar na cidade.

§ 3.º A solenidade inaugural do novo quadro territorial, na parte que interessar a cada cidade do Estado, obedecerá ao ritual sugerido pelo Instituto Histórico e Geográfico Brasileiro e aprovado pelo Conselho Nacional de Geografia (anexo n. 3, como parte integrante desta lei), passando a ter, pela sua simultaneidade e conformidade com as solenidades congêneres realizadas nas demais cidades brasileiras, a integral significação histórico-cívico-nacionalista decorrente dos princípios fixados na lei orgânica federal n. 311, de 2 de Março de 1938, e formalmente assentada pelo acôrdo que, entre as Unidades da Federação, promoveu o Instituto Brasileiro de Geografia e Estatística.

§ 4.º Da ata da solenidade realizada em cada séde municipal a autoridade que houver presidido enviará duas cópias autenticadas ao Diretório Regional de Geografia, na Capital do Estado, destinando-se uma a figurar em arquivo próprio e a outra a ser enviada ao Instituto Brasileiro de Geografia e Estatística no Rio de Janeiro, cabendo ainda ao Diretório Regional a obrigação de providenciar para a publicação de todas as atas no órgão oficial do Estado.

Art. 5.º Das disposições da legislação estadual que regularem as modificações do quadro territorial continuarão em vigor as que nem direta nem indiretamente colidirem com as normas dêste decreto-lei.

Art. 6.º O presente decreto-lei entrará em vigor na data da sua publicação; revogadas as disposições em contrário.

Palácio do Interventor Federal no Estado de Sergipe, Aracajú, 15 de Dezembro de 1938, 50.º da República.

ERONIDES FERREIRA DE CARVALHO
M. de Carvalho Barrôso
Epifanio da Fonseca Dória

(*) O anexo n. 2, parte integrante do presente Decreto-Lei, será publicado dentro de poucos dias.

Edição do Diário Oficial em que se dá publicidade ao Decreto-Lei Estadual N° 150, sancionado a 15 de dezembro de 1938, assinado pelo Interventor Federal Eronides Ferreira de Carvalho, que foi veiculado no dia 22 do referido mês e ano. Essa resolução alterou o status de algumas vilas sergipanas que foram elevadas à condição de cidade.

RITUAL proposto pelo Instituto Histórico e Geográfico Brasileiro, e aprovado pelo Consêlho Nacional de Geografia, para a celebração das solenidades cívicas que, na forma da legislação federal e estadual baixadas sôbre o assunto, assinalarão a entrada em vigôr, a 1.º de Janeiro de 1939, do novo quadro territorial administrativo e judiciário da República, que deverá prevalecer inalterado até 31 de Dezembro de 1943.

I

Onde e quando se realizarão as solenidades

As sessões cívicas que se realizarão a 1.º de Janeiro de 1939 para instalar ou confirmar as circunscrições administrativas e judiciárias da República, com os limites, a constituição e a categoria previstos nas leis regionais que houverem dado execução à lei orgânica nacional promulgada sob n. 311, a 2 de Março de 1938, e publicada, no Diário Oficial de 7 do mesmo mês, terão lugar, em todas as sédes das circunscrições municipais brasileiras, já instaladas ou por instalar, às 15 horas, no salão nobre do "forum" ou, onde não houver, na Prefeitura Municipal.

II

Quem presidirá a solenidade

Em cada uma das localidades que se devam confirmar ou investir nos fóros de cidade como sède de município, a solenidade de efetivação do novo quadro territorial se realizará sob a presidência do Juiz de Direito, ou, na sua falta, do Juiz do Têrmo (ou Juiz Municipal), na falta dêste, pelo Prefeito Municipal, e no impedimento eventual dêste, pelo Secretário da Prefeitura ou, finalmente, pela mais alta autoridade policial presente na cidade.

A aprovação destas instruções pelos Govêrnos competentes, valerá por uma delegação expressa às autoridades aqui mencionadas para promoverem, na ordem indicada, a solenidade inaugural do novo quadro territorial.

III

Os objetivos da solenidade

A solenidade cujo ritual estas instruções visam fixar, tem :
— um sentido jurídico ;
— uma finalidade histórica ; e
— um significado cívico.
Juridicamente, ficam todas as circunscrições a que se referir o ato, e com os nomes e a constituição territorial que a lei lhes houver atribuído, investidas de modo efetivo nos competentes fóros, passando as localidades de igual denominação que lhes sirvam de séde, às categorias e prerrogativas correspondentes.
Sob o ponto de vista histórico, as sessões cívicas em apreço solenizarão devidamente o início da vigência do novo quadro territorial. Os acontecimentos dessa natureza, sem embargo de constituírem fatos de grande relêvo tanto na história regional como na história nacional, pois sôbre êles repousa toda a organização política, administrativa, social e econômica da vida nacional, não tenham até agora a consagração que mereciam, e nem deixaram, via de regra, o competente registro nos anais da história pátria. Mas, a partir de 1.º de Janeiro de 1939, cada circunscrição do quadro territorial brasileiro terá, na ata da solenidade aqui regulada, a certidão do seu registro histórico, o qual, já pela sua solenidade e natural repercussão, já pela publicidade que a lei lhe assegura, nunca se apagará dos arquivos **pátrios**.

Como objetivo cívico, finalmente, as solenidades inaugurais do novo quadro territorial visarão a confraternização entre todos os grupos sociais brasileiros. Dando motivos à solenidade a outorga escalonada de diferentes parcelas de autonomia e das prerrogativas correlatas, as comunidades interessadas, ao mesmo tempo que se poderão solidarizar e rejubilar sem qualquer dissonância de sentimento pelo auspicioso evento, também se sentirão penetradas pelo espírito de hierarquia, de ordenada distribuição das responsabilidades e regalias na escala dos valôres que demarcam o campo social, e assim, aprendendo a cultivar os justos sentimentos grupais vão-se também apercebendo da submissão harmoniosa dêsses sentimentos a outros mais altos e mais altruistas, e, portanto, mais nobres, que aproximam e fundem os corações, as inteligências e as vontades na integração da "grande alma" da Pátria comum. E', pois, de um significado culminante sob o ponto de vista cívico que se vão revestir as solenidades aqui previstas, uma vês que elas interessarão a todo o território nacional, a todos os brasileiros sem distinção alguma, realizando-se no mesmo dia e na mesma hora, com a mesma finalidade e o mesmo rito, como expressão de uma só vontade e um só sentimento — a vontade de construir o Brasil maior e o sentimento filial que deseja vêr o Brasil cada vez melhor.

IV

Em que consistirá a solenidade

As autoridades administrativas e judiciárias locais se esforçarão por despertar pelos meios adequados (larga publicidade, festejos populares, solenidades religiosas, passeatas cívicas, etc.) o maior interesse da população, e especialmente da infância e juventude, pelo evento que se vai celebrar, fazendo com que todos bem compreendem a tríplice significação da solenidade.
Para assistir a esta, portanto, devem ser convidadas todas as autoridades civis, militares e eclesiásticas, representantes de todas as corporações e as pessôas gradas de todo o território a que se referir o ato inaugural a ser celebrado.
No momento da solenidade, formada a mêsa que a presidir à sombra da bandeira nacional, aberta a sessão, todos ouvirão ou cantarão, de pé, o hino nacional.
A seguir o Presidente pronunciará precisamente as seguintes palavras, a que fica dado um sentido ritual — cívico, histórico e jurídico :

" Na forma da lei, e de acôrdo com o rito previsto, tendo em mira a salvaguarda jurídica dos interesses do Póvo, o resguardo da tradição histórica da Nação e a solidariedade que deve unir todos os brasileiros em tôrno dos ideais superiores de uma Pátria una e indivisível, bem organizada para bem defender-se, culta e progressista para fazer a felicidade dos seus filhos, eu........ (declarar a qualidade), em nome do Govêrno do Estado, declaro confirmados para todos os efeitos, no quadro territorial desta Unidade da Federação Brasileira, segundo o dispôsto na lei orgânica federal n. 311, de 2 de Março de 1938, e nos decretos-leis estaduais ns. 69 e 123, respectivamente de 28 de Março e de 20 de Agosto, do mesmo ano, todas as circunscrições que teem por séde esta localidade, que conserva (ou — ora recebe) os fóros de cidade, bem assim os demais distritos do município, ficando as respectivas sédes investidas ou mantidas na correspondente categoria de vila.
Assim fique registrado na História Pátria, para conhecimento de todos os brasileiros e perpétua lembrança das gerações vindouras.
Honra ao Brasil uno e indivisível !
Paz ao Brasil rico e forte !
Glória ao Brasil desejoso do bem e do progresso nos melhores sentimentos de solidariedade humana ! "

Será dada depois a palavra a um orador oficial, previamente escolhido, que proferirá uma oração cívica alusiva ao acontecimento.
Seguir-se-á a leitura da ata da solenidade (cujo modêlo consta do capítulo VI destas Instruções), terminada a qual o presidente assinará o competente original, declarando encerrada a sessão e convidando os presentes e deixarem também a sua assinatura nêsse importante documento histórico.

V

Formalidades complementares

O original da ata será cuidadosamente guardado no arquivo do Govêrno Municipal. Do seu têxto e assinaturas, porém, o Secretário tirará duas cópias, que o Presidente autenticará com a sua rubrica em todas as páginas, enviando-as, sob registro, ao Diretório Regional de Geografia para os fins de publicidade no órgão oficial do Estado e devido arquivamento na forma da lei.

VI

Modêlo da ata da solenidade

Em livro ou caderno especial, o secretário *ad-hoc* caligrafará com antecedência a seguinte ata a ser lida no final da solenidade e assinada logo após o seu encerramento:

ATA DA SESSÃO SOLENE INAUGURAL DO QUADRO TERRITORIAL DA REPÚBLICA NO QUINQUÊNIO DE 1939-1943, REALIZADA NA CIDADE DE................, DO ESTADO DE SERGIPE

A primeiro de Janeiro de mil novecentos e trinta e nove, no edifício............. (do Forum ou Paço Municipal), nesta cidade de.......... (o nome), do Estado de............. (o nome), sob a presidência do senhor............. (o nome), (o cargo), na forma da lei, reuniram-se em sessão solene as autoridades e pessôas gradas abaixo assinadas, com numerosa assistência popular, para o fim de se declarar efetivamente em vigôr para todos os efeitos a partir desta data e até trinta e um de

Dezembro de 1943, o novo quadro territorial da República fixado, para o Estado (ou: para o Território), pelo decreto-lei n. .... de .... de ....na conformidade das normas gerais firmadas pela lei orgânica nacional n. 311, de 2 de Março do mesmo ano, na parte referente às circunscrições que teem por séde esta cidade (*se o município tiver mais de um distrito, acrescentar — e aos demais distritos que compõem o seu município*). Aberta a sessão e de pé toda a assistência, foi ouvido (ou cantado) o Hino Nacional, seguindo-se uma vibrante salva de palmas. O Senhor Presidente, ainda de pé à assistência, pronunciá então em voz clara e pausada as seguintes palavras inaugurais: "Na forma da lei, e de acôrdo com o rito previsto, tendo em mira a salvaguarda jurídica dos interesses do Povo, o resguardo da tradição histórica da Nação e a solidariedade que deve unir todos os brasileiros em tôrno dos ideais superiores de uma Pátria una e indivisível, bem organizada para bem defender-se, culta e progressista para fazer a felicidade dos seus filhos, eu,..... .... (declarar a qualidade), em nome do Govêrno do Estado, declaro confirmados para todos os efeitos, no quadro territorial desta Unidade da Federação Brasileira, segundo o dispôsto na lei orgânica federal n. 311, de 2 de Março de 1938, e nos decretos-leis estaduais ns. 69 e 123, respectivamente de 28 de Março de 1938, e de 20 de Agosto do mesmo ano, todas as circunscrições que teem por séde esta localidade, que conserva (ou — ora recebe) os fóros de cidade, bem assim os demais distritos do município, ficando às respectivas sédes investidas ou mantidas na correspondente categoria de vila. Assim fique registrado na História Pátria, para conhecimento de todos os brasileiros e perpétua lembrança das gerações vindouras. Honra ao Brasil uno e indivisível! Paz ao Brasil rico e forte! Glória ao Brasil desejôso do bem e do progresso nos melhores sentimentos de solidariedade humana! Três prolongadas salvas de palmas saudaram e festejaram o momento em que entrou em vigor o novo quadro territorial, exprimindo ao mesmo tempo a solidariedade ao alto pensamento da fórmula ritual pronunciada. Sentando-se, a seguir, a Mésa e toda a Assistência, o Senhor Presidente deu a palavra ao Senhor .... (nome), ..., (qualidade), que proferiu expressiva alocução alusiva aos fins e ao sentido da solenidade, sendo calorosamente aplaudido. O Senhor Presidente, a seguir, agradece à assistência o seu comparecimento, cujo alto significado cívico enaltece, declarando encerrada a sessão e convidando os presentes a ouvirem a leitura desta ata, a qual, depois de lida foi assinada pelo Senhor Presidente e pelas demais autoridades e pessôas gradas presentes ao ato. Eu, ... (nome), ... (qualidade), funcionário como secretário *ad-hoc*, escrevi esta ata e a li ao têrmo da sessão solene cuja realização aqui se registra. Cidade de .... primeiro de Janeiro de mil novecentos e trinta e nove. O presidente, ———— ———— (Assinatura do presidente). (Seguem-se as demais assinaturas)"

Rio, 1º de Setembro de 1938.

(aa) *Mar Fleiuss*, relator
Moreira Guimarães
H. Canabarro Reichardt.

Expediente do dia 21 de Dezembro de 1938

Ofícios despachados.

2º despacho ao ofício n. 122, da Penitenciária do Estado. — Pague-se a quantia de 7:993$000, recolhendo-se, por guia, a quantia de 8:000$000.

—2º despacho ao ofício n. 123, da mesma. — Faça-se o adiantamento da quantia de 8:000$000.

—2º despacho ao ofício n. 117, da mesma. — Faça-se o adiantamento da quantia de 250$000.

Requerimento despachado

2º despacho ao requerimento n. 2.752, do tesoureiro do Hospital da cidade de Riachuelo. — Pague-se a quantia de 500$000, pela Exatoria de Riachuelo.

RELATÓRIO

Do engenheiro-civil Aristides Barrêto Neto, assistente-técnico do Departamento de Saúde Pública:

Exmo. sr. dr. Eronides de Carvalho, Interventor Federal no Estado de Sergipe:

Designado por portaria n. 17, de 23 de Agosto do corrente ano, para fiscalizar as obras de adaptação do Palácio Serigy para o Departamento de Saúde Pública, recebi a direção do serviço no dia 24 do mesmo mês.

Tratando-se da instalação de um serviço clínico movimentado, como sóe ser um Centro de Saúde, impunha-se para sua distribuição o andar térreo, reservando-se o primeiro andar para a administração do Departamento e a do Centro de Saúde.

São óbvios os motivos desta escolha: facilidade de acesso e locomoção para os doentes e sua separação do pessoal administrativo. A distribuição adotada para as diversas secções do Centro de Saúde obedeceu a imperativos de diversas ordens:

1) sendo a construção exageradamente sólida, com argamassa especial, tinha-se que restringir as demolições para fazer a adaptação em moldes económicos;

2) estando o edifício quasi concluido, a reforma devia ser tal que não afetasse o plano arquitetônico da obra, e assim a distribuição interna devia ser função da fachada existente;

3) as condições de ventilação e iluminação dos compartimentos a crear eram subordinadas diretamente ao feitio especial das janelas. E' claro que nesta reforma, se não foi possível satisfazer a estas condições em todo o edifício, porque isto exigiria uma modificação mais profunda, a que fugimos por incabivel no nosso programa, sempre o foi nos compartimentos novos que o Centro de Saúde exigia.

Dest'arte, logramos uma distribuição interna sinão perfeita, mas técnicamente admissivel, em vista das condições prexistentes. E levando em conta estas restrições, ela recebeu o custoso elogio do dr. Barros Barrêto.

No ponto de vista puramente administrativo, porfiamos, ao receber da Diretoria de Obras a construção, em manter a continuidade do serviço, quanto ao pessoal e quanto ao material. E desta maneira evitamos os descontentamentos que se geram sempre nas mudanças das administrações. De fato, todo o pessoal existente, sem nenhuma exceção, continuou a obra até o fim, e as novas aquisições eram sempre feitas dentre aqueles já despedidos na anterior paralização dos serviços.

Obra vultosa, estava a exigir para o seu acabamento material de primeira ordem, e por isso só estudavamos a questão de preços, depois de reconhecer como excelente a qualidade do artigo. Com efeito, sendo a construção civil um ramo relativamente accessivel da engenharia, e onde para tudo existem normas estandartizadas, nada mais tinhamos de fazer sinão controlar a perfeição do trabalho, fugindo de toda e qualquer inovação quanto ao material.

Entre as firmas mais conceituadas da prapa, podiamos escolher os preços mais razoaveis, e foi graças a êste processo de concurrência leal, que os fornecedores antigos se viram na contigência de baixar seus preços. E quando tinhamos de abandonar as ofertas de uma firma de renome, só o faziamos depois de colher provas cabais desta conveniência, levando ao rigor de improvisar laboratórios de ensaios de material, como se tratasse do início da construção.

São sabidas as inúmeras despésas imprevistas que surgem no acabamento de uma obra. Ora, são falhas que se corrigem, ora são reparos imprescindiveis em partes já construidas e algumas vezes, até renovações em serviços que o descaso dos operários deixou imperfeito, o que só seria impedido com a nossa permanência diária na obra, prejudicando as nossas funções no Departamento.

Antes do início das obras, foi feito um orçamento que montou a 78:000$000.

E' claro que foram orçadas somente as obras de adaptação, mas além destas fizemos quasi todas as outras, que dizem respeito a instalação. As despésas estão repartidas da seguinte maneira:

Obras de adaptação:

Pessoal..	28:824$300
Material..	52:932$100
Instalação elétrica..	7:925$900
Instalação telefônica.	1:671$900
Concertos e envernizamento dos moveis, instalação do almoxarifado, da farmácia e Instituto de Química, enceramento, limpésa geral do prédio com retoques na pintura interna, despêsas de mudança e gratificações..	7:165$800
Contribuição à Caixa de Aposentadoria e Pensões dos Industriários..	1:480$000
	100:000$000

A única parte do orçamento não realizada foi a pintura externa, tendo sido compradas as tintas e preparada a balança de andaime com cadernais e cabos. O acabamento externo consistiu em terminar as caneluras da parte inferior da fachada, assentamento de 246 metros quadrados de *trotoir* para o passeio, e a ornamentação de esferas, aliás custosíssimas por serem de concreto.

Apezar de apresentar o orçamento margens, êle foi excedido em 3:756$400, e é verdade que tinhamos a suposição de não atingí-lo. Mas justifica-se êste fato, examinando-se todos os itens do orçamento e verificando que em vários dêles a parte construida sobrepuja a quantidade orçada.

Examinemos:

1) escavações para parêdes novas: quantidade orçada: 69x0.70x0.50.
Quantidade construida 75x0.80x0.60.

2) fundações e embasamento: o mesmo acréscimo. Para manter a continuidade da

obra, estas fôram feitas de concreto, com traço fraco, e com armação.

3) Levantamento de parêdes novas 15 cm. de espessura:

Quantidade orçada: 295 m. q.

Idem construida 374.31 m. q.

4) o mesmo acréscimo no revestimento e na pintura.

5) assentamento de azulêjo:

Quantidade orçada: 70 m. q.

Idem construida: 405 m. q

Recebemos da Diretoria de Obras 338 m. q. de azulêjo, inclusive pequena quantiade de rodapés, tudo no valôr de 14:208$000. Compramos ainda azulêjos, rodapés, terminações e cantos no valôr de 4:080$000.

O assentamento, variado entre 5$000 e 7$500 por m. q. custou 2:835$000, quantia esta quasi igual a que excedeu do orçamento.

6) Piso de mosáico:

Quantidade orçada 21 m. q.

Idem construida: 244.5 m. q.

7) Demolição:

Quantidade orçada: 12 m. cub.

Idem executada: 25,3 m. cub.

Deve-se acentuar que as demolições fôram custosas, por serem as parêdes de alvenaria de pedra muito irregular, e com argamassa especial, muito resistente.

8) Portas:

Orçadas: 26

Construidas: 42.

Ha que acrescentar o portão de ferro da entrada que custou 2:230$000.

10) Instalações sanitárias:

Orçadas: 8

Construidas: 12.

Fazendo estas devidas reduções, e levando em consideração uns 6 m. cub. de concreto armado, construido para vários mistéres, e que representam mais ou menos 4:000$000 e a despesa de 1:830$000 feita com as tintas da fachada e balança, vê-se que as nossas despêsas ficaram muito aquem da cifra orçamentária.

Não temos a veleidade de ter apresentado um acabamento perfeito ao Palácio Serigy, mas podemos afirmar que muito nos esforçamos para isto, e a prova é que procuramos o melhor material nas firmas mais conceituadas da praça E se nos foi tomada como erro uma ou outra exigência a mais, feita nesta obra pública, sirvam-nos de resgate a intenção que tivemos de prestar serviços ao Estado em tão bôa hora entregue à vossa direção, e o desejo forte de corresponder à confiança depositada em nós.

Respeitosas saudações—*Aristides Barreto Neto*, engenheiro civil. Aracajú—12—Dezembro—938.

* * *

SECRETARIA DA JUSTIÇA E NEGÓCIOS DO INTERIOR

Expediente do Secretário

do dia 21 de Dezembro de 1938

Oficios despachados

Oficio n. 281, de 9 do corrente, do Instituto Profissional "Coêlho e Campos"—2° despacho: Encaminhe-se à Secretaria da Fazenda.

—Oficio n. 136, de 15 do corrente da Penitenciária do Estado — comunicando que, na mesma data, o guarda vigilante daquela Penitenciária Arnulfo Alves da Silva, entrou no gôzo de 15 dias de férias—Despacho: Idem.

—Oficio n. 183, de 19 de igual mês, da Imprensa Oficial — pedindo pagamento da quantia de 1:212$500, de trabalhos efetuados para o Departamento de Saúde Pública, de conformidade com os documentos inclusos — 1° despacho: Ao Departamento de Saúde Pública, para informar.

—Oficio n. 184, da mesma Imprensa, de igual data — remetendo, para fins de pagamento, a nota das despêsas realizadas com a execução de serviços para o Departamento de Educação, na importância de 120$000 — 1° despacho: Ao Departamento de Educação, para informar.

—Oficio n. 185, de igual data, da mesma Imprensa — pedindo pagamento de serviços que fôram executados para o Departamento de Estatística Geral e Publicidade, na importância de 37$000 — 1° despacho: Ao Departamento de Estatística Geral e Publicidade, para informar.

—1° despacho ao oficio n. 186, de igual data, da mesma Imprensa — remetendo, para fins de pagamento, a nota das despêsas efetuadas com serviços aviados para a Diretoria do Tesouro, de conformidade com os documentos inclusos, na importância de 3:300$00. — Encaminhe-se à Secretaria da Fazenda, para os devidos fins.

—1° despacho ao oficio da mesma Imprensa, da mesma data, sob n. 187 — pedindo pagamento da quantia de 225$000, de material de expediente destinado à Secretaria da Justiça e Negócios do Interior. — Ao arquivista da Diretoria desta Secretaria, para informar.

—Oficio n. 188, da referida Imprensa, de igual data — solicitando pagamento da quantia de 81$400, de trabalhos executados.

—Oficio n. 189, da mesma data, ainda da Imprensa Oficial — pedindo pagamento da quantia de 40$000, de trabalhos executados para a Guarda Civil, de acôrdo com os documentos inclusos — 1° despacho: Ao Departamento de Segurança Pública, para mandar informar.

—Despacho ao oficio n. 762, do Departamento de Educação, de ontem — participando que a professora de 1ª entrância com sêde em Capunga, município de Itabaiana, d. Maria de Menezes Góis, entrou em gôzo de licença no dia 31 de Maio, voltando ao exercício de suas funções, no dia 12 de Agosto, tudo do corrente ano. — Encaminhe-se à Secretaria da Fazenda.

—Despacho ao oficio n. 79, da Escola Normal "Rui Barbosa", de hoje — dando ciência que, na mesma data, a catedrática de Geografia Geral, Corografia do Brasil e Noções de Cosmografia da Escola Normal "Rui Barbosa", d. Maria Estefânia Cardôso, reassumiu o exercício das suas funções, em virtude de haver terminado a licença em cujo gôzo se encontrava. — Idem.

—1° despacho ao oficio n. 327, dos Serviços de Água e Esgôto da Cidade de Aracajú, desta data — pedindo pagamento da quantia de 2:275$100, por conta da verba do § 32, letra b, do orçamento vigente, proveniente das fôlhas do pessoal diarista daqueles Serviços, correspondentes à semana de 10 a 16 do corrente. — Idem.

Requerimentos despachados

1° despacho ao requerimento n. 941, de João Araújo Neto — solicitando pagamento da quantia de 1:902$000, de artigos fornecidos ao Departamento de Saúde Pública, de acôrdo com as notas inclusas. — Ao Departamento de Saúde Pública, para informar.

—1° despacho ao requerimento n. 942, do mesmo — fazendo idêntico pedido de fornecimento da mesma natureza, ao referido Departamento, na importância de 3:559$100, como provam os documentos inclusos. — Idem.

—1° despacho ao requerimento n. 943, de Anfilóquio Vale, funcionário aposentado—solicitando a sua reversão ao serviço ativo, na função de chefe de secção da Diretoria do Tesouro. — Ao Departamento de Saúde Pública, para que seja o requerente submetido a inspeção médica.

—1° despacho ao requerimento n. 944, de Jónas Amaral — pedindo pagamento, da quantia de 240$000, proveniente de fornecimento feito à Diretoria dos Serviços de Água e Esgôto, de conformidade com os documentos inclusos. — A' Diretoria dos Serviços de Água e Esgôto da Cidade de Aracajú, para informar.

—Requerimento n. 608, da S|A Emprésa Tração Elétrica de Aracajú — 2° despacho. —Encaminhe-se à Secretaria da Fazenda.

—Requerimento n. 706, da mesma Emprésa — 2° despacho. — Idem.

—Requerimento n. 736, da mesma Emprésa — 2° despacho. — Idem.

—Requerimento n. 845, ainda da mesma Emprésa — 2° despacho. — Idem.

—Requerimento n. 871, da mesma Emprésa — 2° despacho. — Idem.

—Requerimento n. 720, da mesma Emprésa — 2° despacho. — Idem.

* * *

Departamento de Segurança Pública

Expediente do sr. capitão Chefe de Polícia

do dia 20 de Dezembro de 1938

Oficios recebidos

Do capitão delegado regional da 3ª zona, com sêde em Estância, de ontem — apresentando o réu Pedro Rocha, acompanhado da carta-guia da sentença a que foi condenado náquela idade, afim de ser o mesmo recolhido à Penitenciária do Estado.

—Da Inspetoria Geral da Guarda Civil e Veiculos, sob ns. 430 e 432, de ontem, e hoje, respectivamente — remetendo 3 chapéus de feltro que fôram apreendidos em mãos suspeitas pelo guarda civil Francisco Alves Feitóza.

—Do delegado de Policia do município de Santo Amaro, sob n. 29, de ontem—acusando o recebimento do telegrama em que esta chefia lhe recomendava a proibição terminante de jogos no período dos festejos natalinos.

Oficios expedidos

Ao diretor, interino, da Penitenciária do Estado, sob n. 1.490 — recolhendo a essa Penitenciária o réu Pedro Rocha, hoje vindo da cidade de Estância.

—A' Secretaria da Segurança Pública do Estado da Baía, sob n. 1.491 — devolvendo, com o competente atestado, o requerimento do recluso na Penitenciária dêste Estado, Lourenço Martins dos Santos, que enviou essa Secretaria a esta Chefia com oficio n. 3741|9131, de 5 do andante.

—Ao Comando Geral da Policia Militar do Estado, sob n. 1.492 — transmitindo, para conhecimento dêsse Comando e fins convenientes, cópia do oficio dirigido a éste Departamento pelo dr. juiz municipal do têrmo de N. S. das Dôres, a respeito de um soldado dessa corporação

ANEXO N. 1 DO DECRETO-LEI N. 150 DE 15 DE DEZEMBRO DE 1938

QUADRO DA DIVISÃO TERRITORIAL, ADMINISTRATIVA E JUDICIÁRIA DO ESTADO PARA O QUINQUENIO DE 1939 - 1943

| Circunscrições exclusivamente judiciárias | | | | Circunscrições exclusivamente administrativas | | Circunscrições simultâneamente administrativas e judiciárias | | Sêdes das circunscrições | | |
| 2 — Comarcas | | 4 — Têrmos | | 6 — Municípios | | 8 — Distritos | | | | |
N. de ordem	NOME	N. de ordem	NOME	N. de ordem	NOME	N. de ordem	NOME	N. de ordem	NOME	Categoria
1	Aracajú	1	Aracajú	1	Aracajú	1	Aracajú—Zonas (1ª Zona) (2ª Zona)	1	Aracajú	Capital
				2	Socorro	2	Socorro	2	Socorro	Cidade
2	Anápolis	2	Anápolis	3	Anápolis	3	Anápolis	3	Anápolis	Cidade
3	Capela	3	Capela	4	Capela	4	Capela	4	Capela	Cidade
		4	Japaratuba	5	Japaratuba	5	Japaratuba	5	Japaratuba	Cidade
		5	Muribéca	6	Muribéca	6	Muribéca	6	Muribéca	Cidade
		6	N. S. da Glória	7	N. S. da Glória	7	N. S. da Glória	7	N. S. da Glória	Cidade
		7	N. S. das Dôres	8	N. S. das Dôres	8	N. S. das Dôres	8	N. S. das Dôres	Cidade
4	Estancia	8	Estancia	9	Estancia	9	Estancia	9	Estancia	Cidade
		9	Arauá	10	Arauá	10	Arauá	10	Arauá	Cidade
		10	Espírito Santo	11	Espírito Santo	11	Espírito Santo	11	Espírito Santo	Cidade
		11	Salgado	12	Salgado	12	Salgado	12	Salgado	Cidade
		12	Santa Luzia	13	Santa Luzia	13	Santa Luzia	13	Santa Luzia	Cidade
5	Itabaiana	13	Itabaiana	14	Itabaiana	14	Itabaiana	14	Itabaiana	Cidade
		14	Campo do Brito	15	Campo do Brito	15	Campo do Brito	15	Campo do Brito	Cidade
						16	Carira	16	Carira	Vila
		15	Ribeirópolis	16	Ribeirópolis	17	Ribeirópolis	17	Ribeirópolis	Cidade
		16	São Paulo	17	São Paulo	18	São Paulo	18	São Paulo	Cidade
6	Itabaianinha	17	Itabaianinha	18	Itabaianinha	19	Itabaianinha	19	Itabaianinha	Cidade
		18	Campos	19	Campos	20	Campos	20	Campos	Cidade
						21	Gerú	21	Gerú	Vila
						22	Igreja Nova	22	Igreja Nova	Vila
						23	Pôço Vêrde	23	Pôço Vêrde	Vila
						24	Umbaúba	24	Umbaúba	Vila
		19	Vila Cristina	20	Vila Cristina	25	Vila Cristina	25	Vila Cristina	Cidade
7	Lagarto	20	Lagarto	21	Lagarto	26	Lagarto	26	Lagarto	Cidade
		21	Buquim	22	Buquim	27	Buquim	27	Buquim	Cidade
		22	Riachão	23	Riachão	28	Riachão	28	Riachão	Cidade
8	Laranjeiras	23	Laranjeiras	24	Laranjeiras	29	Laranjeiras	29	Laranjeiras	Cidade
		24	Divina Pastôra	25	Divina Pastôra	30	Divina Pastôra	30	Divina Pastôra	Cidade
		25	Itaporanga	26	Itaporanga	31	Itaporanga	31	Itaporanga	Cidade
						32	Malhador	32	Malhador	Vila
		26	Riachuelo	27	Riachuelo	33	Riachuelo	33	Riachuelo	Cidade
						34	Santa Rosa	34	Santa Rosa	Vila
		27	São Cristóvão	28	São Cristóvão	35	São Cristóvão	35	São Cristóvão	Cidade
9	Maruim	28	Maruim	29	Maruim	36	Maruim	36	Maruim	Cidade
				30	Carmo	37	Carmo	37	Carmo	Cidade
		29	Rosário	31	Rosário	38	Rosário	38	Rosário	Cidade
				32	Santo Amaro	39	Santo Amaro	39	Santo Amaro	Cidade
		30	Siriri	33	Siriri	40	Siriri	40	Siriri	Cidade
10	Propriá	31	Propriá	34	Propriá	41	Propriá	41	Propriá	Cidade
		32	Aquidabã	35	Aquidabã	42	Aquidabã	42	Aquidabã	Cidade
		33	Canhoba	36	Canhoba	43	Canhoba	43	Canhoba	Cidade
						44	Canindé	44	Canindé	Vila
		34	Cedro	37	Cedro	45	Cedro	45	Cedro	Cidade
		35	Gararú	38	Gararú	46	Gararú	46	Gararú	Cidade
		36	Pôrto da Fôlha	39	Pôrto da Fôlha	47	Pôrto da Fôlha	47	Pôrto da Fôlha	Cidade
						48	Providência	48	Providência	Vila
11	Vilanova	37	Vilanova	40	Vilanova	49	Vilanova	49	Vilanova	Cidade
		38	Jaboatão	41	Jaboatão	50	Jaboatão	50	Jaboatão	Cidade
						51	Pacatuba	51	Pacatuba	Vila
		39	São Francisco	42	São Francisco	52	São Francisco	52	São Francisco	Cidade

Praça Fábio Madureira, com vista para a Igreja de Nossa Senhora do Amparo, hoje consagrada a São Benedito

Vista parcial da referida praça, com destaque para o prédio do Grupo Escolar Municipal Dona Amélia do Prado Franco, construído na gestão de João Ferreira da Costa

Avenida Helber Ribeiro, antes dos melhoramentos feitos na gestão de João Marinho Filho (1993/1996) e Renes Ferreira de Barros (1997/2000)

Antiga fachada do prédio da Fundação SESP, instalada na administração de Joaquim Maynart (1951/1954)

Vista parcial da praça coronel Jacintho Ribeiro. Ao fundo, o prédio do Governo Municipal

O músico Vavá Badejo (com a sanfona), e seu conjunto animavam as festas em Santo Amaro

Vista parcial da praça coronel Jacintho Ribeiro. Destaque para o cruzeiro erguido defronte da igreja matriz. Trata-se de outra iniciativa do padre Luiz Gonzaga Passos

Antigo abrigo rodoviário, construído na gestão de Nelson Ferreira Lima. Localizava-se na praça São José. Foi demolido na administração de Renes Ferreira de Barros

Padre Luiz Gonzaga Passos, pároco de Santo Amaro no período de 1939 a 1948

Os precursores da arte cênica em Santo Amaro das Brotas surgiram através do Grupo Teatral Broteiros, fundado em 1984, numa iniciativa da Secretaria de Estado da Cultura

Prédio da Escola Estadual Esperidião Monteiro nos primeiros quatriênios da década de 1990. A fotografia data de 1994. Atual Colégio Estadual Esperidião Monteiro

*Maria Diva de Souza Ribeiro, esposa do Coronel Jacintho Dias Ribeiro,
nascida no Estado do Paraná, no seio de família cearense,
após o falecimento do marido mudou-se para o Ceará*

Senador Antônio Diniz de Siqueira e Mello nasceu no dia 01 de janeiro de 1800 e faleceu na corte no dia 04 de julho de 1884, aos 84 anos. Esta foto é de autoria de Insley Pacheco, pintor de paisagens e fotógrafo da casa imperial. Segundo Jacintho Dias Ribeiro, tratava-se de um "senhor de engenho do município - Santo Amaro –, ancião respeitável pelas grandes virtudes e pela integridade de caráter de que era dotado, ex-representante da antiga Província.

João Sales de Campos, literato, escreveu Dados Históricos Sobre Santo Amaro das Brotas, *1972. Deixou ainda outros trabalhos, alguns inéditos, como* Os Canicós – uma família sergipana. *Foi também compositor inspirado e, como revolucionário, lutou ao lado de figuras marcantes como Augusto Maynard Gomes, no levante de 1924; Getúlio Vargas, no Rio de Janeiro, em 1930; e na cidade de Salvador. Fundou e dirigiu o Instituto de Previdência do Estado de Sergipe. Nasceu em 1901, faleceu aos 78 anos, em 1979.*

Barão de Maruim: no primeiro ano de governo após a transferência da capital, em 1855, travou desesperada batalha para combater e controlar o cólera-morbo, que se alastrou com absurda rapidez em quase toda a província

Dr. João Ferreira de Britto Travassos:
médico, agricultor e político sergipano

Não se sabe se esse manifesto popular era um movimento pró-candidatura ou se uma campanha de apologia à permanência de Luiz Garcia no governo do Estado (31 de janeiro de 1959 a 06 de julho de 1962), quando de sua renúncia. A vassoura em punho remete, simbolicamente, à campanha de Jânio Quadros e a promessa de varrer a corrupção do Brasil

NOTAS BIBLIOGRÁFICAS

Conflitos com os índios e a conquista de Sergipe

1 – A mestra em Antropologia e professora emérita da UFS Beatriz Góis Dantas descreve com notável domínio os sintomas de perseguição e expropriação praticadas contra os índios, até então muito sentido. Ver artigo de sua autoria, publicado na Revista do Instituto Histórico e Geográfico de Sergipe, N° 32, 1993/1999, os. 19/36. Nas referências atribuídas à presença da tribo Xocó, em Porto da Folha, ela elaborou um trabalho primoroso dedicado às escolas, titulado: "Xocó" (Grupo Indígena de Sergipe), 44 páginas, 1997. Edição promovida pela Secretaria de Educação e Cultura, Serviço de Ensino Fundamental e o Núcleo de Educação Indígena.

2 – Constituição da República Federativa do Brasil, promulgada em 5 de outubro de 1988. Coleção Saraiva de Legislação, p. 118.

3 – BARRETO, Luiz Antônio. Pequeno Dicionário Prático de Nomes e Denominações de Aracaju. 2002. ITBE/BANESE.

4 – Dom João III nasceu em Lisboa (1502/1557), filho de Dom Manuel, de quem lhe herdara o trono em 1521, nomeou Tomé de Souza como 1° governador do Brasil. Por ter criado o sistema de Capitanias Hereditárias, recebeu por alcunha "O Colonizador".

Antes e depois da criação da vila, dos séculos XVII a XX

1 – Cartas do Governo a várias autoridades, N°. 149. Arquivo Público do Estado da Bahia (A.P.E.B). Esta carta foi emitida para diversas câmaras, tanto de Sergipe como da Bahia, e em particular aos coronéis Antônio da Silva Pimentel e Antônio de Campos Margulhão, e data de 16 de setembro de 1697.

2 – Compilação das Leis Provinciais de Sergipe (1835 a 1880), pelo juiz de direito Cândido Augusto Pereira Franco, chefe de polícia da Província do Maranhão, volume 2, I-Z. Aracaju. Tip. de F. das Chagas Lima, rua Aurora. Cx. 01. Arquivo Público do Estado de Sergipe, doravante: (A.P.E.S).

3 – SOUZA, Marcos Antônio de. Memória Sobre a Capitania de Sergipe, 1808, Aracaju, s. c. el. 1877, p. 38.

4 – É possível que Frei Antônio da Piedade tenha nascido no ano de 1660, vindo a falecer em 1724, aos 64 anos. Era religioso de Nossa Senhora do Monte do Carmo, doutor em teologia, tendo sido vigário na Província do Maranhão. O sermão que ele escreveu dando conotação do topônimo de "Santo Amaro das Grotas do Rio de Sergipe" foi oferecido com seu texto pelos santo-amaerenses (santamarenses) à sua Ma-

jestade D'Elrey Dom Pedro II (rei de Portugal no período de 1667/1706), pelo casamento com a rainha D. Maria Sophia Isabel de Neuburg. ANAIS 1972, vol. 92, T.IV [1]. Biblioteca Nacional do Rio de Janeiro. É provável que o documento tenha sido impresso em Lisboa, no ano de 1703, no formato 17,5x10,3cm, com 22 páginas.

5 – FRANCO, Emmanuel. O clã do engenho Porteiras. Revista do Instituto Histórico e Geográfico de Sergipe, N. 33, 2000/2002, p. 88.

6 - Arquivo Histórico Ultramarino (A.H.U.), Sergipe, Inv. 088, cx. 02, doc. 03. Segundo João de Sá Souto Maior, que também elenca a lista das controvérsias, quando registrou numa de suas missivas que a vila havia sido criada na data acima mencionada.

7 – FREIRE, Felisbelo. História Territorial de Sergipe, p. 63.

8 – Ibidem...

9 – O Conselho Ultramarino foi criado em 1643 e consistia em centralizar a administração das colônias.

10 - Compilação das Leis Provinciais de Sergipe (1835 a 1880), pelo juiz de direito Cândido Augusto Pereira Franco, vol. II, I-Z, p. 991, cx. 01. (A.P.E.S).

11 – Ibidem...

12 – Especulamos que quando solicitou a Cristóvão de Barros que lhe concedesse um terreno, Ayres da Rocha tinha em mente o plano de construir um engenho, mas logo abandonou a ideia, optando pela criação de gado. Longe do que imaginou, a fazenda também não prosperou, e ele se viu obrigado a transferir a sua residência, e foi morar em Itabaiana.

13 – Ofício da Câmara de Santo Amaro das Brotas aos Deputados Provinciais, cx. 29, doc. 57. A.P.E.S.

14 – Limites do patrimônio da Matriz. Transcrição parcial do livro de tombo de Santo Amaro, 1912, o inventário elaborado pelo referido sacerdote data de 16 de julho de 1916.

15 – Por muitos anos a carta original esteve em poder do célebre historiador Carlos Araújo Guimarães, cujo estado de conservação requer manuseio delicado

16 – Cx. 29, doc. 30, A.P.E.S.

17 – Ibidem...

18 – NUNES, Maria Thetis. Sergipe Provincial I (1820/1840). Rio de Janeiro. Editora Brasiliense, 2000, os. 136, 137.

19 – MOTT, Luiz R. B. Mott. Sergipe del Rey. População, Economia e Sociedade. Governo de Sergipe/Sec. da Educação e Cultura/FUNDESC, 1986.

20 – Ibidem, pág. 68.

21 – Ibidem, pág. 69.

22 – De acordo com o historiador Ricardo Teles de Araújo, o coronel Hermenegildo José Telles de Menezes é filho de Raimundo Teles Barreto e foi vice-presidente da Província de Sergipe, casado com dona Hemerenciana Sofia Lucena de Menezes, filha de Albano do Prado Pimentel e de Joana Maria de Deus.

23 – MOTT, Luiz R. B. Obra citada, pág. 41.

24 - MOTT, Luiz R. B. Obra citada, pág. 190

25 – Pacotilha: G1 2256. Promotores públicos. A.P.E.S.

26 – Cx. 271, pacotilha 5, doc. 85. Mesa da Consciência e Ordens. Correspondência do vigário de Santo Amaro ao Ouvidor da Comarca de Sergipe Del Rei, em 1 de julho de 1818. Arquivo Nacional (AN), RJ.

Antônio Martins de Azevedo Cidade adquire por compra o Sítio Ayres da Rocha

1 – SOUZA, Marcos Antônio de, Memória Sobre a Capitania de Sergipe, pág. 38.

2 – FUNDO CM[1] 36. Requerimento dos vereadores de Santo Amaro, ao Presidente da Província, Dr. Zacharias Góes e Vasconcellos, em 29 de julho de 1848. A.P.E.S.

3 – LIMA JÚNIOR, Francisco Antônio de Carvalho. Capitães Mores. Coleção José Augusto Garcez. Sec. de Estado da Educação e Cultura. FUNDESC. Págs. 29, 30.

4 – Ibidem, pág. 28.

5 – Nas escrituras públicas de doações feitas em 1701, e outra, do ano de 1721, constam apenas que capela construída pelo doador era consagrada à Nossa Senhora das Brotas, simplesmente.
6 – Os estudos do conceituado historiador Ricardo Teles Araújo, revelam que João Gonçalves Franco residia em Santo Amaro e era proprietário de vários engenhos e um dos mais antigos moradores de Sergipe. Há, portanto, um segundo personagem

com nome similar, nascido provavelmente em 1760, filho de Manoel Ferreira da Cruz. O primeiro, João Gonçalves Franco, poderia ter sido, segundo o respectivo historiador, pai ou sogro de Manoel Ferreira da Cruz.

7 – FREIRE, Felisbelo. História de Sergipe, pág. 412. 2ª Edição. Editora Vozes Ltda. Em convênio com o governo do Estado de Sergipe, 1977.

8 – CAMPOS, João Sales de. Dados Históricos Sobre Santo Amaro das Brotas, 1972, pág. 5. Gráfica Editora João XXIII.

9 – Revista do Instituto Histórico e Geográfico de Sergipe, fascículo III e IV, vol. II. A antiga Vila de Santo Amaro.

Cartas e provisões situam Santo Amaro no período setecentista

1 – Arquivo Histórico Ultramarino (A.H.U), Sergipe, inv.088, cx. 02, doc. 03.

2 – (A.H.U), Sergipe, inv. 080, cx. 01, doc. 84. Consulta do Conselho Ultramarino referente à nomeação de pessoas para a propriedade do ofício de primeiro tabelião do público e notas, escrivão da câmara e almotaçaria da vila de Santo Amaro das Brotas.

3 – Ibidem...

4 – (A.H.U), Sergipe, inv. 088, cx. 02, doc. 03.

5 – Ibidem...

6 - SOUZA, Marcos Antônio de. Memória Sobre a Capitania de Sergipe, 1808, Aracaju, s. c. el. 1877, pág. 42

7 – Arquivos Sebrão Sobrinho, cx. 26, doc. 13, (A.P.E.S)

8 – Ibidem...

9 – Ibidem...

10 – Arquivos Sebrão Sobrinho, "Requerimento da Professora de Santo Amaro". (A.P.E.S)

11 – Compilação das Leis Provinciais de Sergipe, pág. 204. (A.P.E.S)

12 – Arquivos Sebrão Sobrinho, cx. 02. Arquivo Público do Estado de Sergipe. Relatório da Instrução Geral das Aulas Públicas da Província de Sergipe – Apresentado

em 8 de dezembro de 1850 pelo inspetor dr. Guilherme Pereira Rebello. Typ. Provincial de Sergipe, 1851.

13 – A.H.U. Sergipe, inv. 441, cx. 08, doc. 24. Consulta do Conselho Ultramarino sobre a representação que fazem a sua Majestade os Oficiais da Câmara da Vila de Santo Amaro das Brotas pedindo para que o Pároco resida naquela vila ou a nomeação de outro como também os alivie do pagamento do donativo voluntário imposto para as obras públicas da Corte.

14 – A.H.U. Sergipe, inv. 453, cx. 08, doc. 40. "Carta do juiz e mais oficiais da Câmara da Vila de Santo Amaro das Brotas da comarca de Sergipe Del Rey, apresentando à Rainha [D. Maria I] o pesar pela morte do Rei D. Pedro. Ao mesmo tempo que mande suspender, pelo estado de decadência e pobreza em que se encontram, o Donativo Voluntário que oferecera aquele Rei. Solicitam também esmola para os reparos necessários na capela da Igreja Matriz da referida vila.

15 – ANAIS, 1915, vol. 37 [2], Relação dos lugares, povoações e rios da freguesia de Jesus Maria José e S. Gonçalo do Pé do Banco, no arcebispado da Bahia, pág. 224/225. Biblioteca Nacional do Rio de Janeiro-RJ.
16 – Ibidem...

17 – Ibidem...

18 – LIMA JÚNIOR, Francisco Antônio de Carvalho. Obra citada, pág. 56.

19 – Ibidem, pág. 55

20 – ANAIS / 1910, vol. 32 [2], Lista das pessoas que arremataram a propriedade de diferentes ofícios, pág. 17. Biblioteca Nacional do Rio de Jnaeiro-RJ.

21- Fundo/Coleção: Documentos Biográficos. Localização: C-0698,003. Biblioteca Nacional do Rio de Janeiro-RJ.

22 - Fundo/Coleção: Documentos Biográficos. Localização: C-0145,004, N° 003. Biblioteca Nacional do Rio de Janeiro-RJ.

23 – A.H.U. Sergipe, inv. 404, cx. 07, doc. 39.

24 - A.H.U. Sergipe, inv. 327, cx. 05, doc. 53. "Requerimento de Carlos Zacarias de Almeida, ao Rei D. João V, pedindo confirmação da Carta Patente do posto de Capitão mor das Ordenanças da Vila de Santo Amaro das Brotas da Capitania de Sergipe Del Rei (Anexo: Carta Patente)

25 – ARAÚJO, Ricardo Teles. Sergipanos dos séculos XVII e XVIII nos arquivos portugueses, págs. 203/225. (R.I.H.G.S). N° 32, 1993/1999.

26 – ANAIS, 1912, vol. 34 [3]. Lista dos Oficiais do 1° e 2° Regimento de Milícias da Cavalaria da Cidade de Sergipe d' Ellrei, n. 26.286. Biblioteca Nacional do Rio de Janeiro, pág. 223/224.

27 – Ibidem...

28 – ANAIS. Mapa dos bens que possui o Convento de Nossa Senhora do Carmo. (Anexo n° 17.416), pág. 457. Biblioteca Nacional do Rio de Janeiro-RJ.

29 – Ibidem...

30 - SOUZA, Marcos Antônio de. Obra citada.

A prisão história de Bento José de Oliveira e outros detentos

1 – (A.H.U). Sergipe, inv. 481, cx. 09, doc. 16. "Representação dos moradores da comarca de Sergipe del Rey, ao Príncipe Regente [D. João], denunciando as arbitrariedades (crimes, roubos) cometidos pelo Sargento Mor Bento José de Oliveira e outros facínoros"

2 – Ibidem...

3 - LIMA JÚNIOR, Francisco Antônio de Carvalho. Obra citada, pág. 73.
4 - (A.H.U). Sergipe, inv. 478, cx. 09, doc. 15.

5 - LIMA JÚNIOR, Francisco Antônio de Carvalho. Obra citada.
6 – SOBRINHO, Sebrão. Fragmentos de Histórias Municipais e outras Histórias. Aracaju, 2003. Instituto Luciano Barreto Júnior.

7 - (A.H.U). Sergipe, inv. 481, cx. 09, doc. 16.

8 – Ibidem...

9 – Ibidem...
10 – Ibidem...

11 – Ibidem...

12 - (A.H.U). Sergipe, inv. 479, cx. 09, doc. 11. "Requerimento de Antônio José Cardoso, morador na vila de Santo Amaro das Brotas, ao vice-rei e governador-geral do Brasil.
13 – Ibidem...

14 - (A.H.U). Sergipe, inv. 448, cx. 08, doc. 34 e 39. "Requerimento de José Inácio da Cruz, à Rainha D. Maria I.

Transferência e extinção da vila

1 – Carta do ouvidor de Sergipe D'ElRei, Antônio Pereira de Magalhães de Paços, para o governo da Bahia, sobre a criação da vila de Propriá. (Anexa ao N° 28.189). ANAIS, 1915, vol. 37 [2]. Biblioteca Nacional do Rio de Janeiro-RJ, págs. 342/343/344.

2 – Ibidem...

3 – FREIRE, Felisbello. História Territorial de Sergipe. Obra citada.

4 – Revista do Instituto Histórico e Geográfico de Sergipe, fascículo III e IV, vol. II, A antiga Vila de Santo Amaro das Brotas.

5 - FREIRE, Felisbello. História de Sergipe. 1575/1855, pág. 221.

6 – AGUIAR, Joel Macieira. Traços da História de Maruim, 1987. Unigráfica.

7 – Ibidem...

8 – SOBRINHO, Sebrão. Laudas da História de Aracaju.

9 - AGUIAR, Joel. Obra citada.

10 – Revista do Instituto Histórico e Geográfico de Sergipe, fascículo III e IV, vol. II. A antiga Vila de Santo Amaro.

11 – Ibidem...

12 - FREIRE, Felisbello. História Territorial de Sergipe. Obra citada.

Movimento antilusitano

1 – LIMA JÚNIOR. Francisco Antônio de Carvalho. Obra citada.

2 – Ibidem...

3 - (A.H.U). Sergipe, inv. 453, cx. 08, doc. 40.
4 – NUNES, Maria Thetis. Obra citada.

Movimento antilusitano

1 - Arquivos Sebrão Sobrinho, cx. 30, doc. 54. (A.P.E.S)

2 – Há ainda, um filho e um neto homônimos de Albano do Prado Pimentel. É possível que ele, o primeiro com esse nome, tenha sido pai de José da Trindade Pimentel. Os dois são filhos de Antônio Coelho Barreto e Quitéria Gomes de Sá. Essa disposição é acentuada pelo brilhante historiador Ricardo Teles Araújo, estudioso da genealogia das tradicionais famílias sergipanas.

3 - Arquivos Sebrão Sobrinho, cx. 30, doc. 54. (A.P.E.S)

4 – TRAVASSOS, Antônio José da Silva. Apontamentos Históricos e Topográficos Sobre a Província de Sergipe. 2004. Secretaria de Estado da Cultura, pág. 100.

5 – Raymundo de Valois Galvão era médico, nasceu no dia 20 de novembro de 1819, faleceu a 29 de janeiro de 1876, aos 57 anos, está sepultado na capela Nossa Senhora da Conceição, localizada no antigo engenho Caieira, hoje Fazenda Santa Maria, em Santo Amaro das Brotas.

6 - TRAVASSOS, Antônio José da Silva. Obra citada.

Moções da Câmara

1 – FUNDO/CM[1] 33. Nesse documento, os vereadores solicitaram esclarecimentos a respeito da reparação da cadeia, se correria por conta da receita da vila ou da província, onde salientam o artigo 57 da lei de 1° de dezembro de 1828. (A.P.E.S)

2 – FUNDO/CM[1] 35. (A.P.E.S)

3 - TRAVASSOS, Antônio José da Silva. Apontamentos Históricos e Topográficos Sobre a Província de Sergipe, pág. 52. Obra citada.

4 - FUNDO/CM[1] 27. (A.P.E.S)

5 – FUNDO/Coleção: Câmara Municipal. CM[1] 23. (A.P.E.S)

6 - FUNDO/Coleção: Câmara Municipal. CM[1] 32, doc. 66. (A.P.E.S)

7 – Ibidem...

8 – Ibidem...

9 – Colleção de Leis e Resoluções da Assembleia Provincial de Sergipe. 1865. Cx. 2. (A.P.E.S)

10 - Colleção de Leis e Resoluções da Assembleia Provincial de Sergipe. (1835.a 1880), pág. 274 (A.P.E.S)

11 – FUNDO/Coleção: Câmara. CM¹ 39, doc. 109. (A.P.E.S)

Fraude escandaliza a política em Santo Amaro

1 – Relatório com o que o barão de Propriá passou o governo para o dr. Evaristo Ferreira da Veiga. Cx. 09. (A.P.E.S)

Breve colóquio sobre Ayres da Rocha Peixoto

1 – CAMPOS, João Sales de. Obra citada.

2 – MOTT, Luis R. B. A presença de Sergipe Del Rei no Catálogo Genealógico das principais famílias, de Frei Joaboatão e Pedro Calmon. (R.I.H.G.S.), págs. 49/60. N° 33, 2000/2004.

3 – Anais da Biblioteca Nacional do Rio de Janeiro. Vol. XLVIII, 1926. Nobiliarchia Pernambucana, Antônio José Victoriano Borges da Fonseca, pág. 319.

4 - MOTT, Luis R. B. Obra citada.

5 – Anais da Biblioteca Nacional do Rio de Janeiro. Vol. XLVIII, 1926.

A revolução de Santo Amaro e suas consequências

1 – SERGIPE, 400 Anos de fundação e Colonização Rumo ao Desenvolvimento, 1999 – Nessa edição comemorativa publicada pela Secretaria de Comunicação Social traz uma rica relação dos "Governadores de Sergipe"

2 – FREIRE, Felisbello. História de Sergipe, 2ª Edição. Petrópolis, Vozes/Governo do Estado de Sergipe. 1575-1855, pág. 284. 1977.

3 – Trapicheiro, nascido no dia 13 de dezembro de 1783, vindo de Portugal, foi negociante de açúcar que prosperou efetivamente em Maruim. Ver Inventário Cultural de Maruim, pág. 18 – Edição Comemorativa aos 140 anos de Emancipação Política da Cidade, 1994 – de autoria da bióloga e historiadora Maria Lúcia Marques Cruz e Silva.

4 - FREIRE, Felisbello. Obra citada.

5 – RIBEIRO, Jacintho Dias. Santo Amaro das Brotas – Diário de um santamarense. 1945, pág. 16. Discurso introdutório da lavra do Pe. Aurélio Vasconcelos de Almeida, em missa festiva na Igreja Cruz dos Militares do Rio de Janeiro, em 17 de setembro de 1944.

6 – CAMPOS, João Sales de. Dados Históricos Sobre Santo Amaro das Brotas. Pág. 13/14.

7 – Compilação das Leis Provinciais de Sergipe. 1835 a 1880.

8 - CAMPOS, João Sales de. Dados Históricos Sobre Santo Amaro das Brotas. Pág. 14. 1972.

9 - NUNES, Maria Thetis. Obra citada.

10 – JÚNIOR, Caio Prado. Evolução Política do Brasil, Colônia e Império. Págs. 76/77. Editora Brasiliense.

Fraude eleitoral reascende a contenda entre Rapinas e Camundongos

1– DONATO, Hernâni. Dicionário das Batalhas Brasileiras – dos conflitos com indígenas às guerrilhas políticas urbanas e rurais. Ibrasa, 1987 – Biblioteca Estudos Brasileiros.

2 - NUNES, Maria Thetis. Obra citada. Págs. 268/269.

3 – SILVA, Clodomir. Álbum da História de Sergipe. Pág. 276.

4 – Ibidem...

5 – Segundo nota transcrita do livro Conheça Capela, sua terra, sua história e sua gente, de Maria Zuleide Moura, 1ª Edição, 1990. Padre Gratuliano José da Silva Porto é natural do município de Capela, onde foi pároco por 58 anos. Faleceu em seu engenho Junco Velho, em 15 de junho de 1872, aos 87 anos de idade.

6 – DANTAS, Orlando Vieira. A Vida Patriarcal de Sergipe, págs. 89/90. Editora Paz e Terra, 1980.

O ataque a Rosário e o calvário do soldado Evaristo

1– MARCHI, Carlos. Fera de Macabu. Ed. Record, 1998. O autor descreve em análise objetiva o último capítulo da pena de morte no Brasil.

2 – A Guarda Nacional foi criada em 1831 pelo pe. Diogo Antônio Feijó (1784-1843), então ministro da Justiça, e extinta no ano de 1922.
3 - FREIRE, Felisbello. Obra citada, pág. 263.

4 – Ibidem...

A traição de Bento de Mello e a invasão a Santo Amaro

1– TRAVASSOS, Antônio José da Silva. Obra citada, pág. 86.

2 – SILVA, Clodomir. Álbum de Sergipe, pág. 277.

3 - DONATO, Hernâni. Obra citada.

4 - TRAVASSOS, Antônio José da Silva. Obra citada, pág. 88.

5 – OLIVEIRA, Philadelpho de. Registro de Fatos Históricos de Laranjeiras, pág. 55. Ed. 1981.

Caras pretas e caras brancas anunciam nova fase política em Santo Amaro

1– BARRETO, Luiz Antônio. Tobias Barreto, pág. 170.

Morro do Cruzeiro e o surto epidêmico da Cólera-morbo no século XIX

1– A partir dos anos 40 do ciclo de oitocentos, a suspeita de um surto de varíola, ou bexiga, começava a aparecer na vila, atenta para essa aterradora possibilidade, o que parecia ser um ensaio de morte de uma das piores epidemias. Aos primeiros sintomas, os homens intuíram em buscar a cura nas vacinas distribuídas na capital da província. As autoridades sabiam dos ricos caso a bexiga se instalasse no seio dos moradores da vila, por isso solicitaram que as vacinas fossem remetidas para Santo Amaro.

2 – Relação da mortalidade causada pelo cólera-morbo na Província de Sergipe desde setembro de 1855 até janeiro de 1856.

Cólera: flagelo do século XIX

1 – FUNDO/G[1] 1044: Correspondência do chefe de polícia da província, Dr. Frederico Augusto Xavier de Brito para o barão de Maruim. (A.P.E.S)
2 – TRAVASSOS, Antônio José da Silva. Obra citada, pág. 61.

3 – FUNDO/G[1] 1044: Correspondência do Subdelegado de Polícia de Santo Amaro das Brotas, para o Dr. Frederico Augusto Xavier de Brito, Chefe da Secretaria de Polícia da Província de Sergipe. (A.P.E.S)
4 - FUNDO/G[1] 1044: Parecer do Dr. Frederico Augusto Xavier de Brito, remetido para o barão de Maruim, sobre o citado requerimento. (A.P.E.S)

5 - FUNDO/G¹ 1044: Correspondência do dr. Frederico Augusto Xavier de Brito, sobre a qual discorre a respeito da solicitação do subdelegado Antônio Ramos Maia. (A.P.E.S)

6 – Ibidem...

7 – CARDOSO, Amâncio. Obra citada.

Juruama causa reviravoltas em Santo Amaro

1 – RIBEIRO, Jacintho Dias. Memórias de um Santamarense. Rio de Janeiro, 1947, págs. 34/35.

2 – Ibidem, pág. 59.

3 – Ibidem, pág. 31.

4 – BARRETO, Luiz Antônio. Pequeno Dicionário Prático de Nomes e Denominações de Aracaju, pág.9

José Pereira Filgueiras (capitão-mor)

1 – GUARANÁ, Manoel Armindo Cordeiro. Dicionário Biobliográfico Sergipano. Vol. II. Edição do Estado de Sergipe, 1925.

2 – Outras fontes revelam que Tristão Gonçalves de Alencar Araripe é natural de Barbalha (CE) e nasceu no ano de 1790, no sítio Salamanca.

Sebastião Gaspar de Almeida Bôtto

1 – Os Herdeiros do Poder é uma obra conjunta, encabeçada pelo professor Francisco Antônio Dória com colaboração de Carlos Barata, Jorge Ricardo Fonseca, Ricardo Teles Araújo e Gilson Nazareth. Editora Revan, 1994, 272 páginas.

2 – ELLIS JÚNIOR, Alfredo. Feijó e a primeira Metade do Século XIX.

3 - LIMA JÚNIOR. Francisco Antônio de Carvalho. Obra citada.

4 – CALASANS, Pedro de. Verso & Prosa. Aracaju – Secretaria de Estado da Cultura, 1995. Nênia, pág. 281.

5 – SOBRINHO, Sebrão. Fragmentos de Histórias Municipais e outras Histórias. P. Instituto Luciano Barreto Júnior. Aracaju, 2003.

6 – Segundo o magnífico historiador Sebrão Sobrinho, o coronel José Rodrigues Dantas e Melo é filho do coronel português José Rodrigues Dantas e da senhora Maria Rosa de Araújo e Melo.

7 – FUNDO/Coleção: Documentos Biográficos. Localização: C-0232, 004. Biblioteca Nacional do Rio de Janeiro/RJ.

8 – Ibidem...

9 – DANTAS, Orlando Vieira. Obra citada.

10 - TRAVASSOS, Antônio José da Silva. Obra citada.

José da Trindade Prado (Barão de Propriá)

1 – Dom Pedro II foi quem mais concedeu títulos de nobreza. Ao todo foram 876, somados de 1840 a 1889, contra 100 títulos oferecidos por seu pai Dom Pedro I, de 1822 a 1831.

2 – Os autores do Dicionário das Famílias Brasileiras, Carlos Eduardo Barata e AH Cunha Bueno, trocam o nome Mariana por Maria, e data o falecimento do barão, ocorrido, segundo o Dr. Armindo Guaraná, a 5 de julho para 25 de junho.

3 - GUARANÁ, Manoel Armindo Cordeiro. Dicionário Biobliográfico Sergipano. Vol. II, pág. 187. Edição do Estado de Sergipe, 1925.

4 – Ibidem...

5 – AGUIAR, Joel. Obra citada.

6 – Relatório do Barão de Propriá, com que entregou o governo ao Dr. Evaristo Ferreira da Veiga. (A.P.E.S)

Antônio José da Silva Travassos - rebelde conciliador

1 – TRAVASSOS, Antônio José da Silva. Obra citada, pág. 99.

2 – Coleção das Leis Sergipanas.

3 - GUARANÁ, Manoel Armindo Cordeiro. Obra citada.

4 – SILVA LEME, Luiz Gonzaga. Genealogia Paulistana. São Paulo: Duprat & Comp. 1904, 9 volumes. Vol. III/TIT. Prados, pág. 92.

5 – Ibidem...

6 – Cx. 29, doc. 62. (A.P.E.S)

7 - Coleção de Leis Provincial de Sergipe. 1864. Pág. 79. (A.P.E.S)

8 – FUNDO/Coleção: Documentos Biográficos. Localização: C-0735,025. BN.

João Gomes de Melo (Barão de Maruim)

1 – DANTAS, Orlando Vieira. Obra citada.

2 – Aspectos Históricos, Artísticos, Culturais e Sociais da Cidade de São Cristóvão. Série Memória – Vol. I, Aracaju, 1989, pág. 23.

3 - TRAVASSOS, Antônio José da Silva. Obra citada.
4 - AGUIAR, Joel. Obra citada.

Coronel Jacintho Dias Ribeiro - defensor perpétuo

1 – RIBEIRO, Jacintho Dias. Obra citada.

2 - RIBEIRO, Jacintho Dias. Obra citada.

3 - GUARANÁ, Manoel Armindo Cordeiro. Obra citada.

4 – BARRETO, Luiz Antônio. Graccho Cardoso Vida e Política, págs. 53/54.

João Ferreira de Britto Travassos - Tributário da medicina

1 – GUARANÁ, Manoel Armindo Cordeiro. Obra citada. Pág. 132.

Antônio Nogueira da Silva: Um poeta santamarista do século XIX

1 – GUARANÁ, Manoel Armindo Cordeiro. Obra citada. Pág. 30

Padre Dantas no Governo de Sergipe

1 – Transcrição parcial do livro de tombo de Santo Amaro, 1912, inventário elaborado pelo referido sacerdote.

Igreja matriz de Santo Amaro das Brotas

1 - CAMPOS, João Sales de. Obra citada.

2 – BARRETO, Luiz Antônio. Tobias Barreto. Sociedade Editorial de Sergipe, 1994, pág. 164

3 – Arquitetura Religiosa, registrado no Livro das Belas-artes. Volume 1, Folha 057, Inscrição 266-A. Data: 20/03/1943. Registrado no Livro Histórico. Volume 1, Folha 033, Inscrição 200, Data: 20/03/1943. CARRAZZONI, Maria Elisa (ORG) Guia dos Bens Tombados Brasil. Rio de Janeiro. Expressão & Cultura. 1987. Manuscritos do IPHAN.

4 – MOTTI, Luiz R. B. A presença de Sergipe Del Rei no Catálogo Genealógico das principais famílias, de Frei Joaboatão e Pedro Calmon. (R.I.H.G.S.), pág. 49/60.

5 – Conta o historiador Antônio Porfírio de Matos Neto, em sua obra "História de Frei Paulo", que esse padre também foi vigário daquela paróquia entre 1948 e 1949.

6 – Livro de Tombo de Santo Amaro, 1912, pág. 40

Capela rural de Nossa Senhora da Conceição

1 – Arquitetura religiosa, registrado no Livro das Belas-artes. Volume 1, Folha 063, Inscrição 299-A, Data: 14/01/1944. Registrado no livro Histórico, Volume 1, Folha 039, Inscrição 232, Data: 14/01/1944.

Arquivo Nacional (A.N.), Rio de Janeiro
Arquivo Público do Estado da Bahia (A.P.E.B.), BA
Arquivo Público do Estado de Sergipe (A.P.E.S.), SE
Aspectos Históricos, Artísticos, Culturais e Sociais da cidade de São Cristóvão
Biblioteca Nacional (B.N.), Rio de Janeiro
Biblioteca Pública Municipal Clodomir Silva
Cartório do Ofício Único do Distrito de Santo Amaro das Brotas (SE)
Diário Oficial do Estado de Sergipe, Ano XX, 50° da República, N° 7.472, Aracaju, quinta-feira, 22 de dezembro de 1938
Jornal Cinform, Caderno Municípios, Sergipe, 04 a 10 de setembro de 2000, Edição 908, pág. 8
Jornal El Sergipense, Ano I, N° 2, Santo Amaro das Brotas, 27 de março a 2 de abril de 1983
Livro de Tombo de Santo Amaro, 1912
Revista do Instituto Histórico e Geográfico de Sergipe (R.I.H.G.S.) Fascículo III e IV, Vol. 2
SCHWARCZ, Lília Moritz. As barbas do Imperador D. Pedro II, um monarca nos trópicos. São Paulo, 1999. Companhia das Letras